KB245500

작명을 위한 길잡이

[이름 사전]

작명을 위한 길잡이

[이름 사전]

2005년 1월 10일 1판 1쇄 발행

지은이 / 이우각
펴낸이 / 이미자
펴낸곳 / 도서출판 밝은누리
주소 / 서울시 관악구 봉천3동 7-186 2층
전화 / 02) 884-8459, 60
팩스 / 02) 884-8462

ISBN 89-8100-083-2   13710

값 8,000원

잘못된 책은 구입하신 곳에서 바꿔 드립니다.

머리말

이름 속에 담긴 비밀을 찾아서

사람의 이름은 일단 지어지면 눈감는 순간까지 그 사람을 따라다닌다. 그 때문에 아이의 이름을 지을 때는 더 좋은 이름이 없을까 고심한다. 말하자면 건강하고 행복하게 잘살고 자손이 번창한다는 뜻을 담는 이름을 지으려 애쓴다. 한글 이름을 짓는 경우가 많아졌다 해도, 우리나라가 한자 문화권에 속하니만큼 아직까지는 한자 이름이 더 우세하다.

이름을 지을 때는 한자의 뜻이 중요하다. 수많은 한자 가운데 과연 좋은 뜻을 품은 한자로 어떤 것이 있을까? 어떤 한자의 뜻이 좋은가? 이러한 궁금증을 풀기 위해 선례를 살펴보는 것도 좋다.

이 책에서는 공직자, 정치·경제계 인물, 사회·문화적으로 명망 있는 인물, 각 분야에 진기한 기록을 가지고 있는 사람, 역사 속의 인물 등의 이름을 예로 들어, 인물과의 인과관계를 알아보았다. 이름에 쓰인 한자의 뜻을 풀이해 보면, 그 사람의 성격과 직업은 물론 운명까지 짐작할 수 있다. 이름에 자주 쓰이는 한자들이 있는 걸 보면, 그 한자들이 자주 쓰이는 이유는 분명히 존재한다.

음은 알아도 뜻을 제대로 알지 못한다거나, 획수는 알아도 부수를 잘 모르는 경우가 종종 있다. 이를 위하여 책 뒷부분에 '옥편 찾는 길잡이' 항목을 두었다. 본문에 나온 한자의 부수를 확인해 보면서 음과 뜻을 알게 되니, 덤으로 한자 공부도 할 수 있을 것이다.

이름의 뜻을 풀이하면 인물이 보이고, 인물이 보이면 이름은 저절로 떠오른다. 아무쪼록 독자 여러분이 작명의 중요성을 새기고, 이름을 구성하는 한자를 전보다 더 잘 이해할 수 있기를 바란다.

2005년을 맞이하며
이우각

차례

7. 한자 이름 짓기에 필요한 것들

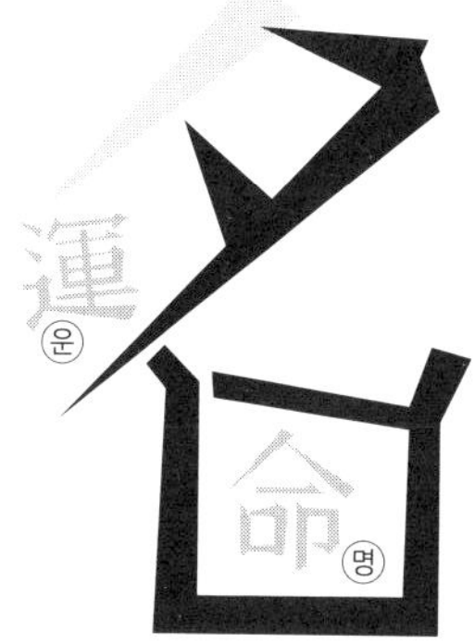

작명을 위한 길잡이

[이름 사전]

개정 증보판

이름과 인물의 운명과의 인과관계를 알고 적합한 한자를 찾아 이름을 지어보자.

이우각 지음

이름을 보면 하는 일을 알 수 있다?

이름을 보면 먹고사는 방법을 엿볼 수 있다?

현재 하고 있는 일을 짐작할 수 있는 경우가 의외로 많다.

실로 찰떡 궁합이라 할 정도로 딱 들어맞는 수가 있다.

1. 운명을 암시하는 이름들

1) 이름이 공직자의 쓰임새와 유명 인사의 앞길을 암시한다

이름은 과연 얼마만한 것들을 그 속에 지니고 있는 것일까. 이름을 가만히 뜯어보면 참으로 오묘하다는 생각이 절로 든다.

한보 부도 사건으로 어마어마한 충격을 체험한 후 대통령이 국민 앞에 항복 선언(?)을 했을때다. 청외내 비서진을 교체했는데, 전임사와 신임자의 이름이 암시하는 바가 자못 의미심장했다.

한마디로 떠나는 이들은 원칙이니 권위니 세도니 하는 뜻을 지닌 글자들을 이름 속에 지니고 있고, 새로 들어서는 이들은 너그러움이니 활달함이니 하는 보다 온건하고 유화적인 의미들을 이름 속에 지니고 있었다.

비서실장은 빛 광(光)자와 한 일(一)자를 지닌 이에서 패옥소리 용(瑢)자와 클 태(泰)자를 지닌 이로 바뀌었다. 대통령 한 사람 만을 쪼이는 '빛'(光一)에서 옥구슬 소리를 크게 내어 뭇 사람의 귀를 쫑긋하게 하는 '소리'(瑢泰)로 바뀐 것이다.

말도 많고 탈도 많던 정무수석은 근원 원(源)자와 높을 종(宗)자를 지닌 이에서 어질 인(仁)자와 불에 익힐 섭(燮)자를 지닌 이로 교체됐다. 대통령의 신임을 근거(源)로 하여 높아진(宗) 이에서 너그럽고(仁) 원숙한(燮) 성품이 기준이 되어 발탁된 이로 바뀐 것이다.

경제수석은 주석 석(錫)자와 잡을 채(采)자를 지닌 이에서 어질 인(仁)자와 넓고 클 호(浩)자를 지닌 이로 바뀌었다. 철강이든 뭐든 꽉 움켜쥐는 (錫采) 체질에서 도량(仁)과 인내(浩)로 사물을 수용하는 성향으로 자리바꿈 된 것이다.

총무수석은 법도 도(度)자와 있을 재(在)자를 지닌 이에서 있을 재

한자	훈	음	연습
光	빛	광	光
一	한	일	一
泰	클	태	泰
源	근원	원	源
宗	높을	종	宗
仁	어질	인	仁
燮	익힐	섭	燮
錫	주석	석	錫
采	잡을	채	采

(在)와 넓고 클 호(浩)자를 지닌 이로 바뀌었다. 법도나 따지고 있을 (度在) 사람에서 인내(浩)를 보다 중시하는 이로 바뀐 것이다.

얼마나 신기한가. 민심을 멀리 있는 추상적인 대상으로 여기던 상황에서 민심에 굴복하는 처지로 변하자, 비서진의 역할이나 성향도 자연히 보다 원만하고 합리적인 쪽으로 경질된 것이다. 비서진의 이름 하나 하나에서 그러한 방향 수정이 어렴풋이 느껴질 수 있지 않은가.

　　이름이 운명을 바꿔 놓는 경우는 없을까. 운명을 암시하는 단계에서 벗어나 아예 운명을 개척하는 보다 강력한 기운이 스며들어 있는 건 아닐까. 어떤 이들의 이름은 정말 운명을 호전시키고 개화시키는 신기한 주문 같은 효과를 지니고 있는 경우가 있는 듯하다.

　　최연소 차관급 벼슬에 오른 이는 빛날 희(熙)자와 완전할 완(完)자를 지니고 있다. 흐릿한 빛이 아니라 완전한 빛으로 세상에 나타난다(熙完)는 이름 뜻에 걸맞게 마흔 고개를 넘자마자 세계에서도 손꼽는 인구 천만명 이상의 대도시 부시장 벼슬에 오른 것이다.

　　8천m가 넘는 높은 봉우리를 14개나 지니고 있는 히말라야 산을 쉴새없이 오르내려 이미 14개 중 8개를 정복하고 나머지 6개를 마저 겨냥하고 있는 젊은 산악인은 클 홍(弘)자와 길할 길(吉)자를 지니고 있다. 그가 의도하는 대로 14개 봉우리를 다 정복하면 그는 이십대 청년기에 세계 다섯 번째의 초인(이탈리아, 폴란드, 스위스, 멕시코의 등산가가 이미 14개 봉우리를 정복했다)이 되는 것이다. 목숨을 건 도전을 거쳐 스스로 영웅이 되고 초인이 되는 그를 두고 누가 감히 과소 평가 할 수 있겠는가. '크게 길하다'(弘吉)는 이름 뜻이 이미 효력을 발휘하여 이름의 주인공으로 하여금 8천m가 넘는 험준한 봉우리를 성공적으로 정복하게 만든 것이다.

한 나라의 대통령을 죽이겠다는 특수 임무를 띠고 남파된 잔혹한 테러리스트에서 성직자로까지 변신을 거듭한 이는 새신(新)자와 이를 조(朝)자를 갖고 있다. '새롭고 이르다'이라는 이름 뜻이 곧 새로운 탄생으로 귀결되어 무장 공비로 남파된지 꼭 **29**년만에 목사 안수를 받고 어엿한 성직자가 된 것이다.

한자	훈	음	연습
浩	클	호	浩
度	법도	도	度
在	있을	재	在
熙	빛날	희	熙
完	완전할	완	熙
弘	클	홍	弘
吉	길함	길	吉
新	새	신	新
朝	이를	조	朝
寧	편안할	영	寧
俊	준걸	준	俊

하루아침에 '빠떼루 아저씨'로 변하여 유명 인사가 된 레슬링 해설가는 편안할 영(寧)자와 준걸 준(俊)자를 갖고 있다. 큰 모험 큰 노력 없이도 가만히 앉아서 세상의 스타로 떠올랐으니 '편안히 유명 인사로 떠오른다'(寧俊)는 이름 뜻이 적중한 것이다.

2) 이름대로 되는 삶

'이름대로 된다'는 말을 한다면 좀 지나치다고 할 수 있을까. 하지만, 한 사람의 삶의 역정을 따라가 보면 '과연 이름대로 됐구나'하는 느낌을 갖지 않을 수 없다. 아니 어쩌면 그리도 이름 뜻이 적중했는지, 스스로 입이 딱 벌어질 때가 많다.

빛 광(光)자와 돌 석(石)자를 지닌 이는 '빛나는 돌, 빛을 발하는 돌'이라는 이름 뜻에 걸맞게 원자력을 이용한 산업 발달에 기여하는

한자	훈	음	연습
石	돌	석	石
承	이을	승	承
暎	비칠	영	暎
炳	밝을	병	炳
國	나라	국	國
永	길	영	永
道	길	도	道
正	바를	정	正
鎬	냄비	호	鎬

일을 하고 있다. 특수 광석에서 나오는 빛을 이용한 연구 작업에 몰두하고 있으니 말 그대로 이름을 따라 살고 있는 것이 아닌가.

이을 승(承)자와 비칠 영(暎)자를 지닌 이는 '빛을 받아 빛없는 것을 빛나게 한다'(承暎)는 이름에 알맞게 여성 학자로서 사회문제를 분석·설명하는 일에 종사하고 있다. 많이 배운 후 그 배운 것을 사회에 환원하는 여성이 되었으니 실로 '이어 비친다'(承暎)는 이름 뜻을 확실하게 구현한 셈이다.

밝을 병(炳)자와 나라 국(國)자를 지닌 이는 농촌 살리기 운동에 앞장 선 사람이다. 농토를 삶의 터전으로 하여 곡식을 생산하는 농부야말로 진정 나라의 근본이 아닌가. 나라의 장래를 밝게 만든다(炳國)는 뜻에 걸맞게 나라의 근본인 농업 생산에 발벗고 나선 것이다.

길 영(永)자와 길 도(道)자로 된 이는 '긴 길'(永道)이라는 이름 뜻에 맞게 민주 사회 건설을 위한 변호사들의 모임을 책임 맡고 있다. 그리고, 바를 정(正)자와 냄비 호(鎬)자로 된 이는 '바르게 먹고산다, 바르게 먹고사는 이'라는 이름 뜻에 맞게 전국 변호사 모임을 책임지고 있다. 법을 다루는 전직 판·검사들의 모임을 주관하는 사람이니 실로 '법대로 먹고사는 사람'인 셈이다.

3) 성격을 암시하는 이름들

이름은 성격을 암시하고 성격은 운명을 가늠하게 한다고 말한다면 지나친 말일까. 이름과 직업, 이름과 운세를 비교해 보면 결코 무시할 수 없는 상관관계가 있다는 사실을 쉽게 알아차릴 수 있다.

목숨 수(壽)자와 술잔 종(鍾)자, 편안할 용(容)자와 붉은 불빛 혁(赫)자, 헤아릴 규(揆)자와 회섞어 바를 완(垸)자를 지닌 이들은 의대 학장을 지내거나 큰 진료 기관의 책임자로 일하고 있다. 목숨을 그릇에 담는(壽鍾) 일, 생명의 불빛을 안정되게 하는(容赫) 일, 헤아리고 회섞어 바르는(揆垸) 일이 모두 의사의 직분과 역할에 해당하는 것이 아닌가.

주장할 상(尙)자와 저울눈 이름 규(圭)자를 지닌 이는 발모제를 생산하는 회사를 이끌고 있다. 대머

한자	훈	음	연습
壽	목숨	수	壽
鍾	술잔	종	鍾
容	편안할	용	容
赫	붉은 모양	혁	赫
揆	헤아릴	규	揆
尙	주장할	상	尙
基	터(기본)	기	基
明	밝을	명	明
林	수풀	임	林
貞	곧을	정	貞
嬉	즐거울	희	嬉
由	말미암을	유	由
楨	단단한 나무	정	楨

리를 방지할 수 있다며, 약 바른 후 '얼마만큼 났는지를 부득부득 우겨야'하니 자연히 저울눈을 갖고 우겨댄다(尙圭)는 이름에 걸맞게 된 것이다.

터(혹은 기본) 기(基)자와 큰산 악(嶽)자를 지닌 이는 좋은 책을 출간한 이들에게 큰 상금과 명예를 안겨주는 저작상을 만든 사람이다. 터가 큰산을 이룬 모습(基嶽)이니 두고두고 빛을 발할 큰상과 기금을 만들지 않았을까. 그리고 밝을 명(明)자와 수풀 임(林)자를 지닌 학자는 6·25전쟁에 대한 연구 결과를 책으로 낸 후 저작상을 받았다. 빼곡이 들어찬 숲에 빛을 비추며 길 안내하는 (明林) 이름이니, 누구나 다 알 듯한 한국전쟁을 연구주제로 내걸고 새로운 사실들을 발견해 낼 수 있었던 것이다.

곧을 정(貞)자와 즐거울 희(嬉)자를 지닌 여교사는 촌지받는 풍토

를 한탄하며 오히려 어려운 제자의 학비를 내준 덕에 주위의 칭송을
받고 있다. 곧은 성품 덕에 즐거운 일이 생긴 것이다.

말미암을 유(由)자와 단단한 나무 정(楨)자를 지닌 여성은 연극계
에서 30여년을 헌신하다. 결국 금녀의 벽을 허물고 연출가가 된 '철
의 여인'이다. 단단한 나무에서 나왔으니(由楨) 그녀 또한 단단하고
강인한 성품을 지녔지 않았을까.

4) 큰 이름이 큰 인물을 낳는다

큰 이름이 큰 인물을 낳는가, 아니면 우연의 일치로 그럴듯한
이름을 지닌 이들이 그럴듯한 자리에 오르는 것인가. 하지만,
시원찮은 뜻이나 재수없는 암시를 지닌 한자가 전혀 쓰이지 않은 걸
로 보아 분명히 이름과 한 사람의 일생 사이에는 어떤 연관이 있는
게 틀림없다.

클 홍(弘)자와 깊을 준(濬)자로 된 이는 한국의 문화재와 대자연을
샅샅이 뒤져 그 아름다움을 낱낱이 밝혀내려 애쓴 교수이자 유명 저
술가이다. '크고 깊다'(弘濬)는 이름 뜻이 그대로 삶으로 이어진 것이
다. 새로운 안목과 색다른 언어로 진부한 것들을 특별한 대상으로
고쳐 놓았으니, 실로 큰 걸음으로 깊은 통찰력을 발휘한 셈이다.

햇빛 창(昌)자와 즐거울 열(悅)자를 지닌 이는 방송문화 발전을 위
해 애쓰는 교수이다. '즐거움을 더욱 키우고 늘려 나간다'(昌悅)는 이
름 뜻에 걸맞게 무한정 퍼져 나가는 전파문화에 매달리게 된 것이
다.

천지 사방 우(宇)자와 빛날 희(熙)자, 밝을 병(炳)자와 불활활붙을
열(烈)자, 빛 광(光)자와 (기초되는) 일 서(緖)자로 이름을 지은 세사
람은 모두 일류호텔의 조명시설을 책임지고있다. 천지 사방을 밝힌
다(宇熙), 열을 이용하여 빛을 낸다(炳烈), 빛을 다루는 일을 한다(光
緖)는 이름 뜻이 놀라울 만큼 딱 들어맞은 것이다.

학문 교(敎)자와 서로 상(相)자를 지닌 이는 기술 책임자로 동료들과 함께 이것저것을 서로 가르치고 배우며 일하고 있다.

비우(雨)자와 착할 경(慶)자를 지닌 이는 성형외과 의사로 함몰 유두를 쌈지 봉합술로 수술하여 90% 이상 완치시킨 장본인이다. 젖꼭지가 안으로 쏙 기어들어가 모유를 먹일 수 없게 된 여성들에게 젖을 마음대로 먹일 수 있는 수술을 해주고 있으니 실로 '비를 내려 선행한다'는 이름 뜻을 그대로 실현한 셈이다. 젖이 비처럼 시원스럽게 나오도록, 흐르도록, 샘솟도록 한다면 그야말로 경사중의 경사가 아닌가.

한자	훈	음	연습
濬	깊을	준	濬
昌	햇빛	창	昌
悅	즐거울	열	悅
宇	천지 사방	우	宇
烈	불활활붙을	렬	烈
緖	기업	서	緖
敎	학문	교	敎
相	서로	상	相
雨	비	우	雨
慶	착할	경	慶
眞	정할(신령)	진	眞
奭	클	석	奭

정할(혹은 신령) 진(眞)자와 클 석(奭)자를 지닌 이는 예쁘고 잘 생긴 구석을 키워 못난 구석을 감춘다(眞奭)는 이름에 걸맞게, 잘 생기기 바라고 예쁘기 바라는 사람의 마음을 어루만져 주는 성형전문의사로 일하고 있다. 의술로써 참된 것을, 아름다운 것을 키우는(眞奭) 일을 해내고 있는 것이다.

5) 품성을 엿보게 하는 이름

이름이 심성을 암시한다면, 사람의 품행이나 삶의 형태를 짐작할 수 있는 하나의 기준이 될 수도 있는 것이다. 신한 뜻을 지닌 이름이면 남을 돕거나 세상에 이로운 일을 하는 삶을 살 테고, 귀한 뜻, 거창한 의미를 지닌 이름이면 그에 걸맞게 돋보이는 자리에 서

한자	훈	음	연습
晶	맑을	정	晶
心	마음	심	心
淑	착할	숙	淑
亮	밝을	량	亮
佑	도울	우	佑

있을 수도 있다는 말이다.

맑을 정(晶)자와 마음 심(心)자를 지닌 이는 장애를 지닌 주부로서 동양화에 전념, 국립대학의 예술대를 수석으로 졸업했다. 정결한 마음(晶心)으로 예술에 정진하여 장애와 가사라는 두 가지 멍에를 극복하고 주위의 축복을 받게 된 것이다.

길 영(永)자와 착할 숙(淑)자를 지닌 여성은 치과의사로 일하며 틈틈이 수집한 6백여 점의 민속 문화재를 국가 박물관에 기증했다. 없어지고 흐지부지 사라질 수 있는 온갖 규방 문화재를 애지중지 모아두었다가 아낌없이 기증했으니, 말 그대로 그 맑고 순수함이 오래오래 기억될 일이 아닌가.

밝을 양(亮)자와 도울 우(佑)자를 지닌 이는 배우기 어려운 한자을 좀더 쉽게 풀이하여 보다 빨리 암기하고 이해할 수 있게 만들었다. 이름 뜻 그대로 어려운 한자들을 알기쉽게 해석하여 공부하기 용이하게 도운 것이다.

6) 이름과 하는 일이 찰떡 궁합을 이룬 경우

이름과 이름이 지닌 직책을 비교해 보면 실로 찰떡궁합이라는 생각이 들 때가 많다. 이름이 암시하는 어떤 상서롭고 경건한 기운이 이름의 소유자를 이끌어 그 합당한 소명을 짐지게 하는 것인지도 모른다.

노동을 신성시하며 스스로 나물을 가꾸고 곡식 심기를 권하는 종교의 우두머리는 바를 정(正)자와 부지런할 근(勤)자를 지니고 있다. 바를 뿐만 아니라 또한 부지런하기도 해야 한다(正勤)는 종교의 가르침에 딱 들어맞는 지도자가 아닌가.

'사람이 곧 하늘'이라며 구한말의 격랑을 몰고 왔던 종교의 우두머

리는 실을 재(載)자와 가운데 중(中)
자를 지니고 있다. 어느 한쪽으로
치우치지 않고 하늘과 땅 사이의 뭇
생명, 특히 그 중에서도 사람을 가
장 중요하게 본다는 교리에 걸맞게
'하늘과 땅 사이에 놓인 사람을 업고
다닌다'(載中)는 이름 뜻을 지닌 이
가 우두머리를 맡고 있는 것이다.

한자	훈	음	연습
勤	부지런할	근	
載	실을	재	
中	가운데	중	
武	위험스러울	무	
月	달	월	
珠	눈동자	주	
熏	향풀	훈	

　교황청을 중심으로 면면이 이어
져 내려온 카톨릭의 근엄하고 경직된 분위기 속에서 타종교와의 화
해를 주창하며 새로운 구원 종교로의 재탄생을 외쳐대는 신부는 햇
빛 창(昌)자와 위험스러울 무(武)자를 지니고 있다. 위험할 정도로 파
격적인 주장을 내세우며 선구자적인 걸음을 마다하지 않고 있으니
실로 '위험스럽게 비춘다'(昌武)는 이름 뜻에 걸 맞는 셈이다.

　호국불교를 내세우며 권력과의 적당한 거리를 유지해 온 한국불
교의 개혁을 내세우며 등장한 스님은 달 월(月)자와 눈동자 주(珠)자
를 지니고 있다. 비록 법명(혹은 계명)이지만 불교의 본래 색깔인 은
둔과 절제와 수양을 강조하며 '뿌리로 돌아가자'고 외치고 있으니,
해 아래 나선 싸구려 금속 조각에서 이제는 달빛 아래 놓인 숨은 보
배(月珠)로 돌아가자는 이름 뜻이 적중한 셈이다.

　십자가 네온 빛과 부동산으로서의 교회 재산만을 내세운 채 교회
의 사명을 뒷전으로 미루다시피 한 기독교 교단에 대해, 타종교와
화해하며 이웃과 주위 문제에 더 좀 깊이 빠져들자고 주장하는 이는
향풀 훈(薰)자를 이름으로 지니고 있다. 인간 향기, 영혼 냄새 좀 피
우며 믿는 자의 소임을 다하자는 주장이니 당연히 향내와 관계된 이
름(薰)이 적당한 것이 아닌가.

7) 이름이 곧 점쟁이다

이름과 맡은 일, 먹고사는 일이 기가 막힐 만큼 딱 들어맞는 경우가 많다. 글자 하나가 평생을 결정짓는 식이다. 얼마나 신기한 일인가.

해양수산관련 정책 입안자는 큰바다 양(洋)자와 지아비 부(夫)자로 된 이름이다. 바다와 관련된 일을 하는 남자(洋夫)이니, 해양수산을 담당하는 청와대 수석 비서관이 된 셈이다.

사회복지 정책을 책임진 대통령 주위의 수석 비서관은 인간 세(世)자와 놓일 일(逸)자를 갖고 있다. 사람들의 처지를 개선해 주고 어려운 이들의 생존과 보다 나은 삶을 도와주는 정책 입안자이니 마땅히 인간을 편하게 해주는(世逸) 사람이 아닌가.

나라의 안보와 외교를 책임진 이(청와대 외교안보수석비서관)는 기본 기(基)자와 법 문(文)자를 지니고 있다. 조약이니 협약이니 하며 중요한 문서를 많이 다룰 테니 나라의 기본이 되는 법(基文)과 관련된 셈이다.

대통령 곁에서 중요 정책을 기획하는 비서관은 쌍옥 각(珏)자와 법 범(範)자를 지니고 있고, 행정부를 총괄하는 수석 비서관은 천지 사방 우(宇)자와 길 영(永)자를 지니고 있다. 나라안 구석구석을 다 살펴 대통령에게 보고해야 하는 자리이니, 천지 사방 오래도록 지켜본다(宇永)는 이름이 딱 들어맞는 것이다. 그리고 반짝이는 이성과 모험적인 야심을 잘 배합하여 새로운 국가정책을 내놓아야 하는 자리이니 보배 같은 지혜로 본보기를 만든다(珏範)는 이름이 척척 들어맞은 것이다.

한자	훈	음	연습
洋	큰 바다	양	洋
夫	지아비	부	夫
世	인간	세	世
逸	놓일	일	逸
文	법	문	文
珏	쌍옥	각	珏
範	법	범	範

빛 광(光)자와 돌 석(石)자를 지닌 이는 빛돌, 즉 총알을 막는 경호실장의 자리에 있다. 빛의 속도로 날아가는 돌이라면 마땅히 총알 중의 총알이고 흉기 중의 흉기가 아닌가. 그 총알을 막아야 하는 몸이니 실로 경호실장감이 아닌가.

8) 선행을 부추긴 이름들

착한 사람과 악한 사람을 이름으로 구분할 수 있다면 얼마나 좋을까. 모두가 다 '밝다, 빛난다, 어질다'는 식의 좋은뜻을 지니고 있는데 무슨 수로 이름만 보고 선인, 악인을 가려낼 수 있는가. 하지만 이름을 음미해 보면 착한 사람은 왜 착하고 악한 사람은 왜 악한지를 어느 정도 짐작해 볼 수 있다.

삯바느질로 모은 1억원이상의 재산을 심장병 어린이 치료에 기탁한 할머니는 착할 선(善)자와 구슬 옥(玉)자를 갖고 있고, 주말마다 산간 벽지 노인들을 무료 진료하는 개인병원 원장은 받들 봉(奉)자와 아홉 구(九)자를 갖고 있다. 선한 보배(善玉)이니 불쌍한 아이들 치료에 피땀으로 번 전 재산을 선뜻 내놓고, 숱한 사람들을 떠받들(奉九) 사람이니 산간 벽지의 외로운 노인들을 무료로 진료하게 된 것이다. 그리고 빛날 영(榮)자와 완전할 완(完)자를 지닌 경찰관은 '온전한 빛'(榮完)이라는 이름에 맞게 장애자들을 도우며 몸이 불편한 이들의 '빛'이 되어 주고 있다.

편안할 영(寧)자와 잠잠할 묵(默)자를 지닌 이와 편안할 용(容)자와 진동할 진(震)자를 지닌 이는 죽음을 무릅쓰고 격투 끝에 날치기 범을 붙잡아 봉사상을 받았다. 편안하고 잠잠하게 한다(寧默)는 이름 뜻과 편안함을 널리 퍼지게 한다(容震)는 이름 뜻에 걸맞게 격투로 날치기 범을 사로잡은 것이다. 결국 두 사람은 편안한 사회를 만드는 일에 크게 일조한 셈이다.

밝을 병(炳)자와 고를 균(均)자를 지닌 이와 은하수 한(漢)자와 진

한자	훈	음	연습
善	착할	선	善
玉	구슬	옥	玉
奉	받들	봉	奉
九	아홉	구	九
榮	빛날	영	榮
默	잠잠할	묵	默
震	진동할	진	震
均	고를	균	均
漢	은하수	한	漢
哲	밝을	철	哲
卨	이름	설	卨

정할 진(鎭)자를 지닌 이는 익사 직전의 일가족 3명을 구해냈다. 밝기를 고르게(炳均)하는 이름이니 몸을 던져 꺼져가는 생명을 구해 다시 빛을 보게 한 것이다. 그리고 은하수를 진정시키는(漢鎭) 사람이니 저승길 문지방에 걸터앉은 세 식구를 구해 다시 이승으로 안내한 것이다. 밝기를 고르게 하고(炳均) 은하수를 진정시키는(漢鎭) 일 자체가 곧 우주 만물의 창조에 버금가는 일이 아닌가. 생명을 구해 낸 일이야말로 또 하나의 신성한 창조인 셈이다.

밝을 철(哲)자와 빛날 희(熙)자, 실을 재(載)자와 이름 설(卨)자를 지닌 경찰관 두명은 남다른 지혜와 끈기로 범인 검거에 탁월한 솜씨를 발휘하여 청룡봉사상을 받았다. 밝을(哲)이나 빛남(熙)이다 '빛'을 의미하니 범인들의 은신처가 저절로 노출될 수밖에 없지 않겠는가. 그리고 범인의 이름만 갖고도 숨어 있는 곳과 저지른 죄를 훤히 꿰뚫어 보는 명수사관이니 '이름을 지니고 다닌다'(載卨)는 이름 뜻이 적중한 셈이다.

9) 행운과 불운을 갈라놓는 이름

이름을 이리저리 해석하다 보면 뜻밖의 행운을 만나 승승장구하는 이가 있는가 하면, 이름 뜻은 그럴듯해도 운이 안 풀려 불행해지는 경우가 있다. 모두가 다 좋은 뜻만을 골라 이름을 지었는데 어째서 누구는 악운을 만나고 누구는 또 행운을 만나는가. 신만이 알 일이다. 귀신만이 짐작할 수 있는 일이다.

수풀 임(林)자와 범 호(虎)자를 지닌 어린아이는 선천성 심장병을

앓고 있다가 우연히 알게 된 재벌회
사가 무료 수술을 주선하여 건강을
되찾았다. 숲속 호랑이(林虎)라서 행
운을 만난 것인지, 아니면 병약한
호랑이 한 마리가 드디어 몸을 숨기
고 먹이를 찾을만한 큰 숲을 찾게
된 것인지….

한자	훈	음	연습
虎	범	호	虎
左	왼편	좌	虎
棟	나무 이름	동	棟
鉉	솥귀	현	鉉
學	배울	학	學

왼편 좌(左)자와 밝을 철(哲)자를 지닌 이는 이발소를 상대로 강도
짓을 하다 들켜 노망치던 중 극약을 먹고 자살을 기도한 사람이다.
한쪽 편으로만 약으니(左哲) 자연히 인생이 비뚤어지게 된 것인
지…. 양심은 온전한데 운이 잘 안 풀리다 보니 그 지경이 된 것이
다. 도망치다 당황한 나머지 극약을 먹고 자살까지 하려고 한 걸 보
면 양심이나 수치심만은 온전했던 모양이다.

나무 이름 동(棟)자와 솥귀 현(鉉)자를 지닌 이는 벌침을 놓아 만성
질환을 고치는 일을 하며 벌침 연구소까지 차려 놓고 있다. 나무에
솥단지를 걸어놓고 사는(棟鉉) 이름이니 자연히 꿀을 따러 온 사방
을 날아다니는 벌을 매개로 밥벌이하고 있는 것이다. 나무에 집짓고
사는 벌의 꽁무니에 매달린 침을 도구 삼아 치료술을 개발했으니,
이름 치고는 실로 기가 막힌게 아닌가.

높을 종(宗)자와 수풀 임(林)자를 지닌 이는 콩나물, 숙주나물을 재
배하는 이들의 모임(두채협회)을 이끌고 있다. 계단식 선반에 콩나
물, 숙주나물 시루를 올려놓고 며칠만에 키다리 나물을 만들어 내는
사람이니 그만하면 키큰 수풀(?)을 키워내는 (宗林) 신비한 손이 아
닌가.

배울 학(學)자와 불 활활 붙을 열(烈)자를 지닌 이는 곤충을 연구하
는 사람이다. 매서운 기세로 배우는(學烈) 사람이니 곤충연구소까지
차려 놓고 일생을 곤충연구에 바치기로 한 것이 아닐까. 빛 광(光)자

와 넓고 클 호(浩)자를 지닌 이는 미지의 광활한 곳에 빛을 비춘다
(光浩)는 이름을 따라 생명공학을 연구하고 있다.

10) 삶과 이름 사이에는 인과관계가 있다

이름을 가만히 뜯어보면 저절로 고개가 끄덕여질 때가 많다. 아
전인수식의 해석이 되기 십상이지만, 그래도 삶의 방식과 이
름 사이에는 참으로 재미있는 인과관계가 있는 것 같다.

전통이 오래된 사학을 가꿔 여성인력을 배출해 낸 이는 으뜸 원
(元)자와 나라 국(國)자를 이름으로 갖고 있다. 나라를 으뜸으로 여긴
다, 으뜸 나라를 지향한다(元國)는 이름 뜻에 맞게 나라의 백년대계
인 교육사업에 매달리고 있는 것이다.

밝을 명(明)자와 세울 식(植)자를 지닌 한 직업군인(준위)은 틈나는
대로 사진찍는 일에 매달려 비무장지대(DMZ) 야생동물을 주제로 한
사진전까지 열었다. 빛을 담아내는(明植) 작업이니 취미생활이 이름
과 일치한 셈이다.

여름 하늘 호(昊)자와 땅 곤(坤)자를 이름으로 지닌 이는 색안경을
만드는 이들의 모임을 주관하고 있다. 여름 햇살이 내려쬐는 땅(昊
坤)이니 색안경이 필요하지 않겠는가.

빛날 환(煥)자와 쌍옥 각(珏)자를 지
닌 이는 컴퓨터 프로그램을 개발하
는 책임을 맡고 있다. 현대의 '빛나는
옥'(煥珏)은 바로 컴퓨터에 관련된 소
프트웨어 개발이 아닌가.

한자	훈	음	연습
元	으뜸	원	元
植	세울	식	植
昊	여름 하늘	호	昊
坤	땅	곤	坤
煥	밝을	환	煥

11) 이름과 생업은 이상적 짝꿍

이름과 현재하고 있는 일이 그럴듯하게 어울려 이상적인 짝처럼 느껴질 때가 있다. 운명을 암시하는 수준을 벗어나 아예 살아가는 모습 자체를 그럴듯하게 그려내고 있기 때문이다.

긴 장(長)자와 불에 익힐 섭(燮)자로 된 이는 '오래 익힌다, 오랫동안 불을 지피며 익기를 기다린다'(長燮)는 이름 뜻에 알맞게 장학사업을 하고 있다. 그리고 본인 또한 사업가와 정치가를 거치며 무르익기를 기다리고 있는 입장이다. 사업의 성공과 부진, 선거철의 당선과 낙선을 통해 자신을 꼬불꼬불한 긴 길로 이끌고 있기에 '오래 익힌다'는 이름에 걸맞고, 어려운 청소년들의 학업을 도와 큰 인물로 자라기를 기다리기에 그 또한 '오래 익힌다'는 이름 뜻에 딱 들어맞는 것이다.

글월(법) 문(文)자와 집 택(宅)자로 된 이는 글로 쓴 재산을 넣어두는 집에 관련된 일에 종사하고 있다. 법적 뒷받침을 받는 글자와 숫자로 된 재산, 즉 증권을 관리하는 일을 하고 있는 것이다.

무성할(빼어날) 수(秀)자와 백성 민(民)자로 된 이는 셀 수 없이 많은 사람들(秀民)이라는 이름 뜻에 맞게 살기좋은 선린관계를 주창하는 세계선린회를 책임지고 있다.

나이 스무살 된 사내 정(丁)자와 진정할 진(鎭)자로 된 이는 '성년이 된 이들의 심성을 인징시킨다'(丁鎭)는 이름에 걸맞게 유교학회를 책임지고 있다.

한자	훈	음	연습
長	긴	장	長
宅	집	택	宅
秀	무성할(빼어날)	수	秀
民	백성	민	民
丁	사내	정	丁
鎭	진정할	진	鎭
柱	막을	주	柱
琦	옥	기	琦
薵	고를	정	薵
定	정할	정	定
台	별	태	台

솥귀 현(鉉)자와 막을 주(柱)자로 된 이는 솥단지를 지킨다(鉉柱)는 이름에 걸맞게 관광학회를 이끌고 있다. 굴뚝없는 산업인 관광을 연구하는 사람이니 일종의 솥단지 지키는 일에 매달리고 있는 셈이다.

옥 기(琦)자와 고를 정(諄)자로 된 이는 옥을 조화롭게 배치한다, 옥을 가지런하게 놓는다(琦諄)는 이름 뜻에 맞게 중소기업협회를 떠맡고 있다. 중소기업체들의 모임을 주관하는 사람이니 일종의 '귀한 보배를 더 값있게 보이도록 만드는' 사람인 셈이다.

그리고, 정할 정(定)자와 별 태(台)자를 지닌 이는 '별자리를 정한다'(定台)는 이름 뜻에 맞게 산업정책을 연구하는 모임을 이끌고 있다. 어디에 도로를 뚫고 공단을 만들고 도시를 정할지를 연구하는 사람이니 일종의 '별자리 정하기(定台)'인 셈이다.

2. 쓰임새를 정하는 이름들

1) 경제정책을 주무르는 이들의 이름

나라의 경제를 주무르는 경제정책 입안자들이나 집행자들은 권한 못지않게 부담감이 아주 클 것이다. 이론적으로야 답이 있을 법도 하지만 천문학적인 돈의 흐름과 광기어린 인간 욕망의 변화무쌍함을 무슨 수로 따라 잡고 용의주도하게 토끼몰이 하겠는가. 어쨌거나 누군가는 사령탑 구실을 하며 모험인지 용기인지 모를 시도를 해야 하는 게 아닌가.

이로울 이(利)자와 법 헌(憲)자, 있을 재(在)자와 윤택할 윤(潤)자, 이을 승(承)자와 윤택할 윤(潤)자, 오를 승(昇)자와 물가 수(洙)자, 경서 경(經)자와 세울 식(植)자, 술잔 종(鍾)자와 어질 인(仁)자, 웅장할 웅(雄)자와 북돋을 배(培)자, 가득할 만(滿)자와 막을 제(堤)자, 주석 석(錫)자와 취할 채(采)자 등이 바로 귀에 익은 경제 운용가들의 이름이다. '이롭게 한다(利), 윤택하게 한다(潤), 북돋우고 늘린다(培, 昇), 채우고 막는다(滿, 堤), 취한다(采)'는 식의 경제 관련 용어들이 이름 속에 포함되어 있다. 경제이론을 펼친다(經植), 술잔을 채워 후덕함을 보인다(鍾仁), 자랑스럽게 보일만큼 북돋운다(雄培), 가득히 고이게 한 후 단단히 막는다(滿堤), 녹슬지 않는 귀한 보화를 붙든다(錫采)는 등의 의역이 모두 신기하게도 나

한자	훈	음	연습
利	이로울	리	利
憲	법	헌	憲
潤	윤택할	윤	潤
昇	오를	승	昇
洙	물가	수	洙
經	경서	경	經
雄	웅장할	웅	雄
培	북돋울	배	培
滿	가득할	만	滿
堤	막을	제	堤
錫	주석	석	錫

라의 경제 살림과 연관되어 있다. 성공적이었던 부진하고 미흡했던 그래도 그런 이름 뜻 덕택에 나라의 경제가 쑥쑥 자라고 보다 굳건해지지 않았을까.

2) 세상을 떠들썩하게 만든 이름

이름 때문인지 지극히 평범한 삶을 살아야 할 사람이 연일 언론 지상에 오르내리며 세상을 떠들썩하게 만드는 경우가 종종 있다. 그렇다고 어떤 노력이나 업적이 있어서 유명해졌다고는 볼 수 없다. 팔자가 센 탓인지, 아니면 이름 속에 이미 그런 기이한 팔자가 암시되어 있었던 것인지….

수서(水西)사건으로 세상이 떠들썩할 때 '힘있는 이들'에게 떡값인지 뇌물인지를 심부름한 장본인으로 재벌 총수의 조카딸이 들먹여진 적이 있다. 미궁에 빠지고 말았지만, 한때는 세상 사람들 모두가 그녀의 이름을 외우고 다닐 정도였다. 비자금 장부를 주무른 후 어디론가 잠적해 버린 그녀의 이름은 은혜 은(恩)자와 두루 주(周)자로 되어 있다. '은혜를 두루두루 나눠준다'(恩周)는 이름이니, 돈 가방을 들고 힘있는 나리들을 찾아다녔던 모양이다.

한자	훈	음	연습
恩	은혜	은	恩
周	두루	주	周
粉	가루	분	粉
順	순할	순	順
大	큰	대	大
成	이룰	성	成
聖	통할	성	聖
河	물	하	河

그리고 같은 재벌이 일으킨 한보철강 거액부도사건 때 신문지상에 오르내린 여인은 가루 분(粉)자와 순할 순(順)자로 된 이름을 갖고 있다. 같은 재벌 총수의 조카딸이라서 비자금 살포의 핵심인물이 되었겠지만, '가루를 뿌려 순하게 만든다'(粉順)는 이름 뜻에 아주 걸 맞는 직책이고 소임이었던 셈이다. 그 '가루'가 '돈가루, 떡고물'일 줄이야 누가 감히 짐작이나 했겠는가.

거액부도사태에 휘말린 한 재벌의 자금운용 책임자들은 큰 대(大)
자와 이룰 성(成)자로 된 이름과 통할 성(聖)자와 물 하(河)자로 된 이
름을 갖고 있다. '큰 것을 이룬다'(大成)는 이름, '시원스레 관통하는
물'(聖河)이라는 뜻의 이름 탓에 그들은 평범한 회사원의 신분에서
하루아침에 세상의 이목이 집중된 도피자의 처지로 전락한 것일까.

3) 땅부자들의 이름

돈을 벌려고 하기보다 차라리 땅속에 묻어두라는 말이 있다. 땅
값 상승을 당해 낼 장사가 없다는 말이다. 부동산 중에서도
특히 땅투기에 눈을 떠야 수지 맞는다는 땅투기 신봉자들의 주장인
셈이다. 하지만 땅을 아무리 신봉해도 망할 때는 그저 허무하기 이
를 데 없는 것이다. 아니 그저 망하기만 하는 것이 아니라 도망 다니
는 처지가 되거나 감옥에 갇히는 신세가 될 수도 있다.

한 때는 재벌의 반열에까지 올라섰던 이들이 하루아침에 난파선
꼴이 된 적은 얼마든지 있다. 아파트건설이다, 중동 건설붐이다 하
며 승승장구하던 땅부자들 중에 아직껏 명맥을 유지하고 있는 이들
이 과연 몇이나 되는가.

한양, 라이프, 한보 등은 재계에서도 잘 나가는 측에 들었었다. 하
지만, 하루아침에 흉가로 돌변하고 말았지 않았던가.

한양을 이끌던 이의 이름에는 술잔 종(鍾)자와 불 활활 붙을 열(烈)
자가 들어 있다. 기껏 술잔이나 데워야(鍾烈)할 미지근한 불기운으
로 재벌을 겨냥하며 용광로를 떠맡았으니 그 끝이야 너무도 뻔한 것
이 아닌가. 정·관계에 뇌물을 제공한 죄로 죄인이 되고 말았다.

라이프 그룹을 이끌던 또 다른 땅부자의 이름에는 겨우 내(乃)자
와 옥 벽(璧)자가 들이 있다. 겨우 옥돌 정도밖에 인되는(乃璧) 운세
로 보석 궁전을 꿈꾸었으니 쪽박차는 거야 너무도 당연한 것이 아닌
가.

한자	훈	음	연습
乃	겨우	내	乃
璧	옥	벽	璧
守	지킬	수	守
譜	족보	보	譜
澣	빨래할	한	澣
根	뿌리	근	根

이 십여년 이상 세무공무원을 하다가 모아 둔 땅을 무기로 재벌의 꿈을 열심히 키우던 한보그룹의 총수는 철강공장 용광로에 아이스크림처럼 녹고 말았다. 총수의 이름이 클 태(泰)자와 지킬 수(守)자로 되어 있으니 그룹이름(韓寶)에 걸맞게 한국의 금은보화를 모조리 거둬들여 '큰 것 한 번 지켜보고자'(泰守) 했는 지도 모른다. 3조원이 훨씬 넘는 돈을 무수한 금융기관으로부터 거둬들이며 수천억원을 마치 동네 강아지 이름처럼 쉽게 뇌까려 댔으니 한때는 분명히 '큰 것을 지켜낸'(泰守) 셈이다.

그는 아들의 이름을 지으며 새로운 명문 귀족가문을 꿈꾸었는지도 모른다. 그 스스로 사주, 관상 등에 조예가 깊다고 했으니, 족보 보(譜)자와 빨래할 한(澣)자를 각각 돌림자인 뿌리 근(根)자에 붙여 셋째 아들, 넷째 아들의 이름을 지을 때 분명 '족보를 다시 쓰더라도 제발 새로운 명문가문을 만들어 달라'는 소원을 담았을 것이다. 설마 아비된 자로서 죄인의 가문, 무수한 사람을 망친 채 '돈방석에 엉덩짝 썩고 돈 꾸러미에 짓눌린' 몹쓸 후손을 바랐겠는가?

4) 월북인사들의 이름

한 동안은 정부 당국의 허가 없이 무작정 북한 내부로 들어가 세상을 온통 떠들썩하게 만든 이들이 줄을 잇기도 했다. 이름하여 남북통일을 열망하는 재야(在野)의 무모한 몸부림이었던 것이다. 나라가 남북으로 갈라져 서로 으르렁거리는 형국인데 그 틈새에서 개인의 위치라는 것이 얼마나 무력하겠는가. 마치 계란으로 바위를 치는 꼴이었지 않았을까.

1988년 8월 19일 밀입북하여 방북인사의 원조(元祖)가 된 사람이 바로 국회의원 신분을 갖고 있던 농민 운동가였는데, 기이하게도 그 이름이 공경 경(敬)자와 으뜸 원(元)자로 이루어져 있었다. 방북 물결의 원조가 되자는 뜻에서 으뜸 원(元)자가 들어갔는지, 아니면 무엇이 으뜸인지 모르고 엉뚱

한자	훈	음	연습
敬	공경	경	敬
益	더할	익	益
晳	분석할	석	晳
卿	벼슬	경	卿

하게도 으뜸이 아닌 북한공산체제를 받들어 모신 탓에 경원(敬元)이라는 이름에 걸맞지 않게 금뱃지단 고귀한 처지에서 긴 옥살이하는 죄수의 모습으로 변하고 만 것인지…. 이도 저도 아니라면 통일이라는 으뜸가치 으뜸목표를 받들어 모시다 보니 결국 감옥에 갇힌 꼴이 된 것인지…. 방북인사의 원조가 될 이름이던 통일이라는 지고지선의 가치를 위해 살아야 할 이름이던, 공경 경(敬)자와 으뜸 원(元)자로 짜여진 그의 이름은 자못 시사하는 바가 많다.

뒤이어 밀입북을 단행한 이들 중 대표적인 이름을 꼽으라면 익환(益煥), 석영(晳暎), 수경(秀卿)일 것이다. 더할 익(益)자와 밝을 환(煥)자로 이루어진 이름은 '빛을 더 밝게 한다'는 뜻이니 성직자의 처지에서 분연히 일어나 통일 일꾼 노릇을 하며 민족을 일깨워보려 불법과 탈법을 감행하지 않았을까. 분석할 석(晳)자와 비칠 영(暎)자로 된 석영(晳暎)이라는 이름은 '드러내서 세상에 알린다'는 의미를 내포하고 있으니, 결국 유명작가의 처지에서 종이와 붓을 뺏긴 채 옥살이하는 신세가 되었는지도 모른다. 또한 좀 '특별한 벼슬, 특수한 유명세'를 의미하는 수경(秀卿)이라는 이름은 빼어나다, 무성하다는 뜻(秀)과 벼슬(卿)로 이루어져 있으니, 끝내 유명세를 치르며 옥살이하다 그래도 뒤늦게 다복한 가정을 이룬 현대판 신데렐라가 되었지 않았을까.

5) 사건 속에 나타난 이름

1 997년이 소띠해(丁丑年:정축년)라고 해서 소에 대한 덕담들이 오고 가더니 갑자기 지난 홍수에 떠내려온 황소이야기가 장안의 화제가 되기 시작했다. 임진강과 한강 사이의 비무장지대(DMZ)에 놓인 무인도에 언제부터인가 소 두 마리가 언뜻 언뜻 보이기 시작하더니, 어느 날 갑자기 발을 저는 황소 한 마리만 남게 되었다는 기사였다.

추위와 병마에 시달리는 황소를 안타깝게 여긴 뭇 사람들의 마음을 김포군수가 주위의 해병부대에 전달하고, 급기야는 때아닌 황소 구출작전이 벌어지게 되었다. 수의관의 지휘하에 90분만에 구출해 낸 것은 1997년 1월 17일이었다.

섬 이름은 '잠시 머무르는 섬'이라는 뜻의 유도(留島), 그리고 황소 구출을 지휘한 수의관(대위)의 이름은 '큰 것을 재빨리 다룬다'는 뜻의 민석(敏奭)이었다. 또한 구출작전을 맡은 해병부대의 대대장은 '밝게 한다, 밝은 세상을 세운다'는 뜻의 건철(建哲)이었다. 수의사에게 있어 황소보다 더 몸집이 큰 '고객'이 어디 있겠는가. 민첩할 민(敏)자와 클 석(奭)으로 이루어진 수의관 대위의 이름이 이미 황소구출을 암시하고, 머무를 유(留)와 섬 도(島)로 짜여진 김포군 월곶면 보구곶리의 유도야말로 홍수에 떠내려가는 황소에게는 유일무이한 피난처이자 안식처가 되지 않았겠는가. 더욱이나, 우리 쪽이나 북한 쪽이나 서로 접근할 수 없는 말 그대로 비무장지대에 놓인 유도에서 왼쪽 앞발을 저는 병든 황소를 고무보트로 구출하는 작전인데, 오죽이나 서둘러야 했겠는가. 22명의 용맹한 해병대원들이 수면탄을 쏘아 황소를 잠재운 뒤 90분만에 작전을 완료했다고 한다. 황소에게는 '평화의 소'라는 약간은 생소한 이름이 붙여지게 되었다.

대통령의 아들이 좀 섭섭한 감정을 드러내며 따지고 드는 전화를

했는데 그 전화내용중에 '절름발이' 국
회의원의 이름이 오르내리고 또한 대
통령 주치의와 의료기구를 만드는 한
벤처기업주의 이름이 들먹여졌다고 해
서, 한동안 신문지상이 뜨거워졌던 적
이 있다. 대통령의 아들로부터 느닷없
이 투정인지 항의인지 모를 전화를 받
은 남성 클리닉 원장의 이름은 '좋은
일을 만든나'는 늦의 경식(慶植)이었

한자	훈	음	연습
敏	민첩할	민	敏
留	머무를	유	留
島	섬	도	島
舜	순임금	순	舜
珉	옥돌	민	珉
璟	옥빛	경	璟
景	볕	경	景

다. 남성의 성적고민 등을 해결하여 온전한 남자와 화목한 부부를
만들어 주는 의사이니 착할 경(慶)자와 세울 식(植)자로 이루어진 경
식(慶植)이라는 이름이야말로 일찌감치 남성 클리닉 원장감을 점쳐
둔 것이 아닌가.

그리고 전화내용중에 언급된 대통령 주치의의 이름은 햇빛 창(昌)
자와 순임금 순(舜)자로 짜여진 창순(昌舜)이었다. 군부 30년을 마감
하고 등장한 문민대통령의 건강을 보살피는 의사의 이름이 '임금을
평안하고 건강하게 한다'는 뜻의 창순(昌舜)이니, 이 얼마나 오묘한
이치인가. 또한 전화통화의 빌미가 된 의료기구 전문제조회사의 사
장이름은 옥돌 민(珉)자와 순할 화(和)자로 이루어진 민화(珉和)였다.
옥(玉)같고 금(金)같은 생명을 만들지는 못해도 그 생명을 살리는 의
료기계를 만드는 회사의 사장 이름이니 '옥돌을 만들어 세상을 더욱
화평하게 만든다'는 뜻의 민화(珉和)이면 가히 족하지 않은가.

서예계에 새바람을 일으키고 있는 유학자가 신문지상에 거론된
적이 있다. 서예기인(書藝奇人)으로까지 불리는 그의 이름은 공교롭
게도 물 하(河)자와 옥빛 경(璟)자로 이루어져 있었다. '먹물을 찍어
옥빛을 낸다'는 뜻이니 하경(河璟)이라는 이름 속에는 말 그대로 붓

글씨계에 새로운 인재가 탄생했다는 암시가 들어 있는 셈이다. 더욱이나 옥빛 경(璟)자 속에는 햇볕같은 볕을 의미하는 볕 경(景)자까지 들어 있지 않은가.

한지 위에 먹물을 찍어 마음을 드러내고 뜻을 전하는 것이 붓글씨의 묘미이지만, 하경(河璟)은 장차 그러한 먹물 글씨 쓰기에서 또렷한 큰 빛을 드러내게 될지 누가 아는가. '물을 옥빛으로 빛나게 한다'는 이름 뜻 그대로 골동품 정도의 하찮은 대접을 받는 붓글씨가 그의 손을 빌려 새로운 예술의 자리로 드높아지기를 바란다.

6) 뉴스 속의 이름들

악인은 태어나는 것인지, 아니면 이런 저런 환경이 악한 심성을 만들어 내는 것인지…. 사채업자를 상대로 강도짓하도록 뒤에서 조종하고 그것도 모자라 훔쳐온 수표를 현금으로 바꿀 수 있도록 분실된 주민등록증까지 건네준 현직경찰관은 신기하게도 가질 장(杖)자와 쇠 금(金)자로 된 이름(杖金)을 갖고 있었다. 돈(金)에 환장을 할 수밖에 없었던 것이 바로 '금붙이를 지닌다'는 이름(杖金)값 때문인 것인지….

관급공사 발주금액을 터무니없이 잔뜩 부풀려 주고는 거액의 뇌물을 챙긴 공무원들의 이름 중에 영홍(永弘)과 진곤(鎭坤)이 있었다. 길 영(永)자와 클 홍(弘)자로 된 이름이니 '길고 큰 것'(永弘)을 열심히 쫓다가 끝내 범법을 자행하게 된 것이다. 그리고, 누를 진(鎭)자와 땅 곤(坤)자로 이루어진 또다른 이름은 '땅을 누른다'(鎭坤)는 뜻이니 참으로 거창하고 굉장한 이름이 아닌가. 이름이 너무 어마어마해도 평탄하고 정상적인 길을 걷기보다 삐끗 뒤틀려 천길 낭떠러지 아래로 떨어지거나 아차 한 번 실수로 그만 천추의 한을 만들고 말게 되는 가보다.

사람의 욕망 중에서 가장 두드러진 것이 바로 자기자신을 세상 사람들에게 널리 알리고 싶어하는 스타 의식이라고 한다. 일종의 공주병, 왕자병이고 빗나간 선민의식인 셈이다.

한자	훈	음	연습
杖	가질	장	杖
金	쇠	금	金
勝	맡을	승	勝
華	빛날	화	華
鳳	봉황	봉	鳳
立	설	잎	立
晙	밝을	준	晙

하지만 스스로 공부를 열심히 하여 뭇사람과의 선의의 경쟁을 통해 스타로 떠오르는 경우는 보기에도 좋고 본보기로 삼기에도 전혀 부족함이 없는 것이다. 입학시험이니 자격시험이니 하는 것들이 바로 그러한 공명정대한 경쟁무대인 것이다.

1996년 사법시험 합격자 5백 2명 중 수석을 한 사람은 맡을 승(勝)자와 빛날 화(華)자로 된 이름을 갖고 있다. 이름을 빛낸 5백 여 명의 합격자 중 수석을 했으니 가히 '빛난 것중의 가장 빛난 것'이라는 이름 뜻(勝華)에 참으로 걸 맞는 영광이고 승리가 아닌가.

그리고 43세의 최고령 합격자의 이름은 아홉 구(九)자와 누를 진(鎭)자로 되어 있다. '아홉차례 누른다'는 뜻이니 '철저히 눌러 꼼짝 못하게 한다'는 이름(九鎭)인 셈이다. 더욱이나 신기하게도 그의 아내 이름은 봉황 봉(鳳)자와 설 입(立)자로 되어 있다. 날지 않고 쓰러져 있는 '봉황새를 날 수 있도록 일으켜 세운다'는 이름(鳳立)이니, 끝내 불혹의 나이에 접어든지 3년이나 되는 남편을 사법시험에 합격하도록 뒷바라지한 것이 아닐까.

1997년 서울대 전체 수석합격자는 밝을 준(晙)자와 호걸 호(豪)자로 된 이름을 갖고 있다. '호걸 중에서도 아주 돋보이는 자'라는 이름(晙豪) 속에 이미 수석합격의 영광이 잠재되어 있었던 것인지…. 신기하게도 그를 뒷바라지한 부모의 이름은 각각 또 우(又)자와 술잔 종(鍾)자, 영웅 영(英)자와 열매 실(實)자로 되어 있다. 아버지의 이름

한자	훈	음	연습
豪	호걸	호	豪
又	또	우	又
英	영웅	영	英
實	열매	실	實
東	동녘	동	東
燦	찬란할	찬	燦
任	맡길	임	任
淵	깊을	연	淵

속에는 '또 한 차례 술잔을 기울일 경사가 생긴다'는 의미(又鍾)가 깃들어 있고, 어머니의 이름에는 '꽃이 지고 드디어 큰 열매가 열린다'는 뜻이 숨어 있는 것이다. 부모의 멋진 이름 덕에 잠재된 호걸이 마침내 세상 빛을 보게 된 것인지….

이름만큼 무수한 소망과 축복이 들어가 있는 것이 어디 있을까. 하지만 그 좋은 열망이 깃든 이름이라도 불운과 겹치느냐, 행운과 맞닥뜨리느냐에 따라 실로 천지차이로 그 거리가 벌어지게 되어 잇다.

월드컵 한국조직위원장을 맡게 된 원로 실업인의 이름에는 동녘 동(東)자와 찬란할 찬(燦)자가 들어 잇다. 동아시아에서 처음 열리는 세계 축구잔치를 책임맡아 성공리에 끝내게 된다는 상서로운 의미가 깃든 이름이 아닌가.

20대때 도둑질한 것을 이 십여년간이나 가슴에 묻어두었다가 42세의 중년 여인이 되어 되갚았다면 과연 믿을 수 있겠는가. 보은에 사는 주인공은 이 십여년간이나 자신의 죄값을 양심의 가책으로 갚다가 드디어 16만 9천원을 파출소에 기탁했다. 그녀의 이름은 서로 상(相)자와 맡길 임(任)자로 되어 있다. 이 십여년간이나 자신만 아는 피해자를 바로 코앞에, 눈앞에 놓아두고 고민고민하다가 마침내 16만 9천원을 '맡긴' 것이다. 얼굴 없는 상대를 놓고 이십년이상 괴로워하다 결국은 돈을 '맡기고'서야 죄 값을 다했다고 느끼게 된 것이다.

재경원의 한 과장은 한국의 OECD(경제협력개발기구) 가입을 위해 밤낮없이 일하다가 자신이 말기위암환자라는 사실을 뒤늦게서야 알게 되었단다. 그래도 세상에는 의리나 도덕심이 남아 있는지…. 모든 걸 포기한 채 기도원에 들어가 있는데, 재경원에서는 96년 12월 28일자로 그를 부이사관으로 승진시켰다. 말기 위암환자가 되어 공무원의 꽃이라는 국장이 된 것이다. 그의 이름은 바를 정(正)자와 깊을 연(淵)자로 되어 있다. 앞만 보고 고지식하게 살다가 천길 연못(淵)에 빠지고 만 것이다. 외길을 걷는 자가 깊은연못(淵)에 이르렀다면 이미 막다른 길에 들어선 꼴이 아닌가. 더는 걸을 수 없다면 빠지거나 헤엄치거나 날아야 하는 것이다. 실로 기로에 서있는 삶이고 일생일대의 위기에 처해있는 처지가 아닌가.

7) 얼키고 설킨 인연속의 이름들

일생은 마치 미리 짜놓은 메뉴표 같아서 아무리 기를 쓰고 제 나름의 길을 걸어가려 해도 한참 지난 후 되돌아보면 '이미 정해진 길을 걸었다'는 고백이 저절로 나올 수밖에 없다. 결국 철없는 시절에는 앞만 바라보고 달리다가 나이들어 되돌아볼 시간이 늘어나면 자연히 운명론자 내지 숙명주의자가 되고 마는 것이다.

모 대학의 사서직을 그만 두고 연변과학기술대학 건립을 위한 사무국장으로 연변에 가 있던 사람이 연변 호텔 여직원을 눈여겨 보아 두었다가 며느리로 삼은 일이 있다. 결국 중국 연변이라는 낯선 땅이 한 집안의 모습을 크게 바꾸어 놓은 셈이다. 결혼하자마자 친정인 연변을 떠나 낯선 서울 땅에 온 여성의 이름은 달 월(月)자와 별 성(星)자로 된 이름이다. 달과 별이 하늘에서 만나는 이름(月星)이니 결혼이라는 일생일대의 만남과 인연을 통해 이역만리 먼 하늘 아래 새 땅, 새 집을 얻게된 셈이다. 즉 특이한 인연을 맺어 운명이 크게 바뀔 조짐이 이미 이름속에 들이 있는 것이다.

묘하게도 결혼을 주선한 시아버지의 이름은 얻을 득(得)자와 남녘 남(南)자로 되어 있다. 두만강 넘어 북녘 땅에 사는 묘령의 한 여성

한자	훈	음	연습
星	별	성	星
得	얻을	득	得
南	남녘	남	南
允	믿을	윤	允
隆	성할	륭	隆
賢	어질	현	賢
斗	말	두	斗
號	부르짖을	호	號

을 며느리 삼아 따뜻한 남쪽 땅으로 데리고 왔으니 '남쪽과 인연을 맺게 해준다'(得南)는 이름값을 톡톡히 한 셈이다.

굳이 이름덕에 성공을 거두었다고 말할 수는 없지만, 그래도 이름을 곰곰히 뜯어보면 그 나름의 이유가 있는 듯도 하다. 누구나 다 축복과 기원이 가득 서린 이름을 갖고 있지만, 사람의 일생을 들여다보면 각자의 이름이 주술같고 예언같은 구실을 한 경우가 참으로 많다. 좋게 풀린 경우, 나쁘게 된 경우등, 이름을 풀어보면 그 나름의 오묘한 암시가 깃들어 있다는 말이다.

이화여대에 수석으로 합격한 이의 이름에는 믿을 윤(允)자와 옥광채 영(瑛)자가 들어 있다. 4년 내내 학비가 면제되고 유학과 교수임용까지 약속받을 정도라니, 가히 쉽게 없어지지 않을 영롱한 옥광채(允瑛)가 아닌가.

국립극장 책임자가 된 이의 이름에는 길할 길(吉)자와 성할 륭(隆)자가 들어 있다. 길하기도 하고 번성하기도 하니(吉隆) 자연히 가장 대표적인 예술 무대의 책임자가 되지 않았을까.

한 자동차회사의 판매왕은 밝을 명(明)자와 지킬 수(守)자로 된 이름을 갖고 있다. 번쩍거리는 것을 지닐(明守) 운이니 그 어려운 판매 전선에서 우뚝 서지 않았을까. 최후의 승자가 되어 영광의 '판매왕' 칭호를 얻게 된 것이다.

대중 만화를 그려 아이들의 인기는 물론이고 대학강단에까지 서게 된 사람이 둘 있는데 각각 어질 현(賢)자와 세상 세(世)자로 된 이름과 말 두(斗)자와 부르짖을 호(號)자로 된 이름을 갖고 있다. 한 사

람은 '공포의 외인구단'이라는 만화를 통해 자라나는 아이들에게 상
상의 나래를 펴도록 했으니 세상과 사람을 어질게 한다(賢世)는 이
름 값을 한 셈이다. 또 한사람은 '머털도사'라는 만화를 그려 권선징
악을 극명하게 보여주는 희극물을 선보였으니 홉이나 됫박보다 훨
씬 큰 한 말들이 큰 목청(斗號) 값을 톡톡히 이루어 낸 것이다.

　돈이란 과연 무엇인가. 쓸모있고 가치있는 것들을 대신하여 잣대
역할을 하기로 한 것이 이제는 도리어 주인을 얽어매는 밧줄이 되고
주인을 목조르는 올가미가 되고 있다. 돈에 걸려 넘어지는 가련한 이들
이 얼마나 많은가.
　국영기업체 사장자리를 이용해 골재채취 허가를 내준답시고 거액
의 뇌물을 받아 먹은 이의 이름은 클 태(泰)자와 수레멍에 형(衡)자로
되어 있다. 멍에가 크다(泰衡) 보니 자신도 모르게 라면상자, 사과상
자에 감춰갖고 온 거액의 뇌물을 덥썩 삼켜버린 것인지…. 또 같은
시기에 거액의 뇌물을 받고 구속된 국영기업체 중역은 서로 상(相)
자와 느릴(더딜) 환(緩)자로 된 이름이다. 천천히 더디게 어깨동무하
고 걸어가야(相緩) 할 팔자를 모르고 너무 서둘러 가려다 보니 자신
도 모르게 일생일대의 오명을 남기게 된 것이다.
　뇌물을 건네준 이들은 건설회사 사장과 전직 공무원인데 각각 법
범(範)자와 주석 석(錫)자로 된 이름과 밝을 철(晢)자와 비 우(雨)자로
된 이름을 갖고 있다. 금속을 법으로 여긴다(範錫)는 이름뜻에 걸맞
게 건설회사 사장은 자그마치 10억원의 돈을 이곳저곳에 로비자금
으로 뿌린 것이다. 법은 내팽개친채 그저 돈을 기준으로 삼고 무기
로 삼은 탓에 저도 죽고 남도 죽는 사지로 들어선 것이다. 그리고 전
지 7급 공무원을 지낸 이는 밝은 비(晢雨) 대신 쇠쪼가리 비(鐵雨)를
여기저기에 뿌리다가 대낮에 내린 때아닌 여우비처럼 순식간에 제
본색이 드러나게 된 것이다.

한자	훈	음	연습
衡	수레멍에	형	衡
重	무거울	중	重
勳	공	훈	勳
禹	펼	우	禹
廷	조정	정	廷
友	벗	우	友
太	클	태	太
柳	버들	류	柳

거액의 대출 커미션을 받고 구속된 은행장은 넓을 홍(洪)자와 질그릇 만드는 바퀴 균(鈞)자로 된 이름을 갖고 있다. 질그릇 만드는 도구가 평퍼짐하게 넓다(洪鈞) 보니 대출금액이 클수록 그에 걸맞게 큰 돈을 커미션 명목으로 뜯어 왔지 않았을까. 은행장에게 뇌물을 건네고 돈을 빌려간 이는 어질 현(賢)자와 물가 수(洙)자로 된 이름을 갖고 있다. 물가에 이르면 어질 성품(賢洙)인데 그만 은행금고 주위를 맴도는 처지가 됐으니 너죽고 나죽는 진구렁 속에 빠지고 만 셈이다.

인연으로 얽히고 설킨 삶이다. 악연이 되는 수도 있고 오래 기억할 좋은 인연이 되는 수도 있다. 지겹도록 붙어 다니는 악연이 있는가 하면, 영원히 계속되기를 고대하는 고마운 관계도 있다.

국가예산의 1할이나 되는 돈을 쏟아 붓고도 끝내 파탄에 이른 모 재벌 회장과 악연이 이어진 판사와 변호사의 이름을 풀어보면 참으로 흥미롭기까지 하다. 1997년 벽두부터 철강이다 뭐다 하며 나라 안을 발칵 뒤집어 놓은 한 재벌과 두 번씩이나 악연이 된 판사의 이름은 빛 광(光)자와 무거울 중(重)자로 되어 있다. 큰 것을 지키려는(泰守) 재벌 총수와 두 번씩이나 법정에서 맞붙은 판사의 이름이 '빛으로 누른다, 빛을 더 세게 한다'(光重)는 뜻이라면 과연 누가 이기겠는가.

얄궂게도 '큰 것을 지키려'(泰守)는 재벌 총수를 법정에서 구하려는 변호사는 바를 정(正)자와 공 훈(勳)자로 된 이름이다. '올바로 세운 공적'(正勳)을 내세워 쇠를 녹일 용광로에 수조원의 은행 돈을 녹인 재벌을 구하겠다는 그 노력 하나만은 실로 가상한 것이 아닌가. 재벌을 돕는 또 다른 변호사들의 이름은 각각 펼 우(禹)자와 동녘 동(東)자, 조정 정(廷)자와 벗 우(友)자로 되어 있다. 해뜨는 동쪽을 넓혀 놓는다(禹東)는 이름, 법정에서 다정한 벗이 된다(廷友)는 이름을 지닌 이들이 변호하는 재판이니, 형량이 얼마만큼은 낮아지지 않겠는가. 재벌총수와 친척관계인 또다른 변호인은 클 태(太)자와 버들 류(柳)자로 된 이름이다. 궁지에 몰린 총수를 피신시킬 만큼 정말 '큰 버드나무'(太柳)가 될 수 있을지 두고 볼 일이다.

8) 이름은 삶을 엿보는 확대경이다

이름을 이리 저리 풀이하다 보면 저절로 웃음이 나올 때가 많다. 어쩌면 그리도 신통방통한지…. 이름 속에 삶을 엿보는 통로가 있다. 이름을 풀이하다 보면 그 속에 웃지 못할 수수께끼가 들어 있어 스스로 놀랄 때가 많다.

최우수 공군 조종사의 이름은 통할 성(聖)자와 나라 국(國)자로 되어 있다. 초음속 제트기를 타고 종횡무진으로 하늘을 나니 그야말로 온나라를 제집 안마당처럼 왕래하는 꼴이 아닌가.

5조 7천억원이나 되는 은행돈을 쓰고도 하루 아침에 영양실조걸린 거대한 공룡꼴이 되고만 한보철강 부도사건을 수사한 검사의 이름은 밝을 병(炳)자와 나라 국(國)자로 되어 있다. 먹구름이 잔뜩 낀 나라를 다시 밝아지도록 하라는 하늘의 특명을 받은 탓인지, 그 이름 마저도 '밝은 나라'(炳國)인 것이다.

하지만 한보철강 거액부도사건의 핵심인물은 술잔 종(鍾)자와 나라 국(國)자로 된 이름이다. 술잔 가득 독한 술을 따라 온나라 안의 논술을 취하게 만들고 홀리라고 그 이름 마저도 '술잔과 나라'(鍾國)인 것인지…. 신기하게도 그는 거액부도사건의 중심에서 자금의 입출을 책임지고 있었다.

한자	훈	음	연습
時	때	시	時
旭	날돋을	욱	旭
淅	쌀일	석	淅
球	둥글	구	球
玲	옥소리	령	玲
子	자식	자	子

때 시(時)자와 낙돋을 욱(旭)자로 된 이름을 가진 이는 언론계의 중추로 남아 있고, 밝을 병(炳)자와 쌀일 석(淅)자로 된 이름을 지닌 이는 사료 협회 회장직을 맡고 있다. 얼마나 절묘한가. 세월을 밝히는(時旭) 사명을 띠었으니 원로 언론인으로 언론계를 지키고 있는 것이다. 그리고, 밝은 곳에서 쌀을 일어 (炳淅) 그 쌀뜨물로 가축의 배를 채우니 곧 사료협회 우두머리가 아닌가.

흔히들 사람구실 제대로 하고 남들보다 좀 나은 위치에 올라서면 '이름값 한다'는 말을 한다. 반대로 꼴불견으로 지내고 못난 짓이나 펑펑 해대면 '이름값도 못한다'고 핀잔을 준다. 이름값이란 바로 사람값을 뜻하는 것이다. 그렇다면 이름이 먼저인 것인지, 아니면 사람이 먼저인 것인지….

자동차 회사 회장은 클 태(泰)자와 둥글 구(球)자로 된 이름을 갖고 있고, 크고 작은 배주인들의 모임인 선주협회 회장은 무성할 수(秀)자와 냄비 호(鎬)자로 된 이름을 갖고 있다. 크고 둥근 것(泰球)이라면 크고 작은 차바퀴(타이어)를 뜻할 수도 있고 지구를 의미할 수도 있는 것이 아닌가. 차바퀴를 굴리며 온세상을 누빈다는 뜻이 바로 자동차 회사 회장의 이름(泰球) 속에 이미 함축되어 있었던 셈이다.

그리고, 배란 곧 뜨거운 엔진으로 떠 다니는 큰 쇠그릇이라고 좀 우스꽝스럽게 풀이한다면, 무성하게 많은 크고 작은 냄비(秀鎬)들을 책임진 이가 바로 선주협회 회장이 아닌가.

'이름값 한다'는 말은 좋은 뜻으로 쓰기도 하고 나쁜 뜻으로 쓰기도 한다. 즉 못된 짓 몹쓸 짓을 했을 적에도 이름값 한다는 말을 종종 사용하는 것이다.

어음부도율이 0.29%에 이를 만큼 나라 경제를 뒤흔들어 놓고 숱한 사람들을 망하게 했던 장본인은 옥소리 영(玲)자와 자식 자(子)자로 된 이름을 갖고 있다. 여자팔자치고는 어지간히도 기구하고 예측불허인 생애를 살고 있는 한 여인의 이름에 옥소리를 뜻하는(玲) 글자가 들어 있는 것이다. 라인강가의 로렐라이 바위 위에서 아름다운 노래를 불러, 지나가는 뱃사람들을 꾀어 빠져 죽게 만들었다는 전설의 미녀 이름이 곧 로렐라이라고 하던데, 그녀는 옥소리를 내어 주위 사람들을 홀리고 낚아챘던 것인지….

한때는 권력기관의 제2인자 노릇을 한 남편의 이름이 밝을 철(哲)자와 빛날 희(熙)자로 되어 있으니 일종의 부창부수였던 셈이다. 남편은 대낮처럼 길을 밝히며 아내의 옥소리(玲)가 멀리 멀리 퍼져나가게 꾀까지 보탰던 것이다.

9) 이름은 요술거울인가

이름은 운명을 암시하는 요술 거울은 아니지만, 사람의 애절한 소망이 농축되어 있는 것만은 너무도 분명한 사실이다. '부디 잘 되어라'는 희원이 깃들어 있고 '제발 큰 인물 한 번 되어라'는 비밀스런 기도가 숨겨져 있는 것이다.

바르셀로나 올림픽에서 마라톤을 제패하고 '영광의 발'이 되고 영웅의 뜀박질이 된 이는 길 영(永)자와 복 조(祚)자로 된 이름이다. 길이 빛날 큰 복(永祚)을 타고 났으니 그 이름이 온 세상 사람들의 귀에 쟁쟁하게 된 것이다.

그리고 주니어플라이급 세계 챔피언(권투)이 되어 뭇사람을 기쁘게 해준 이는 밝을 명(明)자와 귀신이 도울 우(祐)자로 된 이름이다. 이름을 만천하에 드러내 여러 사람을 기분좋게 해주었으니 '밝아지도록 귀신이 돕는다'(明祐)는 이름뜻에 걸맞는 생애를 살고 있는 셈

한자	훈	음	연습
祚	복	조	祚
振	거둘	진	振
侃	강직할	간	侃
德	큰	덕	德
悳	큰	덕	悳
用	쓸	용	用
圭	눈이름	규	圭
翼	호위할	익	翼
老	늙을	로	老
浚	취할	준	浚
權	권세	권	權

이다. 암흑가 뒷골목에서 주먹질하는 깡패나 폭력단에 들지 않고, 공개리에 정정당당히 주먹질로 겨뤄 뭇사람을 기쁘게 해주었으니 실로 '당당하게 남을 돕는다'는 이름뜻(明祐)이 적중한 것이다.

작곡가 협회를 책임진 이는 편안할 용(容)자와 거둘 진(振)자로 된 이름이고, 노인문제연구소를 차려 노인의 보다 나은 미래를 설계하고 있는 노익장은 있을 재(在)자와 강직할 간(侃)자로 된 이름이다. '평안을 크게 누린다'(容振)는 이름뜻이 결국은 이름을 드높인다는 것으로 바뀌어 작곡가 모임의 우두머리가 된 것이다. 그리고 강직함을 지켜라, 강함을 유지하라(在侃)는 이름뜻이 그대로 적중하여 늙어서도 뒤에 처지지 않고 노인문제해결을 일거리로 들고 동분서주하는 강인한 늙은이가 된 것이다.

성균관을 맡아 한국 유림(儒林)의 대부가 된 이는 뿌리 근(根)자와 큰 덕(德)자로 된 이름이다. 뿌리가 크니(根德), 자연히 민족문화, 민족정신의 한 뿌리인 유학을 평생동안 붙들고 있게 된 것이다. 뿌리가 크고 길어 땅속 깊숙히 박혀 있으니 당연히 뿌리중의 뿌리 역할을 떠맡게 된 것이다.

사이비 종교를 만들어 영생이니 중생이니 하며 요란을 떨다가 철창신세를 진 교주의 이름은 빛날 희(熙)자와 별 성(星)자로 되어 있다. 이름마저 '빛나는 별'(熙星)이니 기어이 한 종파를 멋대로 만들어 뭇사람을 뒤흔들어 놓은 것이다.

한데 교주의 새로운 죄상을 벌주기 위해 항소심을 맡은 검사의 이름은 바를 정(正)자와 큰 덕(悳)자로 되어 있다. '빛나는 별'(熙星)이 '바르고 큰'(正悳) 것을 만나 과연 어떤 모습으로 변할지…. 종교를 주무른 이의 이름은 '빛나는 별'(熙星)이고 법을 주무르는 이의 이름은 '바르고 크다'(正悳)는 뜻이니, 역할 분담치고는 참으로 기가 막힌 것이 아닌가. 종교는 하늘을 지향하고 법은 세상을 재는 잣대를 자임한 것이다.

박정희(朴正熙) 대통령의 공과를 놓고 토론의 장을 마련하자며 인터넷에 토론방을 올린 이는 쓸 용(用)자와 빛날 희(熙)자로 된 이름이다. 바른 빛을 낸다(正熙)는 대통령을 두고 업적과 과실을 공개적으로 논하여 무조건 마녀시하고 역적시하는 세태를 뜯어고쳐 놓자는 갸륵한(?) 착상을 한 이의 이름이 공교롭게도 그 바른 빛을 활용하자(用熙)는 뜻이다.

이름이 함축한 오묘한 조짐이 어찌 그것뿐이던가. 서로 다른 날짜에 총을 맞아 불귀의 객이 된 대통령 부부의 이름이 한쪽은 '바르게 빛난다'(正熙)는 뜻이고 다른 쪽은 '영웅을 닦는다'(英修)는 의미이다. 빛이 세게 쬐는데 그 아래서 영웅의 길을 닦는다면, 과연 그 최후가 어찌 되겠는가. 기구한 운명을 미리 내다본 이름이고, 비참한 종말을 지레 짐작하게 하는 이름인 셈이다.

1996년 후반기를 어수선하게 만든 북한의 잠수함 침투사건을 들먹일 때 빼놓을 수 없는 사람이 있다. 바로 동해안 도로를 달리다가 우연히 잠수함을 보게 된 택시운전사가 바로 그 사람이다. 숱한 군인들이나 경찰인력보다도 먼저 적의 발톱을 찾아낸 그 택시기사는 진정할 진(鎭)자와 저울 눈이름 규(圭)자로 된 이름을 갖고 있다. '저울 눈이 흔들림을 멈추고 정확히 한 곳에 머물도록 저울을 안정시킨다'(鎭圭)는 이름뜻이니, 다들 잠든 새벽에 적의 침투를 발견하여 신고한 것이 아닐까. 국가 운명이 바람앞의 촛불처럼 흔들릴 때 든든한 바람막이 역할을 한 것이다. 흔들리는 안보의식을 되잡아주고 들쭉날쭉한 안보감각과 국가인식을 다행스러운 수준까지 한꺼번에 높여 가지런하게 키맞춰 놓은 것이다.

사람의 이름과 일생을 비교해 보면 참으로 묘한 느낌을 갖게 된다. 어쩌면 그리도 딱 들어맞는지…. 이름을 따라 일생이 좌우되는 것인지, 아니면 이름 속에 어떤 암시와 소원이 숨겨져 있는 것인지….

군의 '입' 노릇을 맡은 공보관이나 대변인을 지낸 이들 중에는 이룰 성(成)자와 호위할 익(翼)자로 된 이름이 있다. 군내부의 이런 저런 소식에 '주석을 달아 그럴듯한 알거리가 되게 한다'(成翼)는 이름뜻에 걸맞게 대변인 역할을 맡게 된 것이다. 어디 그 뿐인가. 3회에 걸쳐 대변인직을 연임한 장군의 이름은 햇빛 창(昌)자와 늙을 로(老)자로 되어 있다. 노병이 될 때까지 오래오래 대변인 역할을 맡으라는 뜻인지, 아니면 노련미를 살려 군의 이미지를 드높이라는 뜻인지…. 또 한사람의 공보관은 취할 준(浚)자와 권세 권(權)자로 된 이름을 지니고 있다. 어떤 말을 하든 반드시 '위엄을 지키라'(浚權)는 뜻인 것이다. 얼마나 절묘한 이름들인가.

컴퓨터가 정보산업을 이끌다보니 그에 따른 범죄도 나날이 늘어나고 있다. 검찰에서도 뛰는 컴퓨터 범죄를 따라잡기 위해 정보범죄본부를 차리고 해커추적이나 컴퓨터 범죄예방에 나선지 오래다. 그런데 기이하게도 그 본부를 책임진 검사의 이름이 밝을 현(炫)자와 무성할 수(秀)자로 되어 있다. 번쩍거리는 컴퓨터 화면을 보며 무수한 데이터를 훑어보고 살펴보는 직업이니 '밝기도 하고 무성하기도 하다'(炫秀)는 이름뜻이 아주 걸맞는 셈이다.

3. 들여다 볼수록 기이한 이름들

1) 우연인가, 숙명인가

우연이든 인연이든, 어떤 식으로든 서로 관계가 맺어진 이들의 이름 중에는 같은 글자나 의미가 엇비슷한 글자가 뒤섞인 경우를 흔히 본다. 혈연간이든 남남간이든 이름을 통한 인연암시 또한 범상한 일이 결코 아닌 듯하다.

80년대를 암울하게 한 장본인은 말 두(斗)자와 밝을 환(煥)자로 된 이름인데, 얄궂게도 그와 동서지간인 사람 또한 맑을(순박할) 순(淳)자와 말 두(斗)자로 된 이름이다. 어디 그 뿐인가 대통령의 동서인 후자(淳斗)가 갈비집을 근사하게 차렸는데 자식농사가 잘못됐는지 그만 군에 간 자식이 휴가차 나왔다가 음주운전사고를 내고 말았다. 한데 사고를 낸 아들과 동승했다가 모든 혐의(음주운전에 뺑소니까지 쳤다)를 대신 뒤집어쓴(돈받기로 하고) 갈비집 종업원의 이름은 빛날 희(熙)자와 맑을(순박할) 순(淳)자로 되어 있다. 말 두(斗)자와 맑을 순(淳)자가 얼기설기 꿰지면서 인연을 만들고 악연을 짜놓은 셈이다.

한국 정치를 이끈 소위 3김씨 중 한사람을 곁에서 추종하고 신봉한 이들이 둘 있는데 공교롭게도 갑옷 갑(甲)자를 사이좋게 나눠지니고 있다. 한 사람은 둔할 노(魯)자와 갑옷 갑(甲)자를 갖고 있고 또 한사람은 순할 화(和)자와 갑옷 갑(甲)자를 갖고 있다. 약간 둔한(魯) 듯한 맏형과 여기저기 잘 어울리는 (和) 둘째가 한국 정계의 한 원로를 갑옷(甲)처럼 방패막이해 준 것이다.

어디 그 뿐인가 3김씨중 그래도 대표적인 두 김씨 옆에서 집사노릇 하다가 억대 떡값 사건에 휘말려 망신당한 이들은 배울 학(學)자

한자	훈	음	연습
淳	순박할	순	淳
甲	갑옷	갑	甲
和	순할	화	和
魯	둔할	노	魯
澈	물맑을	철	澈
川	내	천	川
奎	별(이름)	규	奎
海	바다	해	海
愼	생각	신	愼
愛	사랑	애	愛
日	해	일	日

와 둔할 노(魯)자로 된 이름과 둔할 노(魯)자와 갑옷 갑(甲)자로 된 이름을 갖고 있다. 둔하고(魯) 충직한 탓에 원로격인 두 김씨 옆에 오래오래 머물 수 있었지만 떡값 관리에 둔하게(魯) 군 탓에 그만 크게 홍역을 치르거나 패가망신(敗家亡身)한 것이다.

북한에 두고온 고향을 그리는 부모를 위해 북한 흙을 사다 드린 아들의 이름은 남녘 남(南)자와 물맑을 철(澈)자로 되어 있고 그 고귀한 선물을 받은 어머니의 이름은 내 천(川)자와 착할 숙(淑)자로 되어 있다. 어머니와 아들은 사람이 영원히 멀리하기 어려운 '물길'을 따라 깊은 정이 오고갔던 것이다. 어머니는 물과 관련된 글자를 두 개(川淑) 씩이나 갖고 있고 아들은 어머니의 물줄기를 남한에 이어주려 남쪽의 맑은 물(南澈)이 된 것이다.

비운을 당한 이들 비명횡사한 사람들의 이름을 보면 그 나름의 어떤 암시가 깃들어 있다. 이름 때문에 비극의 주인공이 됐다고는 볼 수 없지만 사후약방문 식으로 사고당한 이들의 이름을 뜯어보면 그 속에 그럴듯한 암시가 있다는 말이다.

헬기추락사고(1997. 2)로 불귀의 객이 된 이들(군인들)의 이름에는 바를 정(正)자와 구슬 옥(玉)자로 된 것과 밝을 명(明)자와 별(이름) 규(奎)자로 된 것이 있다. 구슬이 바른 위치에 안정되어 있으려면 결국 땅속에 들어가 있어야 하고, 밝은 별(明奎)이 되려면 영혼의 세계로 들어가야 하는 것이 아닌가.

　헬기가 공중폭발(1994. 3)하여 부부가 함께 횡사한 공군참모총장은 뿌리 근(根)자와 바다 해(海)자로 된 이름이다. 그리고 그로부터 3년 뒤 일어난 헬기사고 때는 클 태(泰)자와 뿌리 근(根)자로 된 이름을 지닌 소령이 조종간을 잡았다. 뿌리가 바다로 이어져(根海) 있으니 그런 비참한 최후를 맞고, 큰 뿌리(泰根)가 되기 위해 생애의 중간에서 생기가 끊어지고 만 것인지…. 아니면 땅속에 들어 있는 생기를 빌어 살아야 할 뿌리(根) 같은 운명인데, 그만 비행기 타기를 고집했으니 그런 애통한 최후를 맞게 된 것인지….

　데모를 믹던 숭에 대희생들이 딘진 보도블럭 쪼가리에 머리를 낯고 비명횡사한 전경은 술잔 종(鍾)자와 빛날 희(熙)자로 된 이름이다. 술잔이 빛난다(鍾熙)는 이름 속에 비통해 하는 이들이 그의 영전에 올리는 애도의 술잔이 암시되어 있었던 것인지…. 이래 저래 평범하고 조용한 장례식이 되기는 어려웠었지 않았을까.

　설(1997년)을 앞두고 직물제조공장에서 원단기계에 손과 얼굴이 끼여 비명횡사한 열여섯 소녀의 이름은 생각 신(愼)자와 사랑 애(愛)자로 되어 있다. 어린 나이에 어떤 생각(愼)에 그리 골똘히 빠져 있었길래 다들 빠져나간 공장 안에 홀로 남아 싸늘한 주검으로 변하고 말았는지…. 차라리 쓰디쓴 고민이나 상심이 아니라 멋진 공상이고 아름다운 상상이었기를 빌 뿐이다.

　철거민 대책본부의 간부는 파출소 안에서 몸싸움을 벌이다 그만 벌렁 넘어져 죽고 말았는데, 밝을 병(炳)자와 해 일(日)자로 된 이름을 갖고 있다. 밝은 데다 해까지 떴으니 (炳日) 몸속에 든 생명이 그만 소스라치게 놀라 육신을 훌쩍 떠나게 된 것은 아닌지….

2) 특이한 운명을 낳는 이름들

이름은 한 사람의 전체 운명을 송두리채 암시하지는 않더라도, 최소한 어떤 성격의 사람이며 어떤 굴곡을 겪게 될 것인지에 대해서 어느 정도 암시를 줄 때가 많다. 예외적인 이름일수록 예외적이고 특이한 역정을 암시하는 수가 참으로 많다.

카톨릭 사제들의 죽은 뒤 화장을 공식 선언하여 한국 카톨릭의 전통 장례의식을 뒤엎은 사제는 햇빛 창(昌)자와 위험스러울 무(武)자를 이름으로 갖고 있다. 위험이 가득한(昌武) 인물이라는 뜻인지, 아니면 선구자적이고 파격적인 삶을 살 수밖에 없다는 엄숙한 암시가 깃들어 있는 것인지….

밥그릇 수로 고참 신참을 가리는 군 막사에서 그깟 밥그릇 몇 개 더 많다고 신참을 마구 두들겨 패 결국 '원수 갚아 달라'는 유서와 함께 자살하게 만든 사병의 이름은 막을 주(柱)자와 범 호(虎)자로 되어있다. 범을 때려잡는 기세(柱虎)로 제 전우를 구타하고 모욕준 것이다. 그리고 또 한 사병은 이름이 외자인데 무성할 수(秀)자로 되어 있다. 기운이 넘쳤는지 아니면 악독한 기세가 흘러 넘쳤는지(秀), 그는 그만 제 동료를 죽게 만들만큼 거세고 매웠던 것이다.

43명의 고귀한 목숨을 순식간에 앗아간 대구 가스폭발참사(1995년)에서 안타깝게도 불귀의 객이 된 형제가 있다. 한데 형제의 이름은 준걸 준(俊)자와 빛날 희(熙)자, 그리고 준걸 준(俊)자와 빛날 형(炯)자로 되어 있다. 준걸 준(俊)자를 '유별나다, 굉장하다, 돋보인다'는 뜻으로 풀이한다면 형제는 공교롭게도 '큰 불기둥' 내지는 '눈부신 불빛'이 되는 것이다. 펑하는 소리와 함께 치솟은 불길이 형제의 목숨을 휩쓸어갔으니, 형제는 분명 큰 불기둥과 눈부신 불빛에 생명을 잃고 만 것이다. 살아 있으면 크게 될 인물들이 그만 아깝게도 가스폭발이라는 굉음과 거대한 불길에 희생당한 것이다.

　운명적으로 인연이 닿은 이들끼리는 뭔가 서로 연관된 것들이 있게 마련이다. 특히 이름을 살펴보면 그 나름의 오묘한 연관이 있음을 어렴풋이 감지할 수 있다.

　1997년 벽두부터 온 나라를 시끌벅적하게 만든 거물급인사 망명사건을 자세히 들여다 보면, 관련된 사람들 모두가 아주 특이한 공통점을 가지고 있다는 사실을 쉽게 알아차릴 수 있다. 북한

한자	훈	음	연습
炯	빛날	형	炯
燁	빛날	엽	燁
夏	여름	하	夏
五	다섯	오	五
富	부자	부	富
亨	형통할	형	亨
昨	밝을	오	昨
龍	용	용	龍

을 탈출하여 망명을 결행한 거물급인사는 긴 장(長)자와 빛날 엽(燁)자를 이름으로 갖고 있다. 그리고 그의 망명을 위해 동분서주한 외무부 고위 인사들의 이름은 각각 높을 종(宗)자와 여름 하(夏)자, 여름 하(夏)자와 가운데 중(中)자, 빛 광(光)자와 주석 석(錫)자, 술잔 종(鍾)자와 빛날(해돋을) 욱(旭)자로 되어 있다.

　우연한 일이겠지만 모두가 다 '따가운 햇빛'과 관련되어 있다. '빛난다, 해돋는다, 한 여름이다'(燁, 光, 旭, 夏)는 뜻을 이름 속에 지니고 있다. 한 노사상가(비록 주체사상인가 뭔가 하는 해괴한 것이긴 하나)의 광명찾기에 매달린 무수한 고위직자들의 이름 속에 실제로 그 광명과 연관된 글자들이 들어 있는 것이다.

　어디 그 뿐인가 통일정책을 전담하는 부총리는 다섯 오(五)자와 옥 기(琦)자를 이름으로 갖고 있다. 다섯 개의 옥(五琦)이라는 뜻인지 아니면 오대가 파먹고 살아도 될 큰 옥광산이라는 뜻인지…. 하여튼 이름 그대로 맞아떨어진다면 최소한 다섯명의 거물급 인사들이 남쪽으로 망명하게 될지도 모르는 일이다.

　김일성대학 총장을 지낸 망명인사는 '멀리까지 내뻗을 아주 긴 빛'(長燁)이란 뜻의 이름이고, 그를 동행한 그의 수족같은 또 한사람

의 고위급 망명인사는 '아주아주 크다'(德弘)는 뜻의 이름이다. 거물급인사의 망명을 도와 세상이 놀랄 큰일을 저질렀으니 그는 자신의 이름값을 톡톡히 한 셈이다.

　정치인들의 이름을 보면 자못 허황되다 싶을만큼 그 의미가 거창하다. 이름 덕에 국회의원을 몇 차례씩이나하며 옛날식의 소왕국 군주노릇 내지는 소제국 제후 노릇을 하게 된 것인지….

　부자 부(富)자와 빛날 영(榮)자를 지닌 이는 기자출신의 재야운동가에서 중진의원의 자리에 까지 올라 있고, 형통할 형(亨)자와 별 규(奎)자를 지닌 이는 TV 뉴스시간의 앵커로 얼굴을 팔다 국회의원이 된 사람이다. 빛날 형(炯)자와 낮 밝을 오(旿)자로 된 이름은 기자 출신의 정무직 공무원 노릇을 하다가 이제는 제법 큰소리치는 터 잘 잡은 국회의원이 되어 있다. 터 기(基)자와 클 태(太)자, 빛 광(光)자와 구슬 옥(玉)자, 큰 덕(德)자와 용 용(龍)자를 지닌 이들도 입법부를 통해 권력의 핵에 접근해 있다. 옛부터 '이름값 한다'는 말이 있지 않은가. 더럽고 악하고 재수없는 뜻을 지닌 한자를 이름에 쓰지 않는 이유가 대체 무엇인가. 될 수 있는 한 복스럽고 신성하고 아름다운 의미를 지닌 한자를 쓰고자 하는 그 버릇 속에 이미 사람의 본심이 숨겨져 있는 것이다.

　정치인들의 이름을 자세히 살펴보면 유난히 거창한 의미를 지닌 한자가 많은 것을 알 수 있다. 크다(太, 泰, 大, 巨, 弘, 德, 奐, 憲)는 뜻, 빛나다(日, 光, 明, 旭, 旿, 炯, 榮, 炳, 燁, 粲, 熹, 煥, 景, 炅, 澔, 熙, 晧, 煜, 華, 輝, 鮮)는 뜻, 번성하다(昌, 茂, 盛, 興, 秀, 亨, 進, 承, 勝, 昇)는 뜻이 유별나게 많이 들어 있기도 하다.

　어디 그뿐인가. 나라 이름에 관련된 말(國, 漢, 韓, 魯, 商, 齊, 晋), 신성하다는 의미나 신성한 동물에 관계된 말(祥, 慶, 龍, 鳳, 麟, 寅, 虎, 鵬, 吉, 仙, 瑞)이 특히 많이 들어 있다. 순서(위치)나 방향에 관련된 말(中, 南, 高, 西, 東, 北, 丙, 次, 仲), 능력이나 성품에 관련된 말 (性, 丞, 善, 佑, 仁, 卓, 慈, 正, 貞, 哲, 喆, 謙, 直, 勇, 孝, 忠, 愚, 賢, 誠, 勤, 協, 和, 俊, 雄)도 많고, 당연히 통치나 입법이나 기본틀에 관련된 말(權, 統, 治, 政, 憲, 範, 準, 元, 原, 基, 法, 成, 完, 源)도 많다.

아예 노골적으로 벼슬이나 봉록에 관련된 말(卿, 勳, 祿, 仕, 宗)을 집어 넣은 이름도 많고 금속등 보석이나 부에 관련된 말(錫, 銀, 金, 寶, 福, 富, 祚, 玉, 珠, 鐵, 珪, 珏, 琪)을 덧붙인 이름도 많다. 결국은 크다, 넓다(洪, 浩, 廣), 상서롭다, 밝다, 귀하다, 출중하다, 넉넉하다 (부유하다)는 뜻의 이름들이 주종을 이루고 있다.

3) 성격을 암시하는 이름

이름과 성격이 어떤 식으로든 상관관계가 있다면 이름은 분명 한 사람의 운명을 암시하고 있음이 확실하다. 작명가가 만일 사주풀이에 의해 성품이나 운세를 어느 정도 짐작해 본 후 보완하거나 등식을 짓는 식으로 이름을 지었다면, 더더욱 이름과 운명은 밀접한 관계를 맺고 있다고 보아야 한다.

뇌성마비를 앓아 사지가 불편함에도 불구하고 초등학교 6년과 중·고교 6년을 개근한 학생은 주장할 상(尙)자와 성할(빛날) 욱(煜)자를 이름으로 갖고 있다. 장애를 딛고 성한 사람 못지않게 오히려 더욱 왕성한 향학열을 불태운(尙煜) 것이다. 불구의 아들 때문에 마음고생, 몸고생을 많이 했을 어머니는 쇠 금(金)자와 자식 자(子)자를 이름으로 갖고 있다. 쇠를 깎는 고통을 겪는다는 암시인지, 아니면 온전한 생명으로 자라지 못하고 장애자가 된 아들의 불행이 쇠 금 (金)자 속에 은연 중 계시되어 있는 것인지…. 쇠(金)와 생명은 분명 서로 상극일텐데 어째서 어미의 이름 속에 쇠(金)가 들어 있는지….

얄궂게도 12년 개근 후 자랑스러운 졸업장을 손에 쥐게 된 고교의

한자	훈	음	연습
煜	성할(빛날)	욱	煜
錞	사발(종)	순	錞
樂	즐길	락	樂
秉	잡을	병	秉

교장선생님은 솥귀 현(鉉)자와 사발(종) 순(錞)자를 이름으로 갖고 있다. 결국 쇠 금(金)자를 지닌 어머니의 강인함에 이끌린 아들은 다시 솥(鉉)과 쇠종발(錞)을 뜻하는 교장 선생님의 보호 아래 놓이게 되었던 것이다. 절룩거리고 비틀거리면서도 향학열만은 오히려 남달랐던 한 생명은 어머니와 교장선생님을 튼튼한 철교로 삼고 한걸음 한걸음 앞으로 나갈 수 있었던 것이다.

이름과 맡은 직분(역할)이 다행히도 찰떡궁합인 경우가 많다. 타고난 운세를 짐작하게 하는 이름이 드디어 그 합당한 일을 찾아낸 것과 같다. 정해진 대로 살고 공식대로 진행된다면 얼마나 편리하겠는가.

즐길 락(樂)자와 깊을 준(濬)자로 된 이름은 보기드문 석학으로 통하며 한국대학교육의 한 중심축을 이루었었다. '심오한 진리를 즐기는'(樂濬) 기질 덕분에 그는 한국 학맥의 한 중심을 이루었던 것이다.

잡을 병(秉)자와 길 영(永)자로 된 이름은 한국의 교육 정책을 책임진 사람이다. 엄청난 사교육비에 휘청거리는 학부모의 부담을 덜어주려 교육개혁을 기세좋게 밀고 나갔으니, 백년대계인 교육의 앞날을 생각한다면 실로 이름값을 톡톡히 한 셈이다. '긴 것을 잡는다'(秉永)는 이름 속에 국가 백년대계인 교육을 책임질 운명이 암시되어 있었던 것이다.

편안할 녕(寧)자와 바다 해(海)자로 된 이름은 국방과 안보를 떠맡아 오랫동안 묵묵히 일한 사람이다. 군의 왜곡된 위상을 바로잡아 문민우위를 확립시켜 놓는 군개혁도 책임지고 수행했고 서슬퍼렇던 정보기관의 위상도 민주국가에 걸맞게 국가의 공공기관 내지 대국

민 봉사기관으로 합당하게 자리매김해 놓았다. '잔잔한 바다 위를 큰 배가 미끄러지듯 순항하게 한다'는 이름에 걸맞게 그는 국가발전의 큰 고비에서 나름대로 국가안녕과 국민행복에 크게 기여한 것이다.

부자 부(富)자와 세울 식(植)자로 된 이름은 과학기술 정책을 통해 국가의 부를 증진시키는 직책을 맡고 있다. '부를 심는다'(富植)는 이름뜻에 맞춤복처럼 그 역할이 잘 맞아떨어진 것이다. 그리고, 술잔 종(鍾)자와 윤택할 윤(潤)자로 된 이름은 한국의 근대화와 산업화를 이긴 정신적 지주인 새마을 운동을 21세기 현대 사회로 이을 책임을 진 사람이다.

4) 돋보이는 이름이 별난 생애를 만든다!

성 공적인 인생을 사는 사람들일수록 유별나게 '빛난다, 밝다'는 의미를 지닌 글자를 많이 사용하고 있다. 어떤 직종, 어느 계통에서 간부층, 지도층이 됐던 이름에는 대개 그럴듯한 뜻이 포함되어 있기 마련이지만, 그 중에서도 특히 '빛'이나 '영광'과 관계된 글자가 많다는 뜻이다.

우선 신문, 방송을 책임진 이들의 이름들 중 '빛'이나 '명예'와 관련된 글자부터 살펴보자.

때 시(時)—날돋을 욱(旭), 밝을 호(晧)—빛 경(景), 큰 대(大)—밝을 환(煥), 세상 세(世)—빛날 영(榮), 밝을 환(煥)—동관 채(棌), 태평세월 소(昭)—밝을 환(煥), 주석 석(錫)—밝을 현(炫), 말 두(斗)—북두자루 표(杓), 햇빛 창(昌)—냄비 호(鎬)….

이는 다시 "승승장구한다(時旭), 빛중의 빛이다(晧景), 눈부시게 밝다(大煥), 세상을 빛낸다(世榮), 이름을 널리는 인사가 된다(煥棌), 태평세월을 구가한다(昭煥), 금속에 빛이 반사되듯 눈이 부시다(錫炫), 빛을 듬뿍 받는다(斗杓), 햇빛이 들 듯 팔자가 좋다(昌鎬)"는 식으로

한자	훈	음	연습
晧	밝을	호	晧
昭	태평세월	소	昭
杓	북두자루	표	杓
彦	착한 선비	언	彦
齊	가지런할(다르릴)	제	齊
顯	밝을	현	顯
箕	별 이름	기	箕

재미있게(?) 풀어 쓸 수 있다. 하나같이 '빛'과 연관되어 있는 셈이다.

'상공의 날'에 산업 훈·포장 및 대통령표창을 수상한 성공적인 기업인들의 이름에도 '빛'과 관련된 글자가 제법 많이 들어 있다.

서로 상(相)—빛날 희(熙), 빛날 조(昭)—착한 선비 언(彦), 빛날 화(華)—길 영(永), 가지런할(혹은 다스릴) 제(齊)—불꽃 붉게 타오를(혹은 빛날) 혁(赫)….

서로 빛난다(相熙), 세상의 빛이 되는 사람이다(昭彦), 오래도록 빛난다(華永), 빛 혹은 불꽃을 조절한다(齊赫)는 의미일테니, 온통 '빛'과 연관된 이름들인 셈이다.

유력기업의 경영진(혹은 중역)을 보면 '빛'과 관련된 이름들이 아주 많다는 것을 쉽게 확인할 수 있다.

빛 광(光)—준걸 준(俊), 으뜸 원(元)—불에 익힐 섭(燮), 통할(혹은 성인) 성(聖)—밝을 환(煥), 용 용(龍)—빛날 희(熙), 클 태(泰)—밝을 현(顯), 밝을 명(明)—세울 식(植), 빛 광(光)—목숨 수(壽), 형통할 형(亨)—불에 익힐 섭(燮), 빛날 영(榮)—밝을 철(哲), 돌 석(石)—밝을 환(煥), 밝을 현(炫)—서로 상(相)….

빛을 발하는 인물(光俊), 가장 중요한 것을 다루는 사람(元燮), 특별한 빛을 발하는 사람(聖煥), 빛을 타고 오르는 용같은 이(龍熙), 큰 빛이 될 사람(泰顯), 빛과 같은 일을 할 사람(明植), 빛처럼 오래도록 버틸 사람(光壽), 불가에 있어야 형통할 사람(亨燮), 이웃에게 빛이 될 사람(炫相)이니, 기업의 핵심이 된 것이다.

이웃 섬나라에 나라를 빼앗긴 채 암울하고 참담한 나날을 보내고 있던 겨레에게 '독립'을 일깨워 준 서른세분의 선각자들은 대체 어떤 이름을 갖고 있을까. 기미년(1919년) 3월을 '독립만세'로 들끓게 했던 독립선언문 작성자들의 이름 속에는 과연 어떤 의미들이 내재되어 있을까.

'빛'과 관련된 글자들이 유난히 많은 것을 쉽게 알 수 있다. 빛날 희(熙), 밝을 환(煥), 밝을 명(明), 햇빛 창(昌), 빛날 화(華), 별 이름 기(箕), 은하수 한(漢)등, '빛'과 관련된 글자를 지닌 이름이 자그마치 아홉 분이나 된다. 그리고 동물을 뜻하는 글자를 지닌 분들도 다섯이나 된다. 용 용(龍)자를 지닌 분이 넷이고 기린 린(麟)자를 지닌 분이 한 사람이다. 특이한 사실은 잡을 병(秉)자를 지닌 이들이 넷이나 된다는 것이다.

5) 악인과 선인을 구별짓는 이름들

이름만 보고는 악인인지 선인인지 절대로 분간할 수 없다. 하지만 이름 속에 그 뭔가가 내재되어 있을 수는 있다. 꿰어 맞추기 식일 망정 선인은 선인다운 이름을 갖고 있고 악인은 악인일 수밖에 없는 그 무엇인가가 암시되어 있을 수 있다.

한 일(一)—눈동자 주(珠), 봄 춘(春)—세울 식(植)은 칼라복사기로 위조수표를 십억대 이상 찍어 중국내의 폭력조직과 야합, 뭔가 큰 일(?)을 도모했던 이들이다. 외눈(一珠)이니 사물을 제대로 못 본 탓에 그런 엉뚱한 짓을 자행한 것이다. 뭔가 남다른 운세를 타고 났지만 그 이름값(春植)에 걸맞는 현실을 못 지니다 보니 자연히 범죄를 저질러 세상의 이목을 끌게 된 것이 아닐까.

나라 국(國)—스물네냥 일(鎰), 술진 중(鍾)—부시런할 변(勉), 바탕 상(相)—진정할 진(鎭), 동녘 동(東)—별이름 규(奎), 술잔 종(鍾)—빛날 엽(燁), 술잔 종(鍾)—스물네냥 일(鎰)은 건설공사를 놓고 엉뚱한

한자	훈	음	연습
春	봄	춘	春
鎰	스물네냥	일	鎰
勉	부지런할	면	勉
棋	뿌리	기	棋
峰	봉우리	봉	峰
進	나아갈	진	進
湳	물이름	남	湳
達	사무칠	달	達
午	말	오	午
琴	거문고	금	琴
丞	도울	승	丞

죄를 내 5천만원에서 1억원까지 뇌물을 받아 챙긴 지방 공무원들이다. 나라 일을 돈벌이에 악용(國鎰)하고 술잔 돌리며 돈이나 챙기는(鍾鎰) 팔자라서 그런식의 추문에 휩싸인 것이다. 그리고 술잔이나 열심히 돌리고(鍾勉) 술잔 돌리는 일에서나 유능한(鍾燁) 사람이기에 뇌물 수수죄를 범한 것이다. 선뜻 도와주는 일보다는 캐묻고 다리거는 일에 이골이 난(相鎭) 탓에 돈의 유혹에 빠지고, 등따시고 돈 나오는 자리를 탐하는(東奎) 기질 때문에 가문을 더럽히며 창피를 당하게 된 것이다.

뿌리 기(棋)자와 산봉우리 봉(峰)자를 지닌 이는 고리대금업을 하며 채무자를 고의로 폭행, 3천만원의 빚을 5개월 사이에 12억원으로 조작해낸 무시무시한 사람이다. 산봉우리에서부터 탑을 쌓기 시작할(棋峰) 팔자라서 그런 식의 무모하고 잔혹한 범죄를 저지르게 된 것이다. 동녘 동(東)자와 나아갈 진(進)자를 지닌 이는 평생을 전문도박꾼으로 일하며 무수한 사람들을 울린 장본인이다. 거저 먹고 단번에 끌어모으는 도적질에 매혹된(東進) 사람인 셈이다.

바탕 상(相)—더울 열(熱), 밝을 병(炳)—물이름 남(湳), 이룰 성(成)—클 홍(弘), 완전할 완(完)—불에 익힐 섭(燮), 용 용(龍)—세울 식(植), 법 문(文)—물가 수(洙), 기본 기(基)—한 일(日)은 수억원대의 판돈을 놓고 상습적으로 노름판을 벌인 부유층인사들이다. 성미가 급해 탐욕스럽다(相熱), 단물 빨아 먹는 팔자다(炳湳), 일확천금을 노린다(成弘), 큰 부자가 될 꿈만 꾼다(完燮), 야심만 만만하다(龍植),

법을 따질 뿐 법을 지키지는 않는다(文洙), 습관을 못 버리고 산다
(基日)는 이름뜻이라서 노름질에 도끼자루 썩는 줄 모르고 살고 있
는 것이다.

　선한 사람이든 악한 사람이든 이름만은 다들 그럴 듯할 수밖에 없
다. 복되고 운 좋은 생애가 되라는 염원이 깃든 이름들이기 때문이
다. 그러나 이름만 보고도 누가 선인이고 악인인지를 대강 구분할
수 있는 것이다.
　행상과 삯비느실로 모은 진재산(1억원)을 대학 장학금으로 기증한
팔순의 할머니는 은혜 은(恩)자와 순할 순(順)자를 갖고 있다. 도움을
주어야 한다는 내면의 다짐에 순응한(恩順) 셈이다. '동아' 꿈나무 재
단을 기탁한 이는 사무칠 달(達)과 땅 곤(坤)자를 갖고 있다. 땅끝까
지 이를 아름다운 소식을 만든(達坤) 고마운 사람이기에 이름마저도
그런 식으로 지어진 모양이다.
　곧을 정(貞)자와 별이름 규(奎)자를 지닌 오십대 후반의 아주머니
는 새벽기도를 마치고 돌아오다 3천만원이 든 가방을 주워 경찰서
에 신고했다. 회사원들의 월급을 잃어버렸다가 극적으로 되찾은 이
가 사례로 백만원을 주었으나 그 돈마저도 불우이웃 돕기 기금으로
내놓았다. 곧은 빛을 발하는 별(貞奎)이기에 그런 고마운 일을 한 것
이다.
　꼭대기 정(頂)자와 순할 순(順)자를 지닌 육십대 아주머니는 자신
의 기구한 생애에도 불구하고 무의탁노인 이십여명의 배설물을 손
수 치워주고 또한 끼니수발을 거르지 않고 있어, 주위에서는 '속초
의 테레사 성녀(聖女)'라고 부르며 칭송을 아끼지 않고 있다. 운명에
순응하며 모든 일을 자신의 소명으로 여기는(頂順) 사람이기에 불가
능에 가까운 일을 하고 있는 것이다. 진정할 진(鎭)자와 고일 행(幸)
자를 지닌 이는 '가정 도우미'로 일하며 무의탁노인을 친부모처럼 보

살피고 있다. 자신의 안락한 삶을 스스로 포기한 채 도움이 필요한 이를 위해 헌신봉사한다(鎭幸)는 이름뜻이 그대로 맞아 떨어진 것이다.

반면에 바를 정(正)—물가 수(洙), 진정할 진(鎭)—말 오(午)는 사람을 생매장하고도 전혀 양심의 가책을 안 느낀 소위 '막가파'(스스로 지은 조직 이름)들이다. 물가에나 이르러야만 바른 심성을 지닌다(正洙)는 뜻이니 '요단강을 건넌 후' (즉 죽은 후)에나 새 사람이 된다는 말인가. 그리고 날뛰는 말을 진정시킨다(鎭午)는 이름이니 스스로 날뛰는 망나니가 되고만 셈이다.

어질 인(仁)자와 물가 수(洙)자를 지닌 이는 부유층을 필리핀 벽지로 끌고 가, 강제로 거액의 노름을 하게 만든 후 돈을 갈취한 사람이다. 앞에서도 말했듯이 요단강을 건넌 후에나 어질게 될(仁洙) 팔자라서 몹쓸 짓에 흠뻑 빠진 모양이다. 거문고 금(琴)—무성할 수(秀), 밝을 병(炳)—둔할 로(魯), 도울 승(丞)—나라 국(國), 나타날 현(顯)—용 룡(龍)은 학생들의 신상에 관한 온갖 정보를 빼내 학원이나 광고업자들에게 팔아먹은 어른들의 이름이다. 비록 못된 짓을 저질렀을망정 이름 하나하나는 얼마나 그럴듯한가.

6) 외자이름, 거창한 이름이 가져다 준 삶

이름이 지닌 의미로 운세를 점칠 수 있다면 외글자(혹은 한글자)를 이름으로 쓴 경우는 실로 얼마나 억울할까. 두 글자가 서로 도와 좋은 뜻을 더욱 돋보이게 해도 시원찮을 텐데 한 글자 만으로 모든 염원과 기대를 표현해야 하다니, 실로 억울하다 못해 불행하기(?)까지 하다 해야 할 것이다. 우선 이름자로 쓰인 외글자를 한 번 살펴보자.

용서할 관(寬), 큰 덕(悳), 밝을 명(明), 설 건(建), 밝을 철(哲), 순박할 순(淳)을 이름으로 지닌 이들 중에는 하나같이 관운이 좋아 장관

은 물론이고 부총리, 총리에까지 이른
이들도 있다.

빠를 민(敏), 위험스러울 무(武), 굳셀
건(健), 밝을 병(炳), 향풀 훈(薰), 물속
에서 찾을 심(沁), 옥이름 순(珣), 밝을
현(炫)자를 지닌 이들은 언론계에 종사
하고 있다. 그리고, 고를 균(均), 치마
상(裳), 어질 현(賢), 클 홍(弘), 더할 익
(益), 돌아올 복(復)자를 지닌 이들은
학자의 길을 걸으며 대학행정까지 떠

한자	훈	음	연습
寬	용서할	관	寬
建	설	건	建
健	굳셀	건	健
沁	찾을	심	沁
珣	옥이름	순	珣
裳	치마	상	裳
復	돌아올	복	復
銀	은	은	銀

맡고 잇다. 빛날 영(榮), 은 은(銀)자를 이름으로 지닌 이들은 유명 작
가로 문학계를 이끌고 있다. 또한 빛날 형(炯), 희망할 지(志), 철로
동일 국(鋦)자를 이름으로 지닌 이들은 의사로서 의료계를 이끌고
있다. 무릎 슬(膝)자를 지닌 여성은 유명극단의 총망받는 단원이다.
학 학(鶴)자, 추울 열(洌)자를 지닌 이는 환경운동의 대부로 자리를
굳혔고, 호위할 익(翼)자를 지닌 이는 슈퍼마켓 협동조합 연합회를
이끌고 있다. 맡을 승(勝), 찬란할 찬(燦), 배 멈출 정(碇), 어질 인(仁),
빛날 혁(爀)자를 지닌 이는 금융이나 무역을 주관하는 기관의 간부
로 있고, 찰 만(滿)자를 지닌 이는 수산업을 지원하는 기관에서 일하
며 새어업인 상을 수상했다. 순할 순(順)자를 지닌 이는 호주 교포로
서 엑스포박람회와 무주 유니버시아드 경기에서 남편과 함께 자원
봉사원으로 일했다. 나아갈 진(進)자를 지닌 이는 고위직을 두루 거
친 후 대학의 책임자로 있고, 학 학(鶴)자를 지닌 이는 교육사업과
금융사업을 겸하고 있는 재력가이다. 옥 다음가는 검은 돌 구(玖)자
를 지닌 이는 조선 왕조의 마지막 왕세손으로 해외를 떠돌디 육순이
훨씬 넘어 영구귀국했다. 아홉구(九)자를 지닌 이는 민족의 스승, 애
국애족의 표상으로 자리잡혀 있다. 심을 삼(森)자를 지닌 중국동포

한자	훈	음	연습
志	희망할	지	志
膝	무릎	슬	膝
鶴	학	학	鶴
冽	추울	열	冽
碇	배 멈출	정	碇
玖	옥돌	구	玖
森	심을	삼	森
彬	빛날	빈	彬
純	순전할	순	純

는 연변에서 신문 기자로 일하며 고구려 문화유적을 소개하는 책자를 펴냈다. 날오를 승(昇)자를 지닌 이는 경제학자로서 장관직까지 거쳤다. 으뜸 원(元)자를 지닌 이는 환경운동단체(녹색연합)를 이끌고 있다. 빛날 빈(彬), 날을 익(翊)자를 지닌 이는 경찰 고위직에 앉아 있다. 순전할 순(純)자를 지닌 이는 은행간부로 일하고 있다.

이름이 거창(?)한데도 세상 사람들의 손가락질을 받으며 '공동의 적'으로 치부되는 수가 종종 있다. 이름이 너무 어마어마해도 운세가 평탄하지 못하다는 옛말이 어쩌면 뭔가를 알고 한 소리인지도 모른다. 이름에 걸맞게 살다보니 자연히 무모하고 모험적인 행각을 일삼게 되는 것이다.

말도 많고 탈도 많은 한보철강 부도사태에 연루된 이들의 이름도 겉으로 보기에는 하나같이 그럴 듯하다. 우선 가장 문제가 된 한보그룹 쪽의 인사들을 보면 큰 것을 지킨다(泰守), 족보를 다시 써 새로운 뿌리가 된다(譜根), 나라를 술잔으로 좌지우지한다(鍾國)는 식의 이름들이다. 그리고 구속된 은행장들을 보면 물 찾는데 약다(喆洙), 큼지막한 낚시바늘이다(洪釣), 도와준 후 어울린다(贊穆)는 식의 이름이고, 구속된 정치인들을 보면 매사에 아주 밝다(在哲), 무거워 움직이기 어렵다(魯甲), 잘 나가는 사람만 골라서 도와준다(佑錫), 어질게 굴어야 길하다는 말을 굳게 믿고 산다(仁吉), 큰 것을 탐하는 성품이다(秉泰)는 식의 이름들이다.

이름뜻이 거창한 탓에 공연한 일로 세인의 입에 오르내리는 이들이 있다. 괴상한 일로 유명해진 셈이다. 어질고 밝다(賢哲)는 이름을

가진 대통령의 아들이나 크고 무겁다(泰重)는 이름을 지닌 측근은,
국정을 문란하게 하며 온갖 인사문제에 개입한 탓에 문민대통령으
로 길이 남을 노정객마저 그 기초부터 무너뜨리고 말았다.

7) 성공한 여성들의 이름

인구의 절반을 여성이 차지하고 있지만, 남녀평등 문제가 늘 사회적 논의거리로 등장하곤 한다. 그만큼 여성의 권리나 권위가 제대로 지켜지기 어렵다는 뜻일 것이다. 하지만, 여성 중에도 사회적 명성과 영향력을 쥔 채 남성에 못지 않게 맹활약하고 있는 이들이 의외로 많다. 우선 성공적인 인생을 살고 있는 여류 명사들의 이름을 열거해 보기로 하자.

착할 숙(淑)—기쁠 희(喜), 어머니 양(孃)—열매 실(實), 긴 장(長)—착할 숙(淑), 받을 윤(胤)—큰 덕(德), 윤택할 윤(潤)—자식 자(子)는 장관을 지냈다.

착할 경(慶)—착할 숙(淑), 진정할 진(鎭)—나갈 출(出), 예쁠 미(美)—귀공 경(卿), 즐길 낙(樂)—고를 균(均), 영웅 영(英)—사랑 애(愛), 영웅 영(英)—첩 희(姬), 구슬 옥(玉)—신선 선(仙)은 국회의원을 지냈다.

완전할 완(完)—순할 순(順), 명길 수(壽)—사내 남(男)은 무용계를 이끌고 있고, 비칠 영(暎)—자식 자(子), 너그러울 유(宥)—수풀 림(林)은 미술계를 이끌고 있다.

생각할 모(慕)—아이밸 임(姙), 착할 숙(淑)—자식 자(子), 착할 경(慶)—착할

한자	훈	음	연습
喜	기쁠	희	喜
孃	어머니	양	孃
胤	받을	윤	胤
出	나갈	출	出
美	예쁠	미	美
仙	신선	선	仙
男	사내	남	男
宥	너그러울	유	宥
慕	생각할	모	慕
姙	아이밸	임	姙
厚	무거울	후	厚
淨	맑을	정	淨

한자	훈	음	연습
義	뜻	의	義
延	미칠	연	延
信	믿을	신	信
蘭	난초	란	蘭
岸	낭떠러지	안	岸
津	나루	진	津
婉	순할	완	婉
再	두 번	재	再
天	하늘	천	天
謨	꾀	모	謨
炅	빛날	경	炅

숙(淑), 구슬 옥(玉)—자식 자(子), 무거울 후(厚)—맑을 정(淨), 뜻 의(義)—착할 숙(淑), 착할 숙(淑), 미칠 연(延)—순할 순(順), 치마 상(裳), 날(해) 일(日)—여름 하(夏), 믿을 신(信)—자식 자(子), 빛날 영(榮)—난초 란(蘭), 믿을 윤(允)—구슬 옥(玉), 빛 광(光)—착할 숙(淑)은 대학강단에 서 있다.

착할 숙(淑)—첩 희(姬)는 여성학자로서 명사회자로 통하고 있다. 사무칠 달(達)—자식 자(子), 낭떠러지 안(岸)—나루 진(津), 순할 완(婉)—기업 서(緖), 믿을 윤(允)—착할 숙(淑), 공경할 경(敬)—빛날 희(熙), 남녘 남(南)—복조 조(祚)는 유명 작가로 활약하고 있다. 말미암을 유(由)—예쁠 미(美)는 한국알리기 운동을 이끌고 있고, 아름다울 연(嬿)—착할 숙(淑), 본받을 효(効)—두 번 재(再), 하늘 천(天)—막을 주(柱), 서옥 보(寶)—빛날 경(炅), 바를 정(正)—자식 자(子), 빛 광(光)—꾀 모(謨)는 여성단체를 이끌거나 소비자 보호운동, 에이즈 예방운동 등을 이끌고 있다.

8) 낭만적인 의미를 지닌 이름들

이름의 의미를 살펴보다 보면 '이름치고는 아주 낭만적'이라는 생각을 갖게 되는 경우가 있다. '잘 풀려라, 빛을 발하라'는 식의 축원이 대부분인데 가끔은 사람의 감성과 감흥을 불러일으키는 수가 있다.

비칠 영(映)—큰물 하(河), 별 성(星)—불활활 붙을 렬(烈), 하늘 천(天)—다닐 행(行), 사랑 애(愛)—마음 심(心), 클 태(泰)—메 산(山), 용서

할 관(寬)—천지사방 우(宇), 별장
장(莊)—땅 곤(坤), 바다 해(海)—가
운데 중(中), 해돋는 모양 정(晸)—
향풀 훈(薰), 흰 백(白)—산봉우리
봉(峰), 반드시 필(必)—비 우(雨), 풍
년 풍(豊)—자식 자(子), 고요할 청
(淸)—저자 시(市), 밝을 명(明)—하
늘 천(天), 달 월(月)—신선 선(仙),
믿을 신(信)—별 성(星), 햇빛 창
(昌)—불 활활 붙을 렬(烈), 많을 자
(滋)—은하수 한(漢), 종류 종(種)—
마음 심(心), 물 수(水)—빛날 영(榮),

한자	훈	음	연습
行	다닐	행	行
山	메	산	山
莊	별장	장	莊
晸	해돋는 모양	정	晸
白	일백	백	白
必	반드시	필	必
豊	풍년	풍	豊
淸	고요할	청	淸
市	저자	시	市
滋	많을	자	滋

있을 유(有)—물가 수(洙), 바다 해(海)—옥소리 랑(琅), 밝을 명(明)—수
풀 림(林), 날오를 승(昇)—풍부할 진(賑), 일만 만(萬)—푸를 청(靑), 빛
광(光)—눈동자 주(珠), 날오를 승(昇)—섬 주(洲), 날을 익(翊)—상서 상
(祥), 복 복(福)—밝을 환(煥), 클 보(甫)—헤엄칠 영(泳), ….

물에 비친다(映河)는 이름은 과학기술을 다루는 기관의 간부로 있
고, 별이 빛난다(星烈)는 이름은 유명극단 단원이다. 하늘로 나들이
한다(天行)는 이름은 통상정책을 다루는 공무원이고, 사랑이 가득한
마음(愛心)이란 이름은 서울시립극단의 단원으로 있다. 큰 산(泰山)
이란 이름, 빛나는 눈동자(光珠)란 이름, 온 누리를 다 너그러이 껴
안는다(寬宇)는 이름은 언론계에 종사하고 있다. 땅위에 지은 별장
(莊坤)이란 이름은 국회의원이고, 바다 한가운데(海中)라는 이름은
산부인과 의사로 일하고 있다. 아침해를 바라보는 풀꽃(晸薰)은 정
부기관의 차관 이름이고, 눈덮힌 흰 봉우리(白峰)는 평생을 무용계
에 몸바친 여성의 이름이다. 기어코 내리는 빗줄기(必雨)는 경찰 최
고위 간부의 이름이고 풍년에 낳은 자식(豊子)은 교육다운 교육을

한자	훈	음	연습
水	물	수	水
有	있을	유	有
琅	옥소리	랑	琅
賑	풍부할	진	賑
萬	일만	만	萬
靑	푸를	청	靑
洲	섬	주	洲
翊	날을	익	翊
福	복	복	福
甫	클	보	甫
泳	헤엄칠	영	泳

부르짖는 학부모연대를 이끄는 여성의 이름이다.

고요한 시장거리(淸市)는 교수로 있는 이의 이름이고, 밝은 하늘(明天), 멋지게 비상한다(翊祥)는 이름은 은행 간부로 있다. 달빛 아래 신선(月仙), 별을 믿는다(信星)는 이름은 기업중역이고, 햇빛이 이글거린다(昌烈)는 이름은 자생식물 보존운동을 펴고 있다.

수없이 많은 은하수(滋漢)는 전자회사 사장이고, 여러 가지 마음씨(種心)는 언론계에 종사하고 있다.

남다른 기질을 오래 지닌다(英久), 복이 터진다(福煥), 크게 헤쳐 나간다(甫泳)는 이름들은 모두 은행 간부로 일하고 있다. 섬에 머문다(昇洲), 오래오래 파랗다(萬靑), 햇빛비친 물(水榮)은 학자의 길을 걷고 있다. 용이 빛을 타고 오른다(龍彬), 물가에 머문다(有洙)는 이름은 기업 총수로 있고, 날짜가 갈수록 풍요로와진다(昇賑)는 이름은 다단계 판매업에 종사하고 있다. 용의 비상에 덩달아 오른다(應龍)는 이름은 프로야구 감독이고 아름다운 파도소리(海琅), 햇빛이 찬란한 숲(明林)은 문화예술계의 원로들이다. 은하수가 녹아내린다(漢溶)는 이름은 탤런트 출신 국회의원이고, 꿈을 이룬다(夢植)는 이름은 동네 이장으로 있다.

9) 머리수 만큼이나 다양한 이름들

사 람의 이름을 놓고 이리저리 비교하다 보면 참으로 신기하다는 생각이 절로 든다. 한정된 범위내에서 골라 쓰기 마련인 이름들인데도 그렇게 다양할 수가 없다. 어쩌면 사람의 머리수 만큼이나 이름 하나하나에 담긴 뜻이 현란하고 다양한지도 모른다.

법 준(準)—향할 향(向)은 '정해진 규정을 준수한다'(準向)는 이름뜻처럼 여러 사람의 돈을 간수하고 늘려주는 새마을 금고 연합회를 책임지고 있다. 무성할 무(茂)—밭 전(田)은 '땅이 넓고 할 일이 많다'(茂田)는 이름뜻처럼 서울특별시의 도시계획을 책임맡고 있다.

"옥돌 기(琦)—무성할 수(洙), 학문 교(敎)—곧을 정(貞), 믿을 윤(允)—구슬 옥(玉), 있을 재(在)—별이름 규(奎), 클 태(泰)—으뜸 원(元), 바를 정(正)—근원 원(源), 밝을 명(明)—설 건(建), 근본 본(本)—큰 못 호(湖), 곧을 정(貞)—솥귀 현(鉉), 영웅 영(英)—별 진(辰), 법 문(文)—클 석(碩), 사무칠 달(達)—가운데 중(中), 믿을 윤(允)—북돋울 배(培)"는 모두 대학교육에 몸바친 사람들이다.

보석같은 인재들을 양성한다(琦洙), 곧은 길을 가르친다(敎貞), 보석같은 인재들을 육성 가능하다고 믿는다(允玉), 별처럼 빛나게 한다(在奎), 으뜸되는 가치를 돋보이게 한다(泰元), 근본되는 것부터 바로 잡는다(正源), 밝은 빛이 드러나게 한다(明建), 근본되는 것을 무한히 넓힌다(本湖), 곧은 길을 걸으며 먹고 살게 한다(貞鉉), 위대한 인물이 되게 한다(英辰), 세상의 규율이 올바로 서게 한다(文碩), 샛길을 걷지 않고 늘 똑바로 살게 한다(達中), 믿고 잘 가르쳐 능력을 배가할 수 있세 한다(允培)는 식의 이름뜻이니, 대학강단에 서 있거나 대학총장 혹은 재단을 책임진 입장

한자	훈	음	연습
準	법	준	準
向	향할	향	向
田	밭	전	田
本	근본	본	本
湖	큰 못	호	湖
碩	클	석	碩
命	목숨	명	命

이 된 것이다.

편안할 용(容)—큰 덕(德)은 '중요한 것을 온전히 잘 지켜낸다'(容德)는 이름뜻에 맞게 대학의 출판을 책임지고 있다. 목숨 명(命)—새 신(新)은 '죽을 고비를 넘긴 후 새로운 인생을 산다'(命新)는 이름뜻처럼 월남전을 통해 혁혁한 무공을 세우다가 훈장과 명예를 안고 귀국한 장군이 되었다.

"태평세월 소(昭)—비칠 영(暎), 으뜸 원(元)—빛날 희(熙), 둔할 노(魯)—으뜸 원(元), 바를 정(正)—웅장할 웅(雄), 술잔 종(鍾)—순박할 순(淳), 으뜸 원(元)—편안할 용(容), 빛날 형(炯)—별이름 규(奎)"는 목사로 일하는 이들이다. 평화로운 세상이 되게 한다(昭暎), 가장 소중한 것을 드러낸다(元熙), 중요한 비밀을 서서히 풀어간다(魯元), 바른 것이 돋보일 수 있게 한다(正雄), 참된 삶을 통해 생계를 유지한다(鍾淳), 소중한 것을 높이 드러낸다(元容), 빛을 발하는 사람이 된다(炯奎)는 이름뜻에 맞게 모두가 진리를 드러내는 성직자의 길을 걷고 있는 것이다.

이름과 현재 하고 있는 일이 신기하게도 잘 맞아떨어지는 수가 아주 많다. 둘러대는 식의 뜻풀이일지라도 가만히 눈여겨보면 절묘하게 부합되는 수가 많은 것이다.

갈 우(于)—클 석(奭)은 '큰 걸음으로 걸어 나간다'(于奭)는 이름에 걸맞게 대학의 취업정보센터를 책임지고 있다. 으뜸 원(元)—둥글 구(球)는 '둥근 바퀴를 제일로 여긴다'(元球) 이름에 맞게 지하철 공사의 간부로 있다. 넓고 클 호(浩)—도울(혹은 유익할) 조(助)는 '광범위하게 유의한다, 많은 이들을 돕는다'(浩助)는 이름처럼 서울시 행정을 책임진 간부중 한 사람이다.

길 영(永)—요령 탁(鐸)은 '오래 이어지는 방울 소리를 낸다'(永鐸)는 이름에 맞게 교육정책을 책임지고 있다. 따뜻할 훤(煊)—구할 구

(求)는 '잘 살기를 바란다'(煊求)
는 이름에 걸맞게 노동 연구원
을 이끌고 있다. 모을 회(會)—솥
귀 현(鉉), 곧을 정(貞)—솥귀 현
(鉉)은 각각 국가재정을 맡고 있
는 공무원과 행정을 연구하는
교수로 있다. 먹고 사는 문제인
'솥귀'(鉉)를 다루되 한 쪽은 돈을
모으는(會) 예산을 다루고 있고
다른 한쪽은 올곧게(貞) 먹고사
는 길을 연구하고 있는 것이다.

한자	훈	음	연습
于	갈	우	于
助	도울(유익할)	조	助
鐸	요령	탁	鐸
煊	따뜻할	훤	煊
求	구할	구	求
會	모일	회	會
之	갈	지	之
璿	아름다운 옥	선	璿
湘	삶을	상	湘

　쓸 용(用)—하늘가장자리 은(垠)은 민족의 스승으로 모두가 우러
르는 월남 이상재 선생님의 추모 모임을 이끌고 있다. 이미 고인이
된 분의 명복을 빌며 세상에서의 자취를 추모하는 모임을 이끌고 있
으니 '하늘가장자리를 사용한다'(用垠)는 이름뜻이 적중한 셈이다.
은혜 은(恩)—맑을 정(晶)은 고운 목소리 때문에 성우로 일하고 있
고, 갈 지(之)—아름다운 옥 선(璿)은 무역 진흥을 위한 기관에서 일
하고 있다. '맑은 목소리를 선물로 받은'(恩晶)이는 성우가 됐고 '옥
을 구하러 간다'(之璿)는 이는 무역진흥을 통한 돈 더 벌어들이기에
매달리고 있는 것이다.

　햇빛 창(昌)—법 준(準), 주장할 상(尙)—햇빛 창(昌)은 각각 미국의
하원의원과 사회병리연구소 책임자로 있다. 법을 빛나게 한다(昌準)
는 이름이니 미국 의회의 일원이 됐고, 밝은 세상을 꿈꾼다(尙昌)는
이름이니 사회병리를 연구하는 사람이 된 것이다.

　밝을 병(丙)　고를 균(均)은 경제연구소 소장이고 밝을 병(炳)—나
라 국(國)은 전기공학 교수로 있다. 고르게 발전시킬(丙均) 길을 열
사람이니 경제전문가로 변신했고, 나라를 크게 발전시킬(炳國) 사람

이니 전기공학을 연구하는 일을 하게 된 것이다. 펼 우(禹)—주석 석(錫)은 '펴기 어려운 것을 편다'(禹錫)는 이름이니 송아지 복제에 성공한 수의학자가 됐고, 많을 은(殷)—삶을 상(湘)은 '많은 것을 가공한다'(殷湘)는 이름이니 무역투자를 진흥시키는 일을 하고 있는 것이다.

윤택할 윤(潤)—구할 구(求)는 '보다 나은 사회를 도모한다'(潤求)는 이름이니 21세기를 대비하는 정책연구모임을 이끌고 있다. 믿을 윤(允)—북돋울 배(培)는 '믿고 사는 사회를 만든다'(允培)는 이름에 맞게 지적재산권 보호운동에 뛰어든 것이다.

10) 뜯어 볼수록 오묘한 이름

이름이 지닌 의미를 뜯어볼수록 새로운 묘미에 스스로 무릎을 칠 때가 많다. 어쩌면 그리도 절묘한지….

무당중의 무당으로 소문이 난 무형문화재(대동굿)는 비단 금(錦)자와 꽃 화(花)자로 된 이름을 갖고 있다. 작두 위를 맨발로 걷는 그녀야 말로 비단에 꽃무늬를 수놓은(錦花) 옷을 걸친 '신의 여자'가 아니겠는가. 작두날을 길삼아 걷는 그녀의 기구한 팔자를 뭇귀신은 비단옷으로 꽃처럼 꾸며주는 것으로 보상해준 셈이다.

동물 구조와 보호에 헌신하고 있는 이들에 항상 용(庸)자와 보배 진(珍)자로 된 이름과 믿을 신(信)자와 뿌리 근(根)자로 된 이름이 있다. 하늘과 땅 사이에서 하늘이 준 생명을 한결같이 지켜나가고 있는 것들이 바로 동물이 아니겠는가. 한결같이 보배(庸珍)인 동물을 보호하는 이의 이름이 바로 항상 용(庸)자와 보배 진(珍)자로 되어 있다니, 실로 절묘한 일이 아닌가. 그리고 뿌리를 믿는다(信根)는 말은 곧 자연을 사랑하고 그 자연이 준 대표적인 선물인 생명, 즉 동물을 소중하게 여긴다는 의미가 아니겠는가. 사람에 대한 애정이나 동정심에도 제한이 많고 조건이 허다한데, 하물며 동물까지 사랑한다면

그러한 마음이야말로 진정한 '근본 신
뢰'(信根)의 길이 아니겠는가.

기술을 가르치는 지도사들의 모임을
주관하는 이의 이름은 볕 양(陽)자와
호걸 호(豪)자로 되어 있다. 햇빛을 쬐
어 인재를 양성(陽豪)한다는 뜻이 이름
속에 있으니 자연스럽게 기술지도사가
된 것이다. 어느 대학 총장은 같을 동

한자	훈	음	연습
錦	비단	금	錦
花	꽃	화	花
珍	보배	진	珍
庸	항상	용	庸
陽	볕	양	陽
同	같을	동	同

(同)자와 무딜 수(銖)자로 된 이름이다. 뭇사람과 같아져 둥글둥글 무
뎌진다(同銖)는 이름이니 교육계에 투신하여 가르치고 이끄는 자리
에 올라 선 것이다. 책임자의 자리라는 것이 바로 자신의 모든 것을
깎아 작게 만들어가는 과정이 아닌가. 제 것을 주장하여 더욱 날카
롭게 만들다 보면 곧바로 배척당하고 매도당하게 되어 있는 것이다.

이름을 보면 하는 일을 알 수 있다? 이름을 보면 먹고사는 방법을
엿볼 수 있다? 반드시 그런 건 아니지만 현재 하고 있는 일을 짐작
해 볼 수 있는 경우가 의외로 많다. 아니, 어떤 경우에는 실로 찰떡
궁합이라 할 정도로 딱 들어맞는 수가 있다.

진정할 진(鎭)—풍년 풍(豊)은 '풍성한 가운데 절제한다'(鎭豊)는 이
름뜻처럼 환경을 관리하는 기관의 책임자로 있다. 도울 필(弼)—무
성할 수(秀)는 '번성하도록 돕는다'(弼秀)는 의미처럼 무역진흥을 위
한 기금을 책임맡고 있다. 얻을 득(得)—밝을 환(煥)은 '번영을 보장
한다'(得煥)는 이름뜻에 맞게 무역을 돕는 일을 하고 있다.

기본 기(基)—길 영(永)은 '기본이 되는 것을 오래도록 지킨다'(基永)는
이름뜻처럼 국립도서관을 책임시고 있나. 받들 봉(奉)—이을 승(承)은 '받
들고 잇는다'(奉承)는 말처럼 지난 역사를 극화하여 사실적으로 소개해주
는 극작가의 길을 걷고 있다. 잇는 것을 받드는(奉承) 일이라면 바로 역사

서술이고 역사 소개가 아니겠는가.

"주장할 상(尙)—고를 균(均), 있을 재(在)—얻을 득(得), 북돋울 배(培)—편안할 녕(寧), 옥돌 진(瑨)—빛날 형(炯), 이을 승(承)—밝을 환(煥), 으뜸 원(元)—밝을 철(喆)"은 본격적인 지방자치시대를 꽃피우고 있는 민선 구청장들의 이름이다. 고르게 만든다(尙均), 뭔가 득이 되게 한다(在得), 멍을 늘려 안락하게 한다(培寧), 보배를 빛내듯 일한다(瑨炯), 이어서 빛낸다(承煥), 밝은 행정을 편다(元喆)는 식의 이름이니 현대판 목민관 노릇에 딱 들어맞는 셈이다.

"비칠 영(暎)—북두자루 표(杓), 검을 현(玄)—밝을 철(喆), 밝을 철(喆)—솥귀 현(鉉), 솥귀 현(鉉)—빠를 민(敏)"은 컴퓨터 산업에 뛰어든 기업인들의 이름이다. 북두칠성까지 비칠 정도로 강한 빛을 만든다(暎杓), 검은 것을 밝게 한다(玄喆), 밝게 만드는 것으로 먹고 산다(喆鉉), 민첩한 것이 장기가 되어 먹고 산다(鉉敏)는 뜻이니 컴퓨터 게임을 만들어 파는 일에 매달리게 된 것이다.

이름이 지닌 뜻을 놓고 음미하다 보면, 돌림자를 빼면 겨우 한 글자에 지나지 않는 것이지만 그 의미가 참으로 심상치 않다는 생각이 절로 들곤 한다. 모든 이의 이름이 생애를 암시하는 것은 아니지만 누가 보아도 고개가 끄덕여질 만큼 적중하는 경우가 종종 있다.

굵직굵직한 사건을 많이 맡아 신문지상에 자주 그 이름이 눈에 띄던 판사는 산봉우리 봉(峯)자와 나아갈 진(進)자로 되어 있다. 산봉우리를 밀고 나아가는(峯進) 형세인데 어느 죄인이 무사할 수 있겠는가. 그리고 그 판사에 의해 치사죄가 적용된 한 죄인은 햇빛 창(昌)자와 배울 학(學)자로 되어 있다. 시위 진압 전경을 돌로 때려 죽게 한 장본인이니 배우는(學) 학생의 위치만을 지나치게 확대해석한 셈이다. 결국 그는 학생들의 쥐꼬리만한 권리만을 높이높이, 멀리멀리 드러내려(昌) 어거지를 쓰다가 아까운 생명마저 빼앗고 만 것이다.

그는 학생의 '투쟁권'을 초법적인 의미
로 해석하여 탈법과 불법의 범주로까
지 치달은 셈이다.

한자	훈	음	연습
銖	무딜	수	銖
弼	도울	필	弼
璡	옥돌	진	璡
喆	밝을	철	喆
康	편안할	강	康
成	이룰	성	成

　보석감정사협회를 이끄는 이는 편안
할 강(康)자와 밝을(해돋을) 욱(旭)자로
된 이름을 갖고 있다. 모름지기 진정으
로 귀한 보석이란 햇빛이든 불빛이든,
어떤 빛을 쬐어 그 찬란하고 영롱함이
참으로 돋보여야 하는 게 아닌가. 누가 보아도 안정된 빛을 발하고
아름다운 색깔을 드러낸다면 그거야 말로 보석 중의 보석이 아닌가.
'편안한 밝음'(康旭)이란 곧 빛을 부끄러워하지 않고 그 빛 아래서 더
욱 아름답게 제 모습을 뽐내는 것을 두고 하는 말일 것이다.

　오랫동안 견원지간으로 지내온 한국과 일본을 어떻게 해서든 화
해시켜야 한다며 '새로운 만남을 위한 역사 연구'를 들고나온 역사학
자의 이름은 영웅 영(英)자와 착할 선(善)으로 되어 있다. 그리고 그
의 뜻에 공감한 몇몇 학자들은 으뜸 원(元)자와 큰 덕(德)자, 서로 상
(相)자와 빛날 영(榮)자, 긴 장(長)자와 권세 권(權)자로 되어 있다. 착
한 마음에 바탕을 둔 큰 인물을 키우자는 뜻이 바로 영선(英善)이란
이름 속에 들어 있어서 화해를 주창하게 된 것이 아닐까. 그리고 으
뜸이 되는 큰 뿌리를 찾자는 뜻(元德), 서로 빛나려면 화해의 길로
나가야 한다는 뜻(相榮), 오래오래 버텨내는 진정한 권세는 화합속
에 있다는 뜻(長權)이 각자의 이름속에 들어 있기에 두 나라의 화해
에 골똘하게 된 것이다.

　돌림자를 빼면 대개는 겨우 한 글자의 뜻에 의해 이름의 의미나
암시가 전혀 다르게 해석되게 마련이다. 결국 이름짓기란 수천개의
한자 중에서 그럴듯한 한 글자를 찾기 위한 노력인 셈이다.

　이런 보물 찾기 식의 한자탐색을 통해 용케도 두 글자가 멋들어진 조화를 자아내게 작명한 경우가 있다. 그리고, 이름 탓인지는 몰라도 가파른 세상사에서 우뚝 서고 돋보이는 위치에 올라 있는 경우가 있다.

　가득 찰 만(滿)자와 막을 제(堤)자로 된 이름은 장관과 부총리를 거쳐 세계 굴지의 철강회사(포항제철) 책임자로 올라 있다. 만수 상태의 큰 물이 든든한 제방을 만난 격이니 어찌 값없는 처지에 이르겠는가. 승승장구하여 이름과 세력을 한껏 드높인 것이다. 실로 실속 있는 자리를 독차지할 운세였던 셈이다.

　클 태(泰)자와 준걸 준(俊)자로 된 이름은 장군의 자리에서 한국의 '강철 왕'으로 공인받다가 말년에는 정계에 뛰어들어 온갖 풍상을 겪었다. 결코 큰 몸집이 아니고 학문이나 가문이 남다르지 않은데도 그는 이름에 걸맞게 큰 인물(泰俊)이 되어 그 스스로 한국의 명문가를 세운 것이다. 하지만 큰 인물은 가지많은 키 큰 나무처럼 늘 바람 잘 날이 없는 것인지, 그는 말년에 고초를 많이 겪었다. 오히려 유별난 일생이 가시가 되고 덫이 된 것이다. 대통령과의 사돈맺기나 스스로 대통령이 되고자 한 일등이 불행을 몰고 오는 노욕이 되었던 것이다.

　큰 인물이 비를 만났다(英雨)는 이름은 바른 언론을 위한 시민 모임을 이끌고 있고, 클 광(侊)자와 이룰 성(成)자로 된 이름은 한국 고대사를 백권의 만화로 기획한 장본인이다. 그리고, 바다 해(海)자와 물결칠 주(洀)자로 된 이름은 중소기업을 돕는 행정책임자가 되어 있다. 큰 것을 달성한다(侊成)는 이름이니 거창한 시리즈물을 기획한 것이고, 바다를 물결치게 한다(海洀)는 이름이니 돛단배같고 쪽배같은 중소기업들의 순조롭고 활기찬 경영과 발전을 돕는 정책 책임자가 된 것이 아닐까.

11) 유명한 인사들의 이름

권력놀음이니 정치놀음이니 하는 말들이 있다. 영향력을 높여 뭇사람을 제 발 아래 놓아두려는 인간의 지배욕을 그런 식으로 포장하여 말하는 것일 것이다. 인간의 지배욕이나 독단욕구는 과연 어느 정도인 것인지….

인간의 그러한 심리가 가장 극명하게 드러난 곳이 바로 대통령 자리이거나 대통령 지향일 것이다. 내각책임제 하에서라면 다수당의 수뇌를 맡아 자동적으로 총리나 수상 자리에 오르는 것을 겨냥할테지만, 대통령 중심제하에서는 어차피 정점인 대통령을 놓고 사생결단식의 투쟁을 벌이게 되어 있는 것이다. 그래서 우리 주위에는 언제부터인가 3수니 4수니 하는 식의 대통령 도전을 놓고 '대통령병'이라는 신조어까지 등장하게 되었다.

독재자 내지 권위적 통치자, 혹은 동양적 가부장의 전형같은 지도자였다는 말을 듣는 초대대통령은 이을 승(承)자와 저물 만(晩)자로 된 이름을 갖고 있다. 73세의 노구로 분단조국의 정상이 되어 85세에 하와이로 쫓겨가기까지 그는 참으로 영광스럽고 치욕스러운 생애를 살았던 것이다. 이름 뜻 그대로 그는 생애가 저물 때까지 끈질기게 권좌를 이어갔던(承晩) 것이다. 90세에 만리타향에서 불귀의 객이 되기까지 약 5년간 그는 과연 어떤 통한에 젖었을까. 뒤늦게 잇고(承) 너무 가파르게 저물었지만(晩), 그의 생애는 잇기도 하고(承) 저물기도 한(晩) 하나의 교과서적 전형이었던 셈이다.

군부 30년을 장식하며 '오직 돈이다, 오직 먹고 사는 길이다, 오로지 떵떵거리며 잘 사는 길이 제일이다'는 식으로 뭇백성을 내몰아친 '병사' 출신 대통령들에는 바를 정(正)자와 빛날 희(熙)자, 말 두(斗)자와 밝을 환(煥)사, 그리고 글 태(泰)자와 어리석을 우(愚)자가 있다. 바르게 빛난다(正熙)는 이름은 18년 집권 도중 충복의 총부리에 쓰러졌고, 한말 두말 양식거리나 챙기며 살아야 편안하다(斗煥)는 이

한자	훈	음	연습
愚	어리석을	우	愚
鈞	바퀴	균	鈞
勇	날랠	용	勇
晉	나아갈	진	晉

름을 지닌 '병사'는 단짝인 '크게 어리석다, 어리석은 자의 전형이다'(泰愚)는 뜻의 이름을 지닌 이에게 권좌를 거저 넘겨주었다가 '먼저' 수모를 당하는 불운과 '함께' 모욕을 겪는 기막힌 처지를 두루두루 다 섭렵했다.

민주냐 독재냐의 이념싸움 와중에 총맞고, 최후를 장식한 이는 자신을 늘 바르게 빛나는(正熙) 자리에 두려 했던 셈이다. 그러나 한말거리냐 한되거리냐를 다투며 이름 빛내기를 꿈꾸어야 할(斗煥) 팔자, 크게 어리석은 자임을 자인하며 낮고 가려진 자리에 있어야 할(泰愚) 존재는 그만 돈궤짝에 얽힌 '냄새나는 생애, 세상의 시비거리나 되는 시끄러운 생애'로 끝을 맺고 되고 만 것이다.

이름에 눌려 운세가 꽉 막힌 이들이 있는가 하면, 이름에 올라타 제 막힌 운명을 큰 대문 열 듯 시원스레 열어놓은 이들도 있다. 굳이 이름 하나만을 꼬투리 잡아 수다를 떨 것까지야 없지만, 그래도 그 나름의 웃지 못할 묘미가 분명히 있다.

희망할 지(志)자와 저물 만(晩)자를 지닌 대통령의 외아들은 어린 날에 부모를 다 총탄에 잃더니, 한창 일할 나이에는 방탕한 생활과 못된 물질(마약류)에 찌든 나날로 세상 사람들의 미간을 찡그리게 했다. 희망이 저물어가기만 하니(志晩) 어느 세월에 처자식을 거느린 따뜻한 가정을 이루고 대통령의 외아들이라는 별난 위치에 걸맞는 장한 사나이가 되겠는가. 이름 속에 들어 있는 저물 만(晩)자를 원망할 수밖에….

잡을 병(秉)자와 질그릇 만드는 바퀴 균(鈞)자를 지닌 이는 번갯불에 콩 궈 먹는 식으로 눈깜짝할 사이에 재벌회사를 일구어 냈다. 도자기 만드는 바퀴를 붙들고 있으니(秉鈞) 자기 멋대로 얼마든지 양산할 수 있는 것이 아닌가. 도자기 찍어내는 바퀴(鈞)를 가지고 만원권, 십만원권을 마음 내키는대로 마구 찍어댄 꼴과 같은 것이다. 잡을 병(秉)자와 클 태(泰)자로 된 이름은 '큰 걸 잡는다'(秉泰)는 이름뜻에 맞게 대학총장과 대사직과 국회의원직을 골고루 섭렵했다.

그리고 날랠 용(勇)자와 이룰 성(成)자로 된 이름은 '날래게 이룬다'(勇成)는 뜻에 걸맞게 승승장구하여 은행감독원장까지 거뜬히 지냈다. 임금 순(舜)자와 수레멍애(혹은 지울) 형(衡)자로 된 이름은 대통령을 애먹이는 제1야당의 '한보사태진상조사위원회' 책임자였다. 임금에게 멍애를 씌운다, 임금을 저울질한다는 이름뜻이 적중한 셈이다.

사람을 여러 부류로 나눠볼 수 있다. 속물이니 착한 사람이니 하는 말도 따지고보면 일종의 구별법이다. 법 없이도 살 사람이니 상종못할 사람이니 하는 손쉬운 구분도 있지만 나는 늘 현실형과 이념형으로 나누곤 한다. 현실형은 일종의 철저한 속물이고 이념형은 일종의 몽상가인 셈이다. 이익을 따라 사는 이가 있고 보다 높은 가치를 추구하고자 애쓰는 이가 있다.

민족주의자들은 하나같이 이념형에 속한다. 특히 호전적이고 배타적인 민족주의자들은 전형적인 순수이념형인 셈이다. 현실주의자가 보기에는 마치 과대망상증 환자같고 교조주의적인 독선가 같겠지만, 추구하는 바가 다른 데서 오는 당연한 차이점일 것이다.

일제하의 암울한 상황에서 우리 민족의 위대함을 굳게 믿고 빼앗긴 나라를 '단번에' 되찾고자 몸부림쳤던 대표적인 민족주의자는 취할 채(采)자와 넓고 클 호(浩)자를 이름으로 갖고 있다. 넓고 큰 것을 취하고자(采浩) 애썼으니 그런 식의 호전적인 투사형 민족사관에 빠져들지 않았을까.

　　그리고 조금 지나 '신민족주의자'로 분류될 수 있는 역사가들이 나왔는데 각각 있을 재(在)자와 기러기 홍(鴻)자, 나아갈 진(晉)자와 클 태(泰)자를 이름으로 갖고 있다. 기러기 등을 타고 날아 다니는(在鴻) 심정이니 제 민족을 바라보는 눈길이 유별났던 것이다. 그리고 큰 것을 향해 달려나가는(晉泰) 기세니 제 나라 제 백성의 위상이 세상의 중심, 우주의 중심이라고 우겨댔던 것이다. 이름부터가 유목민적인 기상이고 몽상가적인 기질이라 세 사람 모두 민족주의자로 분류되게 된 것이다.

　　그리고 경관을 찌르고 도망치는 소매치기를 끝까지 쫓아가 붙잡으려다 그만 괴한의 칼부림에 목숨을 잃은 20대 초반의 의로운 시민은 뿌리 근(根)자와 돌 석(石)자를 이름으로 갖고 있다. 만물의 근본인 생명이 의로운 시민을 기리는 돌비와 돌인물상으로 남게 되었으니, 안타깝게도 뿌리인 생명이 돌로 뒤바뀐(根石) 셈이다. 반면에 뿌리 근(根)자와 클 석(碩)로 된 이름은 6조원에 가까운 돈을 쏟아붓고도 덜컥 부도를 낸 신종 용가리, 한보철강을 위탁관리하는 포철팀의 수장이다. 뿌리가 크니(根碩) 망해 넘어진 거대한 제철소를 건지기 위한 새로운 책임을 떠맡게 된 것이다. 의인은 이념형으로 살다 돌비로 남고, 속인은 현실형으로 치달리다 썩은 뿌리를 되살려 거목을 다시 키크게 해야 하는 중차대한 사명을 부여받았다.

4. 이름속에 뭔가가 있다

1) 미래를 점치는 이름

이름과 직업! 이름과 삶의 역정!

이들 둘 사이에는 과연 어떤 연관이 있을까? 백퍼센트 상관 관계가 있다고 보는 이는 없겠지만, 전혀 무관하다고 보는 이도 아마 없을 것이다. 아마 어떤 연관이 있을 것이라고 다들 상상하고 있을 것이다. 꼭 꼬집어 말할 수는 없어도 분명히 어떤 고리가 존재한다고 생각하고 있는 것이다.

"희망할 지(志)—행할 운(運), 헤아릴 도(度)—행할 운(運), 윤택할 윤(潤)—길 도(道), 클 태(太)—법 헌(憲), 헤아릴 도(度)—붉은모양 혁(赫)"은 현장 기자로 일하고 있는 이들의 이름이다.

'희망을 실행에 옮기고(志運), 모든 걸 신중히 처리하고(度運), 보다 나은 길을 제시하고(潤道), 보다 중요한 것을 찾아내려 애쓰고(太憲), 심사숙고하여 결론이 내려지면 온 세상에 널리 알리는(度赫)' 일이니 바로 진기하고 특이한 것들을 신주단지처럼 떠받드는 기자의 생리를 뜻하는 셈이다.

"맡을 승(勝)—글방 숙(塾), 바탕 상(相)—구리주전자 현(鋗), 햇빛 창(昌)—학문 교(敎), 클 홍(弘)—행할 운(運), 밝을 병(炳)—베풀 선(宣)"은 중견 언론인으로 신문에 게재한 자신들의 칼럼을 통해 세상 여론을 좌우하는 이들이다. 글방(塾)이니 가르치는 자의 사명을 짐진 것이고 주전자(鋗)이니 목마른 이들의 목을 축여주는 일을 떠맡게 된 것이다. 가르치고(敎), 움직이고(運), 베풀어야(宣) 하는 직무을 타고 났으니 여론을 움직이며 대중의 사표노릇, 등불노릇을 하게 된 것이다.

한자	훈	음	연습
運	행할	운	運
塾	글방	숙	塾
宣	베풀	선	宣
回	돌이킬(돌아올)	회	回
濟	건널	제	濟
平	바를	평	平

바탕 상(相)—돌이킬(돌아올) 회(回)를 지닌 이는 '빙글빙글 돌게 되어 있다'(相回)는 이름뜻처럼 학자, 정치인, 신문사 사장을 역임하며 제법 굴곡이 심한 삶의 역정을 살고 있다. 배울 학(學)—건널 제(濟)는 '배움을 통해 또다른 세상을 체험한다'(學濟)는 이름뜻에 맞게 학자의 길에서 장관의 길로 자리를 바꾼 사람이다.

바를 평(平)—모을 회(會), 근본 본(本)—무성할 무(茂)는 '바르게 모은다'(平會)는 이름뜻이나 '본래 풍성한 바탕을 타고 났다'(本茂)는 이름뜻에 맞게 재벌의 자리에 올라섰다. '바르게 모은다'는 이름에 맞게 무역에 종사하는 이들의 총의를 대변하는 자리에 있고, '풍성하게 태어났다'는 이름에 맞게 재벌2세의 자리에서 새로운 지평을 향하고 있다.

밝을 현(顯)—북돋을 배(培), 북돋을 배(培)—편안할 영(寧), 어질 인(仁)—건널 제(濟)는 모두 지방자치단체의 우두머리로 있다. 보다 밝게 한다(顯培), 평안을 증대한다(培寧), 어질게 다스린다(仁濟)는 이름이 적중하여 구청장이 되고 도백이 된 것이다.

성선설이니 성악설이니 하며 곧잘 사람의 심성을 이해못할 대상으로 여기지만, 세상은 그래도 악한 이들보다 착한 이들이 많기 때문에 그런대로 평화롭게 유지되고 있는지도 모른다. 악인과 선인은 매일 뉴스란을 더 차지하기 위해 경쟁을 벌이며 세상이라는 이름의 수레를 양 옆에서 굴리고 있는 것이다.

안중근 의사의 조카 며느리로 안씨가문에 들어와 평생동안 자선

사업을 하다가 81세로 별세하며 안구마저 필요한 이에게 기증한 이는 바를 정(正)자와 기쁠 희(喜)자로 이루어진 이름을 갖고 있었다. 대구 만석꾼의 딸로 태어나서도 사치하거나 거드름 피우지 않고 일생을 그야말로 '올바르고 똑바른 기쁨'만을 좇아 산 것이다.

범박동(부천시 소사구) 나이팅게일로 알려진 한 간호사는 이제까지 숱한 노인들을 돌보았는데 법 범(範)자와 눈동자 주(珠)자로 이루어진 이름을 지니고 있다. 뭇사람의 본보기가 되어 눈동자처럼 영롱한 빛을 발하라는 이름(範珠) 탓인가, 아니면 하늘이 이미 오래 전에 그녀의 영혼 속에 뭇사람의 법(範)과 뭇영혼이 바라볼 신비한 눈동자(珠)를 넣어 주었기 때문인가.

중풍걸린 아버지를 돌보느라 서른이 훨씬 넘도록 시집마저 연기한 한 여가수의 이름에는 어질 현(賢)자와 착할 숙(淑)자가 들어 있다. 그녀가 눈물겹도록 보살핀 아버지(1996년 12월 별세)의 이름에는 빛 광(光)자와 신령 진(眞)자가 들어 있고, 노환에 시달리는 그녀의 모친은 순할 순(順)자와 사랑 애(愛)자로 된 이름을 갖고 있다. 어질고 착한(賢淑) 그녀의 심성 때문에 효녀가수로 소문났던 건지, 아니면 빛과 진리를 뜻하는 그녀 아버지의 이름(光眞)이나 순하고 사랑스러움(順愛)을 뜻하는 그녀 어머니의 이름 때문에 그녀의 효심이 그토록 지극하게 된 것인지….

선한 이름이 선한 심성을 낳게 되는 건지도 모른다. 아니면 선한 부모가 선한 자녀를 두게 되고 또한 그 선한 자녀는 덩달아 선한 의미를 지닌 좋은 이름을 갖게 되는 것인지도 모른다.

2) 각계 지도자들의 이름

어떤 종교가 됐든 가끔은 '큰 별'과도 같은 성스러운 인물이 태어나게 되어 있는 모양이다. 종교마다 그 나름의 시조와 순교자를 지니고 있는 것만 보아도 금방 알 수 있는 일이다. 타 종교에서 뭐라 말하든 그 나름의 고유하고 신성한 상징물과 신화를 자랑하게 되어 있는 것이다.

불교계의 자랑으로 여겨지던 큰 스님의 법명 중에 바탕 성(性)자와 관철할 철(徹)자로 된 이가 있다. '산은 산이요 물은 물이다'는 화두로 더 잘 알려지고 '나를 보려거든 먼저 부처님에게 3천배를 올리고 찾아오거라'는 까다로운 면회조건으로 더 유명한 큰스님은 그 법명 속에 이미 범상하지 않은 특징을 지니고 있었던 셈이다. '성품을 갈고 닦아 득도와 열반의 경지를 반드시 열고야 만다'는 뜻이 바로 성품 성(性)자와 관철할 철(徹)로 된 큰 스님의 법명 속에 이미 깃들어 잇었던 것이 아닐까.

큰 스님이 남긴 속세의 핏줄(딸) 마저도 비구니가 되어 아니 불(不)자와 반드시 필(必)자로 된 법명(계명)을 지니고 있다. 세속의 한 여인이 걸어갈 필연적인 생애를 마다한 채 '이 세상 삶 속에 필연이 어디 있다는 말이냐'는 뜻에서 법명을 불필(不必)로 지은 것인지….

성철(性徹) 큰 스님의 가르침을 이어 가겠다는 기념사업 재단이 생겼는데, 신기하게도 그 책임자가 둥글 원(圓)자와 고드름 탁(澤)자로 된 법명을 지닌 스님이다. 둥그런 큰 고드름(圓澤)을 섬기라고 법명이 원탁(圓澤)인 것인지….

영산재를 보존해 내린 인간문화재 스님이 있는데 그 법명이 희망할 지(志)자와 빛 광(光)자로 되어 있다. 부처의 높은 뜻을 오래도록 빛나게 하라(志光)는 뜻에서 법명이 희망(志)과 빛(光)으로 짜여진 것인지도 모를 일이다. 치의학 박사학위를 받고 '생명의 신비'에 얽힌 저서까지 낸 스님은 신기하게도 누를 황(黃)자와 낯(얼굴) 면(面)자로

한자	훈	음	연습
不	아니	불	不
圓	둥글	원	圓
黃	누를	황	黃
面	낯(얼굴)	면	面

된 법명을 지니고 있다. 누런 치아와 허연 얼굴을 번갈아 바라보아야 하는 치의학을 공부했으니 그 법명이 누런 얼굴(黃面)이란 뜻을 지니게 된 것인지….

정치란 과연 무엇인가. 다들 '더럽다, 구질구질하다, 욕지기난다, 하찮다'면서도 중독걸린 자처럼 정치권력을 꿈꾸고 그 주위에 몰려드는 까닭은 대체 무엇인가. 높낮이를 사리려는 인산의 더러운 욕구 때문인가, 아니면 몸 구석구석에 지배본능을 지니고 사는 까닭인가.

숱한 우여곡절을 통해 무수한 이들이 부침을 거듭했지만 그래도 꿋꿋이 살아남아 칠십고개를 수령자리, 두목위치에서 맞은 이들이 바로 3김씨들일 것이다. 그들의 비결은 대체 무엇일까. 선산 묘자리가 길한 자리라 그토록 끈덕지게 버틴 것인가, 아니면 조상음덕이 차고 넘쳐 그런 식의 홍복을 누리고 있는 것인가.

3) 은행원들의 이름

한 때는 은행원이 월급쟁이들의 '꽃'으로 취급받은 적이 있었다. 가난한 시절에는 '돈'을 다루고 만지고 빌려주는 일 자체가 하나의 선망의 대상이었던 모양이다.

평생동안 '돈'을 만지는 직업인 은행원들의 이름에는 어떤 특징이 있을까. 혹시 '돈을 잘 벌게 해준다, 부자가 되게 해준다, 믿고 맡긴다'는 식의 은행에 관련된 의미들이 섞여 있을까. 주요은행의 지점장급 이상을 중심으로 살펴보았다.,

바를 정(正)—세울 시(植), 높을 고(高)—빛 광(光), 이룰 성(成) 클 태(太), 밝을 창(昶)—냄비 호(鎬), 뜻 의(義)—무성할(빼어날) 수(秀), 서로 상(相)—법 헌(憲), 편안할 강(康)—사내 남(男), 행할 운(運)—구

한자	훈	음	연습
高	높을	고	高
昶	밝을	창	昶
璇	구슬	선	璇
敦	두터울	돈	敦
松	소나무	송	松
鴻	기러기	홍	鴻
秤	저울	칭	秤
鎔	녹일	용	鎔
政	바르게 할	정	政

슬 선(璇), 두터울 돈(敦)—북두자루 표(杓), 무거울 중(重)—소나무 송(松), 기본 기(基)—기러기 홍(鴻), 높을 준(峻)—뿌리 근(根), 밝을 병(炳)—저울눈이름 규(圭), 빛날 영(榮)—무성할 무(茂), 이룰 성(成)—빛날 희(熙), 큰 덕(悳)—순박할 순(淳), 저울 칭(秤)—완전할 완(完), 밝을 철(喆)—솥귀 현(鉉), 다섯 오(五)—날을 익(翊), 클 보(甫)—헤엄칠 영(泳), 형통할 형(亨)—법 문(文), 녹일 용(鎔)—기본 기(基), 무거울 후(厚)—으뜸 원(元), 뜻 의(義)—막을 주(柱), 이룰 성(成)—복 복(福), 바르게 할 정(政)—둔할 로(魯), 술잔 종(鍾)—주석 석(錫), 물가 수(洙)—기쁠 열(悅), 순박할 순(淳)—꾀 모(謀), 저울눈이름 규(圭)—밝을 창(昶), 도울 찬(贊)—술잔 종(鍾)….

바르게 세운다(正植), 빛을 세게 한다(高光), 크게 이룬다(成太), 삶을 풍요하게 한다(昶鎬), 평안을 가져다 주는 사람이다(康男), 보배를 회전시킨다(運璇), 집을 더 크게 짓는다(重松), 운을 더 강하게 한다(敦杓), 토대가 되는 것을 멀리까지 옮긴다(基鴻), 뿌리가 되는 것을 더 돋보이게 만든다(峻根), 저울눈을 확실하게 새긴다(炳圭), 빛이 주위에 가득하게 한다(榮茂), 번영을 이룬다(成熙), 완전한 저울이 되게 한다(秤完), 먹고사는 일에 밝다(喆鉉), 다섯 번 날게 한다(五翊), 힘차게 헤엄친다(甫泳), 기초를 다시 닦는다(鎔基), 기본적인 것을 탄탄히 다진다(厚元), 복되게 한다(成福), 탄력과 활력을 불어넣는다(政魯), 생활기반을 탄탄히 다진다(鍾錫), 기쁨을 배가한다(洙悅), 술수 대신 원칙을 중시한다(淳謀), 저울눈을 또렷이 새긴다(圭昶), 사업을 돕는다(贊鍾)….

　은행원이니 마땅히 ‘부자가 되게 한다, 번창하게 한다, 신용을 지킨다’는 식의 이름들이 가장 잘 어울리지 않겠는가. 돈 관리를 잘하여 더 불려준다(正植, 高光, 成太, 昶鎬, 峻根, 榮茂, 成熙, 秤完, 洙悅)는 식의 이름도 있고, 신용을 제일로 한다(康男, 淳謀, 炳圭, 圭昶)는 식의 이름도 있다. 그리고, 사업을 더 번창하게 한다(五翊, 甫泳, 政魯, 鍾錫, 贊鍾)는 의미를 지닌 이름도 있고, 운수대통하게 만든다(重松, 敦杓, 成福)는 의미를 지닌 이름도 있다. 또한 은행직무에 관련된 ‘논놀이를 잘한다’(運璇, 基鴻, 喆鉉)는 의미도 있고 ‘창업을 돕는다’(鎔基, 厚元)는 뜻도 있다.

4) 언론인들의 이름

　누가 언론을 두고 입법, 사법, 행정과 함께 국가의 네 번째 권력이라고 했던가. 언론의 영향력이 그만큼 대단하다는 뜻일 것이다. 특히 자유민주 사회에서의 언론의 위치는 실로 신성불가침에 가깝다. 그러다보니 자연히 언론에 종사하는 소위 ‘언론인’들의 지위 또한 독특할 수밖에 없는 것이다. 우선 언론에 종사하는 이들의 이름부터 살펴보자.

　이을 승(承)―석 삼(三), 정성 성(誠)―밝을 철(喆), 바탕 소(素)―영웅 영(英), 태평세월 소(昭)―첩 희(姬), 나루 진(津)―용 용(龍), 법 헌(憲)―바탕 상(相), 실을 재(載)―한 일(一), 클 태(泰)―시킬 명(命), 빛날 경(炅)―권세 권(權), 순박할 순(淳)―집 택(宅), 햇빛 창(昌)―물가 수(洙), 밝을 철(喆), 믿을 윤(允), 범 인(寅)―으뜸 원(元), 클 석(奭)―요령 탁(鐸), 밝을 병(炳)―주석 석(錫), 밝을 명(明)―밝을 철(喆), 술 진 종(鍾)―무성할 수(秀), 큰 내(大)―용 용(龍), 실을 재(載)―형통할 형(亨), 있을 유(有)―밝을 환(煥), 계수나무 계(桂)―세울 식(植), 착할 선(善)―눈동자 주(珠), 기쁠 희(喜)―법 범(範), 이로울 이(利)―물

한자	훈	음	연습
誠	정성	성	誠
素	바탕	소	素
寅	범	인	寅
桂	계수나무	계	桂
涉	물건널	섭	涉
聲	소리	성	聲
起	일어날	기	起
洛	낙수	락	洛
才	재주	재	才
現	옥빛	현	現
祥	상서	상	祥
伍	다섯사람	오	伍

건널 섭(涉), 소리 성(聲)―거둘 진(振), 순박할 순(淳)―복 복(福), 세상 세(世)―녹을 용(溶), 바탕 상(相)―일어날 기(起), 클 홍(弘)―불에 익힐 섭(燮), 빛날 희(熙)….

밤낮없이 뉴스거리를 따라 뛰어다닌다(承三), 오직 뉴스거리만을 싣는다(載一), 권세중의 권세다(炅權), 햇빛과 물처럼 가장 긴요한 것만을 싣는다(昌洙), 소리가 큰 요령이다(奭鐸), 소식통이다(有煥), 시시비비를 가리는 눈이다(善珠), 이로운 길을 열어놓는다(利涉), 여론을 담는다(聲振), 세상을 보여준다(世溶), 명쾌하게 밝힌다(粲鎔), 정도를 걷는다(淳道), 진실을 좇는다(永範), 현장 중심의 직업이다(己鉉), 진실을 주장한다(尙浩), 지도적 사명을 다한다(承宰), 유익한 정보를 제공한다(惠丞), 바른 논단으로 사회에 기여한다(丞瀅), 비전을 제시한다(漢宗), 역사를 기록한다(紀夏)….

 언론 특히 신문과 직결된 일들이 참으로 많지 않은가. 성공적인 삶을 바라는 이름들이 많지만, 개중에는 언론의 역할과 밀접한 이름들도 있다.

 방송의 위력은 실로 대단하다. 전파를 통해 접하는 소리와 화면만으로도 우리는 온갖 정보를 접할 수 있을 뿐만 아니라 또한 온갖 영웅호걸(?)들을 가까이서 만날 수 있다. 일종의 '스타' 제조기라고나 해야 할까. 어찌보면 세상 그 자체일 수도 있고, 중요한 부분만을 한 곳에 모은 이상적인 축소판 세상일 수도 있다.

방송계에서 일하는 간부진들의 이름에는 과연 어떤 공통점이 있을까. 우선 방송사 간부진들의 이름부터 살펴보자.

다섯 사람 오(伍)—믿을 신(信), 진정할 진(鎭)—범 인(寅), 길 영(永)—나라 국(國), 서로 상(相)—도울 우(佑), 클 홍(洪)—비 우(雨), 조정 정(廷)—굳셀 환(桓), 조정 정(廷)—가르칠 훈(訓), 태학 상(庠)—으뜸 원(元), 별이름 규(奎)—법 헌(憲), 날오를 승(昇)—있을 재(在), 목숨 수(壽)—영웅 영(英), 백성 민(民)—빛날 희(熙), 분석할 석(晳)—천지사방 우(宇), 바를 정(正)—넓고 클 호(浩), 바를 정(正)—북두자루 표(杓), 버금 중(仲)—굳셀 환(桓), 클 홍(弘)—한 일(一), 한 일(一)—고를 균(均), 밝을 명(明)….

사람들이 믿는다(伍信), 교양거리를 제공한다(廷訓), 사람들을 계몽한다(民熙), 세상 일의 시시비비를 가린다(晳宇), 세상을 밝힌다(明世), 자료를 모아둔다(炯紀), 멀리까지 보낸다(奉遠, 榮浩, 炳大), 감동을 준다(興柱, 興植, 基興), 생활에 보탬이 된다(澤周, 炳澤)는 의미들은 방송의 기능과 직결된다고 본다. 위에 열거한 이름들 이외에도 방송사 간부들 이름에는 '그대로 믿는다(賢洵), 목소리가 좋다(聲澈), 멀리 멀리 퍼져나간다(致昊), 여흥거리를 제공한다(榮安), 많은 이들에게 기쁨을 준다(廣喜)'는 식의 의미들도 섞여 있다.

5) 선행이 먼저인가, 이름이 먼저인가

착 한 사람들, 평생동안 좋은 일을 많이 하는 사람들은 과연 어떤 이름을 갖고 있을까. 악인이든 선인이든 모두가 다 좋은 의미를 지닌 글자를 사용하기 마련이지만, 특별히 선행을 많이 하는 이들에게는 분명히 아주 별난 의미를 지닌 글자가 섞여 있을 수 있지 않을까.

우선 서울특별시에서 모범시민 표창장을 받은 사람들의 이름을 살펴보기로 하자.

상서 서(瑞)—어질 량(良), 소나무 송(松)—자식 자(子), 무릇 범(凡)—돌 석(石), 바를 정(正)—착할 순(循), 곧을 정(貞)—빠를 민(敏), 있을 재(在)—물가 수(洙), 편안할 강(康)—근원 원(源)이 선행 표창장을 받은 여덟명의 이름들이다.

고귀하고 어질다(瑞良), 소나무처럼 사시사철 한결같은 사람이다(松子), 평범하지만 의지가 굳다(凡石), 바르고 착하다(正循), 생각이 정해지면 즉시 행동으로 옮긴다(貞敏), 목마른 자들을 물가로 인도한다(在洙), 사람에게 기본적으로 필요한 것을 채워준다(康源)…. 실로 선행과 직결된 이름들이 아닌가. 이름 속에 이미 착한 사람임이 암시되어 있고, 선행으로 세상의 모범이 될 소지가 다분히 내포되어 있는 셈이다.

고귀하고 어질다(瑞良)는 이름을 가진 중년의 여성은 호텔에 근무하면서 8년간 매일 퇴근 후에 고아원, 장애복지관, 노인요양원을 찾았다. 팔다 남은 빵을 나눠주며 위로해 주었던 것이다. 소나무처럼 늘 푸른 사람(松子)이라는 이름을 가진 초로의 여성은 식당을 경영하면서 25년간 낙도 어린이 2천 7백명에게 3박4일간의 서울관광을 주선했다. 평범하지만 굳세다(凡石)는 이름을 가진 중년의 한 공무원은 중국 조선족 동포 학생 6명에게 5년간 학비를 보태주었다. 바르고 착하다(正循)는 이름을 가진 오십대 여성은 이발소를 경영하며 매달 넷째주를 장애인 봉사의 주로 정해 장애인들에게 무료로 이발을 해주고, 점심 식사까지 제공하고 있다.

곧은 성격이 유별나다(貞敏)는 이름을 가진 이십대 미혼 여성은 결혼과 취업도 뒤로 미룬 채 중풍으로 고생하는 어머니를 극진히 간호하고 있다. 다른 이들은 등을 돌려도 6년을 하루같이 대소변을 받아내며 어머니를 모셨다. 뭇사람에게 도움을 준다(在洙)는 이름을 가진 한 의사는 저소득층 밀집 지역을 매달 순회하며 무료 진료 활동을 펴고 있다. 근본이 되는 것을 안정시킨다(康源)는 이름을 가진

이는 공무원을 위협하는 폭력배들에
맞서 증언과 진술을 자청해 범인 검거
에 결정적인 역할을 했다.

생명을 다루는 의사들에게는 어떤 운
명이 지워져 있을까. 다들 마다하는 '피
비린내와 심음소리'를 평생동안 들어가
며 살아야 하는 그 험하면서도 성스러
운 직업을 맡자면 분명 어떤 특별한 운
명이 암시되어 있어야 하는 것이 아닐
까.

한자	훈	음	연습
瑞	상서	서	瑞
良	어질	량	良
凡	무릇	범	凡
循	착할	순	循
格	올	격	格
晥	환할	환	晥
迎	맞을	잉	迎
兌	통할	태	兌
湜	물맑을	식	湜

올 격(格)—부자 부(富), 무궁화 근(槿)—근원 원(源), 법 문(文)—냄
비 호(鎬), 착할 선(善)—별이름 규(奎), 클 태(太)—준걸 준(俊), 즐거
울 낙(樂)— 환할 환(晥), 믿을 신(信)—넓고 클 호(浩), 말 두(斗)—진
정할 진(鎭), 통할 성(聖)—빛날 희(熙), 햇빛 창(昌)—임금 순(舜), 순
전할 순(純)—빛날 형(炯), 맞을 영(迎)—비 우(雨), 어머니 양(孃)—열
매 실(實), 클 홍(弘)—기본 기(基), 맡을 승(勝)—막대 정(梃), 말 두
(斗)—풍류 호(護), 으뜸 원(元)—클 석(碩), 바탕 상(相)—여름하늘 호
(昊), 착할 경(慶)—세울 식(植), 밝을 희(熹)—근원 원(源), 통할 태(
兌)—법 범(範), 빠를 민(敏)—물맑을 식(湜)….

언뜻 보아도 특이한 의미를 지닌 한자가 꽤나 많다는 느낌이 든
다. 확실히 의사라는 직업이 좀 특별한 모양이다.

부자가 된다(格富), 나라꽃인 무궁화를 근원으로 삼고 산다(槿源),
원칙을 지키며 먹고 산다(文鎬), 착한 별이 이상이다(善奎), 아주 뛰
어난 인물이 된다(太俊), 슬거운 마음과 환한 얼굴로 산다(樂晥), 한
차원 높은 것을 섬긴다(信浩), 생계를 안정시킨다(斗鎭), 빛이 막히지
않고 뻗어 나가게 한다(聖熙), 임금의 건강을 지킨다(昌舜), 빛다운

빛이 되게 한다(純炯), 단비를 반긴다(迎雨), 어머니의 온정을 보인다
(孃實), 기초를 더욱 확실히 익힌다(弘基), 의료기기를 잘 다룬다(勝
梴), 먹고 사는 것 이외에 문화적인 생활도 아울러 즐긴다(斗護), 기
초가 탄탄하다(元碩), 바탕을 되살려 한창 때와 같게 한다(相昊), 좋
은 일이 있게 한다(慶植), 근원이 되는 것을 되살려 낸다(熹源), 원칙
을 중요시한다(兌範), 피를 신속히 맑게 한다(敏湜)….

　해석하기 나름이지만 의사의 직분에 걸맞는 의미들도 꽤나 많은
듯하다. 심지어는 어떤 분야를 전문으로 하는지도 손쉽게 짐작할 수
있을 듯 하다. 순환기내과 전문의는 '막대 모양의 핏줄을 맡는다'(勝
梴)는 이름이고, 척추전문 외과의는 '바탕을 한창 때와 같게 한다'(相
昊)는 이름이다. 대통령 주치의는 '임금을 건강하게 한다'(昌舜)는 이
름이고, 당뇨병 전문의는 '식생활을 마음대로 즐기게 한다'(斗護)는
이름이다. 신경외과의는 '근원을 되살린다'(熹源)는 이름이고, 성형
외과의는 '가장 잘 된 것을 더 돋보이게 한다'(元碩)는 이름이다. 국
민의 건강과 복지를 책임진 장관 벼슬까지 오른 이는 '큰 인물이 된
다'(太俊)는 이름과 '어머니의 온정으로 모든 걸 보살핀다'(孃實)는 이
름을 갖고 있다.

6) 일이 먼저인가, 이름이 먼저인가

　　같은 직종에 근무하는 이들끼리는 과연 어떤 식으로 이름이 엇
비슷하게 짜여져 있을까. 이름 속에 어떤 공통점이 있기 때문
에 같은 직종에서 일하게 된 것은 아닐까.

　우선 대학 교수직에 있는 이들의 이름을 비교해 보자. 박사학위에
대학교수직이라면 어느 사회에서나 지도층인사에 든 셈일테니, 그
이름 속에 뭔가 특이한 유사점이 있을 수 있지 않을까.

　있을 재(在)—넓고 클 호(浩), 뜻 의(義)—검은쇠 철(鐵), 잡을 병
(秉)—법 헌(憲), 빛날 희(熙)—소나무 송(松), 빛날 영(榮)—나라 국

(國), 기본 기(基)―밝을 명(明), 물가 수(洙)―영웅 영(英), 빛 광(光)―냄비 호(鎬), 저울눈이름 규(圭)―클 태(泰), 바를 정(正)―편안할 용(容), 갑옷 갑(甲)―열매 실(實), 밝을 명(明)―주석 석(錫), 세

한자	훈	음	연습
鐵	검은쇠	철	鐵
業	일	업	業
貴	높을	귀	貴

상(인간) 세(世)―공 훈(勳), 바를 정(正)―한 일(一), 술잔 종(鍾)―한 일(一), 일만 만(萬)―불활활 붙을 열(烈), 있을 재(在)―이룰 성(成)….

평범한 이름 같지만 가만히 살펴보면 그 나름대로 학문의 전당과 관련이 있는 것 같다. 넓고 크게 머무른다(在浩), 뜻을 쇠처럼 단단히 갖는다(義鐵), 원칙을 지킨다(秉憲), 돋보이는 소나무가 된다(熙松), 나라를 빛낸다(榮國), 기본을 돋보이게 한다(基明), 뛰어난 인물을 키운다(洙英), 떳떳이 먹고 사는 길을 가르친다(光鎬), 저울눈을 더 분명하게 새긴다(圭泰), 바른 길을 더 탄탄하게 닦는다(正容), 단단한 것을 더 완벽하게 마무리한다(甲實), 빛을 발하는 인재가 되게 한다(明錫), 세상에 공헌한다(世勳), 바른 것을 으뜸으로 삼는다(正一), 먹고 사는 길을 최우선으로 여긴다(鍾一), 수많은 이들을 향학열에 불타게 한다(萬烈), 뭔가 제대로 이루는 일을 한다(在成)….

어거지로 꿰맞추는 식이 되긴 했지만 이름이 지닌 추상적인 의미를 제대로 살리려면 그만한 과장이야 얼마든지 용납할 수 있는 일이 아닌가. 그런대로 다 모범적이고 향도적인 의미를 지닌 이름들인 셈이다. 크고 넓다느니, 쇠처럼 단단한 뜻을 지닌다느니, 나라를 빛낸다느니, 세상에 공헌한다느니 하는 의미 모두가 참으로 아름답고 향기롭지 않은가. 이름뜻이 그럴듯하다보니 다들 그럴듯한 자리에 가 있는 것이다.

이름이 비슷하다면 운세 또한 비슷할까? 동명이인이야 이름이 완전히 같으니 두말할 것이 없지만, 많아야 대개 두글자인 이름에 한

글자를 공유한 경우는 참으로 많을 것이다. 그럴 경우 운세는 과연 어떤 식으로 비슷해질까?

햇빛 창(昌)자와 일 업(業)자를 지닌 이는 지질학 교수로 있고 경사(혹은 착할) 경(慶)자와 일 업(業)자를 지닌 이는 종합병원 약제 부장으로 일하고 있다. 햇빛과 관련된 일(昌業)을 할 팔자이니 자연히 지진전문가로 통하게 된 것이고, 경사스러운 일(慶業)을 할 운명이니 병원 환자들을 돕는 약전문가가 된 것이다. 햇빛은 대자연과 연결되고, 경사스러운 일은 완쾌나 건강과 관계된 것이 아닌가.

높을 귀(貴)자와 세울 식(植)자를 지닌 이는 참교육, 참스승을 내걸고 교육 혁신을 부르짖는 교사들의 모임인 전교조의 핵심리더이다. 뿌리 근(根)자와 세울 식(植)자를 지닌 이는 청와대 공직기강 비서관을 지내다가 내무차관이 된 사람이다. 귀한 것을 세운다, 귀하게 세운다(貴植)는 이름이니 참스승을 지향하게 된 것이다. 뿌리에 해당되는 공직 사회의 기강을 바로 잡는 일을 했으니 뿌리를 세운다(根植)는 이름뜻이 적중한 셈이다.

7) 거창하다 못해 황당하기까지한 이름들

하늘!! 드넓고 끝없이 높기만한 파란 하늘!! 그리고 그 철따라 바뀌는 하늘 중에서도 특히 이글거리는 여름하늘은 잠시 생각만해도 왠지 낭만적이고 정열적일 듯하지 않은가! 여름하늘 호(昊)자를 이름자로 고른 이들은 과연 어떤 마음에서 그렇게 했을까?

우선 여름하늘 호(昊)자와 어우러진 이름자들을 살펴보자

있을 재(在), 착할 선(善), 통할 성(聖), 주석 석(錫), 근원 원(源), 녹일 용(鎔), 베풀 선(宣), 밝을 병(丙), 막을 주(柱), 길 영(永), 준걸 준(俊), 주관할 재(宰), 별 성(星), 이를 치(致), 설 건(建), 준마 준(駿), 영웅 영(英), 바탕 상(相), 남녘 남(南), 동녘 동(東), 햇빛 창(昌), 기본 기(基), 실을 재(載), 많을 은(殷), 밝을 병(炳), 밝을 철(哲), 밝을 명

(明)….

　여름 하늘에 머물기(在昊), 여름 하늘 바라보며 많은 것을 바라기(殷昊)는 금융계에 있다. 여름 하늘에 다가가기(聖昊), 기분좋게 해주는 여름 하늘(宣昊), 햇빛 난 여름 하늘(昌昊), 여름 하늘에 뜬 별(昊星), 주석 빛을 띤 여름 하늘(錫昊), 여름 하늘을 온전하게 하기(建昊),

한자	훈	음	연습
丙	밝을	병	丙
宰	주관할	재	宰
致	이를	치	致
駿	준마	준	駿
殷	많을	은	殷
然	그럴	연	然

밝은 여름 하늘(哲昊), 바탕이 여름 하늘(基昊), 여름 하늘 싣기(載昊)는 언론계에 있다. 드높은 여름 하늘(俊昊)은 호텔 요리사로 있고 밝은 여름 하늘(丙昊)은 도덕성회복운동을 펼치고 있다.

　길게 늘어진 여름 하늘(永昊)은 평생을 해군에서 보낸 주임원사로 있고 여름 하늘 막기(柱昊)는 공중위생을 담당하는 기관에서 일하고 있다. 동쪽 여름 하늘(東昊)이나 여름 하늘의 주관에 맡긴다(昊宰)는 이름은 대학강단에 있고, 여름 하늘에 닿기(致昊)는 민족운동가로 평생을 산 사람이다. 남쪽 여름 하늘(南昊)는 소설이론을 전공한 학자신분이고 밝디밝은 여름 하늘(炳昊)은 농어촌 진흥을 담당하고 있는 기관에서 일하고 있다. 영웅의 자태를 지닌 여름 하늘(英昊)이나 바탕이 여름 하늘(相昊)이라는 이름은 각각 사업을 하거나 기업의 간부로 있다. 눈부신 여름 하늘(明昊)은 동물원 수의사로 일한다.

　여름 하늘의 기세를 닮은 준마(昊駿)나 여름 하늘을 원천으로 한 기백(昊源)은 공무원으로 있다. 고요하고 화창, 온화한 여름 하늘(善昊)은 해군제독으로 봉직한 후 해군장교들의 모임인 옥포회를 이끌고 있다.

　어디 땅만 있는가. 땅이 있으면 하늘이 있는 것이 아닌가. 사람은 결국 땅과 하늘 사이에 놓인 왜소한 생물에 불과한 것이 아닐까. 그런 까닭인지 하늘 천(天)자를 이름자로 쓴 경우가 제법 많다.

우선 하늘 천(天)자와 어우러진 글자들을 살펴보자.

진정할 진(鎭), 시킬(목숨) 명(命), 윤택할 택(澤), 클 홍(弘), 바탕 성(性), 잡을 병(秉), 실을 재(載), 있을 재(在), 명길 수(壽), 다닐 행(行), 막을 주(柱), 밝을 명(明), 공경할 경(敬), 볕 양(陽), 동녘 동(東), 날(해) 일(日), 헤엄칠 영(泳), 빛날 희(熙), 기본 기(基), 빛 광(光), 불에 익힐 섭(燮), 그럴 연(然)….

한자	훈	음	연습
煦	뜨거울	후	煦
孟	맏	맹	孟
雲	구름	운	雲
瓚	그릇	찬	瓚
龜	나라	구	龜
瓊	붉은옥	경	瓊
洋	바다	양	洋

빛을 발하는 하늘(光天), 하늘을 진정시킨다(鎭天), 빛나는 하늘이다(熙天)는 이름은 언론계에 있고, 하늘 공경하기(敬天)나 하늘 넓히기(天弘)나 하늘 밝히기(明天)는 은행간부로 있다.

하늘 싣기(載天), 하늘 막기(天柱)는 대학교육에 몸담고 있고, 하늘 걸어다니기(天行), 해 있는 하늘(日天)은 공무원 신분이다. 바탕이 하늘(性天)은 노동법학회를 이끌고 있고 하늘처럼 윤택하게 하기(澤天)는 경찰간부로 있다. 햇볕이 내리쬐는 하늘은(陽天)은 골프장 주인이고 하늘 헤엄치기(天泳)는 체육진흥 단체간부이고 하늘을 오래 지키기(壽天)는 지역발전연구소를 이끌고 있다. 이글거리는 하늘(天燮), 동쪽 하늘(東天)은 기업 간부로 있고 하늘의 명령을 따르기(天命)는 뭇사람의 감흥을 일깨운 여류시인이다. 그리고, 하늘 붙잡기(秉天)라는 제법 거창한 이름은 언론인을 빙자하여 수억원대의 보석만을 도둑질한 사람이다. 하늘을 발판으로 한다(天基)는 이름은 언론인이다. 하늘답다(然天)는 이름은 행정학교수로 있다.

우리는 땅에서 살고 있다. 땅 위에 있는 것들을 의식주의 근거로 삼으며 땅위의 삶을 살고 있다. 그래서인지 땅을 뜻하는 곤(坤)자를 이름자로 쓴 경우가 의외로 많다.

우선 땅 곤(坤)자와 어우러진 글자들을 살펴보자

넓고 클 호(浩), 밝을 병(炳), 클 태(泰), 길 영(永), 서로(혹은 바탕) 상(相), 빛날 영(榮), 빛날 희(熙), 석 삼(三), 세상(인간) 세(世), 햇빛 창(昌), 녹을 용(溶), 나갈 진(進), 사무칠 달(達), 별 성(星), 통할 성(聖), 여름 하늘 호(昊), 준걸 준(俊), 날오를 승(昇), 밝을 명(明), 실을 재(載), 바를 정(正), 뜨거울 후(煦), 클 홍(洪), 맏 맹(孟)….

넓고 큰 땅(浩坤)은 기업인으로 각종 문화사업을 후원하고 있다. 큰 땅(泰坤), 긴 땅(永坤), 빛나는 땅(榮坤)은 공무원 신분이고 큰 땅(洪坤), 밝은 땅(炳坤), 햇빛 비치는 땅(昌坤)은 언론계에 종사하고 있다. 녹아내리는 땅(溶坤)은 4·19 육영사업을 이끌고 있고, 우뚝 선 땅(俊坤)은 기독교계를 이끌고 있다. 세 개의 땅(三坤), 가장 좋은 땅(孟坤)은 기업에 속해 있다.

바다! 한 번 불러보기만 해도 가슴이 당장 시원해지지 않는가! 철썩 철썩 밤낮없이 부딪쳐대는 파도를 떠올리면 금방이라도 온몸이 두둥실 떠오를 것 같다.

바다 해(海)자를 이름자로 활용한 까닭도 바로 그런 낭만과 신비 때문일까? 우선 바다 해(海)자와 짝을 이룬 글자들을 살펴보자.

이을 승(承), 편안할 영(寧), 일만 만(萬), 용 룡(龍), 이룰 성(成), 물놀이칠 주(洲), 클 태(泰), 법 범(範), 길 영(永), 구름 운(雲), 솥귀 현(鉉), 서로(혹은 바탕) 상(相), 햇빛 창(昌), 소나무 송(松), 바탕 성(性), 종묘 제향에 강신하는 그릇 찬(瓚), 구슬 옥(玉), 동녘 동(東), 권세 권(權), 나라 구(龜), 붉은옥 경(瓊)….

바다처럼 드넓은 곳을 향한다(海承)는 이름은 전자회사를 경영하고 있고 기질이 바다같다(相海)는 이름은 사업을 하고 있다. 마음을 가라앉혀 주는 바다(寧海)는 군인 출신으로 정보기관의 수장을 역임

했다. 바다같은 세상을 편안하게 하기(海寧)는 장관을 지낸 후 새마을 운동을 이끌기도 했다.

바다를 넓힌다(成海)는 이름은 체육진흥을 담당한 기관에서 일하고 있고, 햇빛 비친 바다(海昌)는 변호사로 활동하고 있다. 바다에서 물놀이 친다(海洲)는 이름은 국가고위직에 있다. 바닷속 옥구슬(海玉), 바다에 가라앉은 신성한 그릇(海瓚), 바다 같은날(海龜)는 정치인이고 바닷속 온갖 생물(海萬)은 교수로 있다.

용이 사는 바다(龍海), 기준이 된 바다(海範), 큰 바다(泰海), 바닷속에 잠긴 솥단지(海鉉)는 언론인이다. 바다같은 기질(海性)은 목사이고 바닷가 소나무(海松)는 월북 작가로 알려져 있다. 구름 낀 바다(雲海)는 의사이고 바다같이 드넓다(海永)는 이름은 효행상을 탔다. 바다 넘어 동쪽(海東)은 지게작대기 하나를 칼처럼, 창처럼 쓰는 독특한 무술을 개발했다. 바다를 다스릴 권세(海權)는 구속 결정이 나자 판사 앞에서 독약을 마신 뒤 병원으로 옮겨진 농부의 이름이다. 바닷속 붉은 옥구슬(海瓊)은 조선왕조 고종황제의 친손녀 이름이다.

바다 보다 더 큰 것이 어디 있겠는가? 하지만 큰 바다 양(洋)은 바다 해(海)자를 제 발 아래 두고자 호시탐탐(虎視眈眈) 노리고 있다.

대체 얼마나 큰 바다이길래 그리 도도한가! 우선 큰 바다 양(洋)자와 짝을 이룬 글자들을 살펴보자.

은 은(銀), 진정할 진(鎭), 백성 민(民), 냄비 호(鎬), 꾀 모(謀)….

큰 바다를 진정시킨다(鎭洋), 큰 바다같은 냄비를 만든다(鎬洋)는 이름은 공무원이고, 큰 바다같은 너그러움으로 백성을 굽어본다(洋民)는 이름은 언론인이다. 큰 바다를 은으로 채운다(洋銀)는 이름은 조직폭력배로 알려져 옥살이를 오랫동안 한 사람이다. 너른 세상을 꾀로 산다(洋謀)는 이름은 모범시민상을 탄 가게 주인이다.

8) 대자연을 빌려 낭만을 살린 이름들

'**나**무'와 관련된 글자를 이름으로 사용한 경우가 있다. 동물의 세계도 신비로 가득차 있지만 나무를 비롯한 온갖 식물의 세계도 형언할 수 없을 정도의 거대한 비밀에 싸여 있다. '나무'를 뜻하는 글자들을 이름에 사용한 이들은 대체 어떤 소망을 갖고 있었을까? 생명의 끈기, 생명의 근성을 부러워했기 때문이 아닐까?

우선 나무와 관련된 글자들 중 이름에 자주 사용된 것들을 한데 모아보자.

소나무 송(松), 계수나무 계(桂), 고련나무 련(棟), 단단한 나무 정(楨), 버들 유(柳), 들메나무 남(楠), (연장)자루 병(柄), 아가위(배나무과에 속하는 것으로 산사나무라고도 한다) 구(枓), 싸리나무 억(檍), 구기자 기(杞), 복숭아 도(桃), 무궁화 근(槿), 나무바늘 정(桱), 사다리 제(梯), 대추나무 춘(椿), 나무이름 동(棟), 능수버들 정(檉), 오동 오(梧), 노나무 자(梓), 나무이름 용(榕)….

소나무처럼 산다(在松), 돌더미위에 선 소나무(石松)는 기업간부이고 바닷가 소나무(海松)는 작가로 활동하고 있다. 큰 그늘로 이로움을 주는 소나무(慶松), 풍류를 아는 소나무(樂松)는 법관이다. 소나무 같은 이(松子)는 여류 화가로 있고, 소나무 숲(松林)은 통신재단을 설립했다. 소나무의 기상을 닮는다(松雄)는 이름은 민선구청장이다.

곱절이나 단단한 나무(楨培)는 교수로 있고 단단한 나무를 얻는다(得楨), 맑은 물가에 서있는 단단한 나무(楨漢)는 기자로 활동하고 있다.

많은 것을 살피는 높은 언덕 위의 계수나무(聖桂)는 초대형 서점을 경영하며 갖가지 출판물을 대하고 있다. 이로움을 많이 끼치는 계수나무(孝桂)는 토지를 개발하는 기관에 근무하고 있다. 무궁화에 물과 양분을 주는 이(鍾槿)는 은행산부이고 큰 무궁화 나무(槿泰)는 오랫동안 재야인사로 활동하다 지금은 정계에 입문해 있다.

버드나무 그 자체(柳其)는 통신회사에 근무하고 있고 큰 버드나무

한자	훈	음	연습
億	싸리나무	억	億
杞	구기자	기	杞
桃	복숭아	도	桃
柾	나무바늘	정	柾
梯	사다리	제	梯
椿	대추나무	춘	椿
檉	능수버들	정	檉
梧	오동	오	梧

(泰柳)는 변호사로 있다.

물가에 선 한그루 나무(棟洙)는 공무원이고 대추나무처럼 견고한 이(相椿)는 무형문화재로 지정받았다. 한 그루 들메나무(楠)는 전국의 국립공원관리를 책임지고 있다. 햇빛 아래 선 들메나무(昌楠)는 보험업계에 있다.

궁궐에 자란 싸리나무(宮檍)는 애국지사이고 남녘 땅 싸리나무(南檍)는 정치인으로 활약했다. 열매가 많이 열리는 아가위 나무(仁杌), 능수버들같은 미모(檉美), 연장자루처럼 유익한 규범(柄憲), 가늠이 되는 도구를 만드는 나무(榕均), 기쁨을 주는 사다리(喜梯)는 언론계에 있다.

열매 많이 열리는 복숭아 나무(桃慶)는 여류문학 평론가로 활약 중이다. 한 그루 노나무(梓)는 대학총장을 지냈다. 오동나무를 심는다(梧植)는 이름은 농협에 있고 곧고 착하다(柾淑), 오래 쓰이는 연장 자루(永柄)는 공무원이다. 물가에 선 고련나무(洙棟)는 교수이다.

한 걸음 더 나아가 나무들이 꽉 찬 수풀을 뜻하는 수풀 림(林)자를 이름으로 쓴 경우를 보자.

물가에 있는 숲(林洙)은 대법원 판사로 있고 무럭무럭 자라는 숲(旺林)은 대기업 간부로 있다. 파란 숲(靑林)은 언론인이고 호랑이 사는 울창한 숲(寅林)은 교수로 있다. 햇빛을 받은 숲(光林)은 시인이다.

'구름과 비'는 언제 들어도 참으로 찰떡 궁합이라는 생각이 든다. 오죽하면 남녀간의 다정함을 운우지정(雲雨之情)이라 했겠는가! 두

단어가 모두 사람의 마음을 여유있게 해주고 느긋하게 만들어 주지 않는가! 옛부터 구름은 인생에 비유되고 비는 사람의 마음을 표현하는 대상이 되어 왔다.

먼저 구름 운(雲)자가 들어간 이름들부터 한데 모아 보자.

구름 운(雲)—세울 식(植), 구름 운(雲)—불에 익힐 섭(燮)은 공무원이다. 베풀 포(布)—구름 운(雲)은 수산업으로 큰 돈을 모았고 구름 운(雲)—밝을 철(哲), 뿌리 근(根)—구름 운(雲)은 금융계통에 종사하고 있다.

용 룡(龍)—구름 운(雲)은 구두 제조·판매업으로 큰 돈을 모았고 구름 운(雲)—용 룡(龍)은 한국 체육발전의 중추구실을 한 인물이다. 빛 광(光)—구름 운(雲)은 교감이고 구름 운(雲)—찬란할 찬(燦), 구름 운(雲)—어찌 나(那)는 각각 남교수, 여교수로 있다.

구름 운(雲)—역사 사(史)는 유명작가이고 구름 운(雲)—높을 종(宗)은 목욕탕 옷장 열쇠를 복제하여 수억원대의 현금을 도적질한 상습범이다.

구름 운(雲)—빛날 영(榮)은 보험회사 간부로 있고 구름 운(雲)—빛날 경(炅)은 극렬 운동권 학생으로 대학시절을 보낸 후 시민운동에 뛰어든 사람이다. 길 영(永)—구름 운(雲)은 교통안전을 책임진 기관에서 일하고 있다. 밝을 병(炳)—구름 운(雲), 구름 운(雲)—호걸 호(豪), 성할 성(盛)—구름 운(雲)은 은행 간부이고 클 홍(洪)—구름 운(雲)은 기업 중역이다.

구름 운(雲)—고래 경(鯨), 착할 경(慶)—구름 운(雲), 편안할 강(康)—구름 운(雲), 물(혹은 강) 하(河)—구름 운(雲), 주석 석(錫)—구름 운(雲)은 신문기자들이다. 구름 운(雲)—벌릴 나(羅)는 방송인이다. 구름 운(雲)—물 맑을 식(湜)은 여행업계에 종사중이다. 구름 운(雲)—지초 지(芝)는 정치인이고 구름 운(雲)—클 태(太)는 장관을 지냈다.

다음 은 비 우(雨)자가 들어간 이름들을 살펴보자.

향내 멀리날 형(馨)—비 우(雨)는 국가의 비상사태를 대비하는 기관에 있고 비 우(雨)—향기 복(馥)은 고급기술진흥을 떠맡은 기관에 있다. 어질 현(賢)—비 우(雨)는 군장성으로 있다가 대통령 경호실장으로까지 승승장구했지만 끝내는 비자금이니 축재니 하는 국가적 소용돌이에 휩싸이고 말았다.

고칠 경(庚)—비 우(雨), 햇빛 창(昌)—비 우(雨), 통할 성(聖)—비 우(雨), 굳셀 건(健)—비 우(雨), 높을 준(峻)—비 우(雨), 깊을 연(淵)—비 우(雨), 어질 인(仁)—비 우(雨)는 기업의 간부 혹은 중역으로 있다. 용서할 관(寬)—비 우(雨)는 은행장이고 높을(혹은 오를) 상(上)—비 우(雨), 온전 전(全)—비 우(雨), 물없을 한(旱)—비 우(雨)는 금융업에 종사하고 있다.

동녘 동(東)—비 우(雨)는 재미교포 청년으로 서울대 대학원에 수석으로 합격했고 바를 평(平)—비 우(雨)는 화재에 휩싸인 이웃집에서 위험을 무릅쓰고 주민을 구했다. 일만 만(萬)—비 우(雨)는 원자력 관련 업무에 종사하고 있고 용 룡(龍)—비 우(雨), 반 둥근 패옥 황(璜)—비 우(雨), 비칠 영(映)—비 우(雨), 비 우(雨)—땅 곤(坤)은 교수이다.

있을 재(在)—비 우(雨)는 정보 보호에 관련된 일을 하고 있다. 반드시 필(必)—비 우(雨)는 경찰 고위직에 있고 편안할 강(康)—비 우(雨), 항상 항(恒)—비 우(雨), 진정할 진(鎭)—비 우(雨), 날오를 승(昇)—비 우(雨), 기본 기(基)—비 우(雨), 밝을 명(明)—비 우(雨)는 공무원이다. 술잔 종(鍾)—비 우(雨)는 목사이고 높을 종(宗)—비 우(雨)는 정치인이다.

클 태(泰)—비 우(雨)는 새마을 운동에 앞장 선 농민이고 밝을 철(喆)—비 우(雨)는 농장을 경영하고 있다. 형통할 형(亨)—비 우(雨)는 대학 행정에 종사하고 날랠 용(勇)—비 우(雨)는 판사이다. 긴 장(

長)—비 우(雨), 상서 상(祥)—비 우(雨)는 신문사 사장이다. 열쇠 건(鍵)—비 우(雨), 더할 익(益)— 비 우(雨)는 기업주이다.

이상할 기(奇)—비 우(雨), 감동 할 흥(興)—비 우(雨), 깃 한(翰)—비 우(雨), 범 인(寅)—비 우(雨), 빛날 영(榮)—비 우(雨), 비 우(雨)—형통 할 형(亨)은 기자로 있고 맞을 영(迎)—비 우(雨)는 대학병원장이다. 목덜미(혹은 목 뒤) 항(項)—비 우(雨)는 보험업계에 종사하고 있다. 별 성(星)—비 우(雨)는 의사이다.

한자	훈	음	연습
梓	노나무	자	
榕	나무이름	용	
布	베풀	포	
那	어찌	나	
盛	성할	성	
鯨	고래	경	
羅	벌릴	나	
馨	향내 멀리날	형	
馥	향기	복	
興	감동할	흥	
翰	깃	한	

이름 중에는 '풀'을 지칭하는 글자들이 들어간 경우도 있다. 나무 대신 풀을 택한 이유는 대체 무엇일까? 속히 자라고 속히 열매 맺는 풀의 강인한 생명력을 탐했기 때문일까?

우선 풀 이름을 이름으로 사용한 경우부터 살펴보자

향풀 훈(薫)자를 사용한 경우부터 살펴보자.

날오를 승(昇)—향풀 훈(薫), 굳을 강(剛)—향풀 훈(薫), 별 성(星)— 향풀 훈(薫), 영웅 영(英)—향풀 훈(薫), 빛날 영(榮)—향풀 훈(薫), 통 할 성(聖)—향풀 훈(薫), 헤엄칠 영(泳)—향풀 훈(薫), 건널 제(濟)—향 풀 훈(薫), 동녘 동(東)—향풀 훈(薫), 바를 정(正)—향풀 훈(薫), 낙수 낙(洛)—향풀 훈(薫), 밝을 철(喆)—향풀 훈(薫), 향풀 훈(薫)—솥귀 현 (鉉), 법 범(範)—향풀 훈(薫), 곧을 정(貞)—향풀 훈(薫), 바르게 할 정 (政)—향풀 훈(薫), 향풀 훈(薫)—착할 숙(淑)

날이 갈수록 더 향기가 난다(昇薫)는 이름은 시인이고 향기가 남 다르다(英薫)는 이름은 환경운동을 이끌고 있다. 빛을 발하는 존재

(榮薰), 멀리까지 퍼지는 향기(聖薰)는 기업중역이고 기분을 좋게 하는 향기(喆薰)는 은행장이다. 별빛처럼 낭만적인 향기(星薰)는 은행간부이다. 멀리까지 도달하는 향기(濟薰)는 한의사이고 향내나는 물에서 헤엄친다(泳薰)는 이름은 관료출신 정치인이다. 향기롭고 착하다(薰淑)는 이름은 평생을 발레에 바친 여성이다. 동쪽으로 퍼지는 향기(東薰)는 시나리오 작가이고 강한 향기(剛薰), 멋진 향기(正薰)는 언론인이다. 표본이 된 향기(範薰)는 관현악단장이고 물을 따라 퍼지는 향기(洛薰)는 전통악기 연주가이고, 곧게 퍼지는 향기(貞薰)는 간호학을 가르치는 여교수이다. 향기로 먹고사는 이(薰鉉)는 프로바둑기사로 명성을 떨치고 있다. 정신을 맑게 하는 향기(政薰)는 정계에서 활동하고 있다.

지초 지(芝)—물 하(河), 지초 지(芝)—녹을 용(溶)은 시인이고 차조기 소(蘇)—흰 백(白)은 언론인이다.

난초 난(蘭)—영웅 영(英)은 기자이고 난초 난(蘭)—제방 파(坡)는 고향의 봄, 봉선화, 성불사를 작곡했다. 난초 혜(蕙)—여자벼슬 원(媛)은 주부리포터로 활약 중이다. 지초 지(芝)—예쁠 미(美)는 유명 영화인이다.

쪽 남(藍)—두루 주(周)는 여류 재단사로 일하고 있다. 연밥 연(蓮)—구슬 옥(玉)은 여류 기자로 있고 지초 지(芝)—아득히 멀 연(娟)은 미스코리아로 활약 중이다. 범풀 범(范)은 기자로 있고 꽃다울 방(芳)—솥귀 현(鉉)은 언론계와 정계에서 두루 명성을 얻은 사람이다. 클 태(泰)—연밥 연(蓮)은 여교수이고, 종류 종(種)—풀이름 필(芯)은 법무사로 있다. 구름 운(雲)—지초 지(芝)는 정치인이다. 지초 지(芝)—착할 숙(淑)은 의대 여교수이다.

9) 동물을 빌려 신비함을 더하고자 한 이름들

    옛부터 용(龍)은 신비한 영물로 통했다. 신화나 전설의 뿌리가 되기도 하고, 황제를 상징하고 길몽을 대표하는 대상이 되기도 했다. 용 룡(龍)자를 이름에 넣은 이유는 어디에 있을까? 황제가 되기를 바라는 역심(逆心)이 발동한 까닭인가?

우선 용 룡(龍)자와 짝을 이룬 글자들을 살펴 보자.

구름 운(雲), 기본 기(基), 많을 자(滋), 으뜸 원(元), 벼슬 사(士), 바다 해(海), 길할 길(吉), 물 하(河), 물 수(水), 진징할 진(鎭), 순잔 종(鍾), 보배 진(珍), 북돋울 배(培), 맑을 정(晶), 별이름 규(奎), 살 활(活), 큰 덕(德), 갑옷 갑(甲), 클 태(泰), 이 시(是), 서로(혹은 바탕) 상(相), 일만 만(萬), 근원 원(源), 냄비 호(鎬), 얻을 득(得), 햇빛 창(昌), 기본 기(基), 법 범(範), 주석 석(錫), 큰 대(大), 완전할 완(完), 어리석을 우(愚), 윤택할 택(澤), 은하수 한(漢), 빛날 희(熙), 통할 태(兌), 별 성(星), 복 복(福), 밝을 환(煥), 법 모(模), 밝을 명(明), 명길 수(壽), 새 마리 쌍(雙), 꿈 몽(夢)

구름 속 용(雲龍)은 세계 스포츠계의 지도자이자 한국 태권도 발전에 크게 기여한 사람이다. 구름을 타고 오르는 용(龍雲)은 통신재단 책임자로 있다. 큰 용(德龍), 자라는 용(龍泰), 빛을 발하는 용(龍煥), 귀한 용(珍龍)은 정계에서 활약하고 있다. 어리석은 용(愚龍)은 대학 행정을 담당하고 있고 은하수에 도달한 용(漢龍)은 극단대표로 있다. 으뜸을 추구하는 용(龍元)은 리스회사 간부로 있다.

완전한 성장을 눈앞에 둔 용(龍完), 용을 닮은 기질(相龍), 물을 찾은 용(龍河), 완벽한 모습을 갖춘 용(是龍)은 학자의 길을 걷고 있다. 운이 좋은 용(吉龍), 빛나는 용(龍熙), 고결한 용(晶龍), 쾌락과 풍요를 주관하는 용(鍾龍), 만 마리 용(萬龍), 별을 향해 날아오르는 용(星龍), 지혜로운 용(龍兌)은 사업을 하거나 기업중역으로 있다.

용을 진정시키는 이(龍鎭)는 금융기관의 해외담당 책임자이고, 갑

한자	훈	음	연습
士	벼슬	사	士
活	살	활	活
是	이	시	是
模	범	모	模
雙	새마리	쌍	雙
夢	꿈	몽	夢
鵬	붕새	붕	鵬
酉	닭	유	酉
麟	기린	린	麟
麒	기린	기	麒
馹	역마	일	馹

옷같은 비늘을 단 용(甲龍)은 화가이다. 주석을 토해내는 용(龍錫), 큰 용(大龍), 갑옷같은 비늘을 털어내는 용(龍甲)은 공무원이고, 오래 사는 용(壽龍)은 교사로 있다.

여러 사람을 위해 일할 사람(士龍)은 주민 대표로 봉사하고 있고, 큰 복을 가져다주는 사람(龍福)은 장군이다. 밝은 곳을 좋아하는 사람(明龍)은 북한 산 히로뽕을 밀매하다 죄인이 됐다.

물을 만난 용(龍水), 생명을 불어 넣는 용(活龍), 의식주를 주관하는 용(龍鎬), 빛을 향해 날아오르는 용(昌龍), 일정한 모습을 지켜나가는 용(龍模), 커다란 용(泰龍), 기본이 되는 것들을 주관하는 용(基龍), 일정한 궤적을 따라 비상하는 용(龍範)은 언론에 종사하고 있다. 짝을 이룬 용(雙龍)은 외교관이다. 용중의 용(元龍)은 기독교계의 원로이자 나라의 원로로 자리매김되어 있다. 바다 용(海龍)이라는 낭만적인 이름은 택시기사로 일하며 좋은 일을 많이 하여 시민봉사희생상을 수상했다. 풍년을 예고하는 용(龍澤)은 시인이자 교사로 알려져 있다. 큰 복을 가져다 주는 용(龍培), 별을 향해 승천한 용(龍奎), 길흉화복의 근원이 되는 용(源龍)은 은행간부이다. 뭔가를 가져다주는 용(得龍)은 생명공학에 헌신중인 과학자이다. 꿈속에 나타나는 용(夢龍)은 박물관장이다.

새를 이름자에 사용한 경우가 많다. 기러기, 학, 봉황, 닭 등을 이름에 사용한 이들은 과연 어떤 소망을 가지고 있었을까?

수 봉황 봉(鳳)자를 쓴 경우가 특히 많다.

임금을 모시는 큰새(舜鳳)는 정치인이고 큰새처럼 산다(在鳳)는 이름은 총리를 지냈다. 빛을 발하는 큰새(鳳煥)는 장관을 지냈고 착한 사람을 돕는 큰새(鳳淑)는 여성들의 정치참여를 위해 노력하는 여성이다. 바다위를 나는 큰새(海鳳), 느리게 나는 큰새(鳳魯), 아침을 알리는 큰새(鳳朝)는 공무원이다.

냄비를 물어 나르는 큰새(鳳鎬), 세가지 모습을 띤 큰새(鳳三), 어김없이 찾아오는 큰새(鳳來)는 교수이다.

큰 하늘을 자유로이 나는 큰새(鳳德)는 기업주이고 아주 큼지막한 새(德鳳)는 자동차판매업을 하고 있다. 업적을 쌓는 큰새(鳳勳)는 통신회사를 운영하고 있고 산에 사는 큰새(岐鳳)는 사업가이다.

용을 닮은 큰새(鳳龍), 세상을 진정시키는 큰새(鳳鎭), 옷을 재단하듯 세상을 분주히 나는 큰새(裁鳳)는 기업의 간부 혹은 중역으로 있다. 깃털이 별난 큰새(羽鳳), 별을 향해 나는 큰새(台鳳), 물건너듯 나는 큰새(鳳濟)는 금융기관 간부로 있고 무척 큰새(泰鳳)는 정당간부로 있다.

상서로운 일을 예고하는 큰새(鳳洋), 세상이치를 이해하려 애쓰는 큰새(鳳學), 사물의 뜻을 꿰뚫어 보는 큰새(義鳳), 일직선으로 비상하는 큰새(鳳一)는 언론인이다.

세상을 두루 나는 큰새(世鳳)는 감사기관의 차관벼슬을 지내다가 대통령 아들에게 돈 가져다 줄 기업인을 소개한 것이 들통나 갑자기 사표를 썼다.

작은 구슬을 물어나르는 큰새(璣鳳)는 건축가이고 여름에 다시 오는 큰새(鳳夏)는 사진작가이다. 세상일을 돕는 큰새(樹鳳)는 교육사업에 골몰하다.

다음은 학 학(鶴)자를 사용한 경우를 살펴보자.

밝은 곳으로 날아가는 학(鶴顯)은 공금유용으로 곤욕을 치른 정치인이고 범을 닮은 학(寅鶴)은 국회의원을 지내다 박물관 건립에 온

힘을 쏟고 있다. 저울눈처럼 꼼꼼한 기질을 지닌 학(鶴圭)은 교수, 국회의원, 장관을 지냈다. 물가에 앉은 학(鶴洙)은 정치인이고 평안을 가져다주는 학(鶴容), 산에 사는 학(山鶴)은 교수로 있고 명이 긴 학(鶴壽)은 금융기관 간부로 있다. 밝은 곳에 머무는 학(炳鶴)은 건강관리에 관련된 일을 하고 있다. 멀리 날아가는 학(鶴出), 위엄이 있는 학(鶴權)은 통신회사 간부로 있다.

천리를 나는 기러기(千鴻), 한 마리 기러기(鴻), 오가던 곳만 정확히 가는 기러기(鴻基)는 언론인이다. 아홉가지 모습으로 나는 기러기(鴻九), 술잔을 물어나르는 기러기(鍾鴻)는 교수이고 방향감각이 아주 정확한 기러기(鴻守)는 발명가이다.

혜택을 주는 기러기(鴻澤)는 영상자료보관에 관련된 일을 하고 있고 기러기를 보살핀다(鴻植)는 이름은 공무원이다.

날개 길이가 자그마치 3천리나 되고 한 번 날면 순식간에 구만리를 난다는 전설의 새(붕새)를 이름에 넣은 경우도 있다.

붕새 붕(鵬)—준걸 준(俊)은 방송인이고 있을 재(在)—붕새 붕(鵬)은 공무원이다.

닭 유(酉)—주석 석(錫)은 유명가수이자 유명방송인이다.

동물을 이름에 사용한 경우가 아주 많다. 온갖 동물을 다 사용한 것이 아니라 호랑이, 기린, 기러기, 학, 용, 물고기 등을 골라 썼다. 사람의 '띠'를 뜻하는 쥐, 토끼, 뱀, 원숭이, 개등은 뜻밖에도 이름 자에 섞이지 못했다.

우선 새 종류를 제외한 여러 종류의 동물들을 한데 모아 보자.

옛부터 막상막하(莫上莫下), 즉 우열을 가릴 수 없는 경쟁을 용호상박(龍虎相搏)이라 했는데, 그래서 그런지 용과 호랑이가 특히 자주 쓰였다.

우선 용이 들어간 이름과 호랑이가 들어간 이름을 살펴 보자.

큰 용(大龍), 비상하기 위해 꿈틀거리는 용(龍出), 오래 가는 범 기질(寅永)은 교수로 있고 자라나는 용(龍德)은 방송인이다. 용을 붙든다(秉龍)는 이름은 투마(鬪馬)대회, 즉 관광용 조랑말 싸움을 계획하고 있다. 용의 기질(相龍), 용처럼 비상한다(龍煥), 아주 큰 용(泰龍), 큰 용(德龍)은 정치인이다. 호위해 주는 용(翼龍), 큰 별을 꿈꾸는 범(寅杓)은 기업인이고 구름 속 용(雲龍), 완전을 지향하는 용(龍九), 깊은 물에 사는 용(淵龍)은 의사, 바닷속 용(海龍)은 약사다.

으뜸이 된 용(元龍)은 목사, 으뜸이 되고자 하는 용(龍元)은 변호사, 짝시어 노니는 용(龍二)은 은행 중역, 놀이 된 용(龍石)은 농장회장을 맡고 있는 실업인이다.

용을 섬기는 이(奉龍)는 나전칠기 장인이고 만물의 근원이 된 용(基龍), 빛을 닮은 용(昌龍), 세상의 기준이 된 용(龍範), 물을 좋아하는 용(龍水)은 언론인이다. 큰새 닮은 용(鳳龍), 술잔 속 용(鍾龍), 전체를 꿰뚫어 보는 용(龍兌), 빛을 향해 나는 용(龍彬)은 기업인이고 용을 섬기는 이(應龍)는 프로야구 감독이다.

혜택을 주는 용(龍澤), 선한 것을 추구하는 용(龍善)은 시인이다. 울음소리내는 용(聲龍)은 공무원이다. 바깥으로 나서려는 용(龍外)은 문화재단을 이끌고 있다. 호랑이 울음소리(虎聲)는 경찰간부이다. 전형적인 범기질(寅秀)은 자원봉사단을 이끌고 있다.

다음은 호랑이를 뜻하는 글자들을 살펴보기로 하자.

용과 호랑이의 장점을 다 지닌다(龍虎), 쇠처럼 단단한 범(錫寅), 으뜸을 꿈꾸는 호랑이(虎元), 대망을 품은 호랑이(虎英)는 언론인이다. 연장자루처럼 유익한 호랑이(柄虎), 철두철미한 호랑이(虎徹), 밝은 곳을 좋아하는 호랑이(炳虎), 범처럼 노숙하다(寅燮)는 이름은 공무원이고 범같은 성정(寅性)은 총리 출신의 정치인이다. 학을 닮고자 하는 호랑이(寅鶴), 호랑이 같은 기질(在虎)은 국회의원을 지냈다. 궁궐에 사는 호랑이(廷虎), 빛을 좋아하는 호랑이(榮虎), 용맹스런 호랑이(將虎), 글을 지을 줄 아는 호랑이(筆虎), 세상의 기초가 된 호랑이(基虎), 범의 기세로 세상을 산다(寅濟), 세상의 기초가 되려는 호랑이(寅基)는 기업간부 혹은 기업의 중역으로 있다. 늙은 호랑이(耆虎)는 대학 총장이다. 몸이 커가는 범(寅普)은 역사학자이다.

기린 린(麟)자나 기린 기(麒)자를 사용한 경우도 있다.

짐실은 기린(載麟)은 신문사 사장이고 궁궐에 사는 기린(廷麟)은 차관 벼슬을 지냈다. 폭포수에 다달은 기린(麟洛)은 기업중역이고 기린을 구하는 이(麟求)는 기업인이면서 국회의원까지 지냈다. 바탕이 기린인 이(相麒)는 공무원이다.

은처럼 번쩍거리는 생선(銀鮮)은 기업인이고 냄비속에 든 생선(鮮鎬)은 외교관이다. 향기나는 생선(鮮馥)은 고고미술을 전공한 교수이고 빛나는 물고기(熙鮮)는 공무원이다. 물줄기를 멀리 두고 있는 물고기(灝鮮)는 금융기관의 수장으로 있다가 국회의원까지 지냈다.

말 오(午)자나 역마 일(馹)자를 이름으로 사용한 경우도 있다. 어진 말(仁午)은 은행간부이고 바탕이 말인 사람(相午)은 교수다. 밝은 곳을 좋아하는 말(炳午), 깊은 물가에 있는 말(午淵)은 정치인이다. 술잔을 곁에 둔 말(鍾午)은 기업주이다. 늠름한 역마(英馹)는 변호사로서 국회의원을 지냈다.

코끼리 상(象)—으뜸 원(元)은 보험회사 간부이고 표범 표(豹)—머리 굽실 거릴 옥(頊)은 외교관이다. 구름 운(雲)—고래 경(鯨)은 기자이고 곧을 정(貞)—돼지 해(亥)는 여배우다.

춘하추동(春夏秋冬) 사계절을 이름에 사용한 이들이 있다. 그 중에서도 특히 봄 춘(春)자나 여름 하(夏)자를 사용한 경우가 제법 많다. 어떤 이유에서 봄과 여름을 이름자에 사용한 것일까? 생명의 약동이나, 겨울을 벗어나 녹음방초(綠陰芳草)로 갈아 입는 대자연의 그 싱그러운 빛깔을 닮자는 뜻이었을까?

우선 봄 춘(春)자를 이름으로 쓴 경우
부터 살펴보자.

봄 춘(春)—상서 상(祥), 빛날 영(
榮)—봄 춘(春), 봄 춘(春)—윤택할 윤
(潤), 잡을 병(秉)—봄 춘(春)은 기업간
부로 있다.

봄 춘(春)—으뜸 원(元), 봄 춘(春)—
아홉 구(九), —봄 춘(春)—세울 식(植),

한자	훈	음	연습
象	코끼리	상	象
豹	표범	표	豹
亥	돼지	해	亥
淇	물이름	기	淇
秋	가을	추	秋
江	강	강	江

봄 춘(春)—뿌리 근(根), 물이름 기(淇)—봄 춘(春)은 정치인이고 봄
춘(春)—기본 기(基), 봄 춘(春)—빛날 희(熙), 길 영(永)—봄 춘(春)은
공무원이다. 봄 춘(春)—넓고 클 호(浩), 낙수 낙(洛)—봄 춘(春)은 출
판인이고 봄 춘(春)—날돋을 욱(旭)은 동요작가이다. 별이름 규(奎)—
봄 춘(春)은 교사로 있고, 바를 정(正)—봄 춘(春), 봄 춘(春)—가을 추
(秋), 봄 춘(春)—빛날 영(榮), 동녘 동(東)—봄 춘(春)은 교수로 있다.

봄 춘(春)—자식 자(子)는 이웃에 사는 고아 남매를 친자식처럼 보
살피고 있는 여성이다. 봄 춘(春)—착할 숙(淑)은 여성 전용 상담전
화망을 운영하고 있는 여성이다.

봄 춘(春)—불활활붙을 렬(烈), 봄 춘(春)—웅장할 웅(雄), 빛 광(
光)—봄 춘(春), 봄 춘(春)—주관할 재(宰)는 언론인이다.

이룰 성(成)—봄 춘(春)은 조선족 아내가 변심했다고 극약을 먹고
자살했다. 봄 춘(春)—길 영(永)은 약사회를 이끌고 있고 봄 춘(春)—
냄비 호(鎬)는 에너지 관련 기술개발을 책임지고 있다. 봄 춘(春)—
무성할 수(秀)는 사업을 하고 있고 봄 춘(春)—남녘 남(南)은 목사이
다. 강 강(江)—봄 춘(春)은 운동권 출신에서 이제는 삐삐산업의 선
두주자로 변신했다.

여름 (혹은 나라)하(夏)자를 이름으로 사용한 이들은 과연 누구일
까? 여름 하(夏)—이룰 성(成)은 시민운동가이고 깊을 연(淵)—여름

하(夏)는 식품회사 대표이다.

　눈동자 주(珠)—여름 하(夏), 무성할 무(茂)—여름 하(夏)는 금융기관에 있다. 순할 순(順)—여름 하(夏)는 목사이다. 기본 기(基)—여름 하(夏)는 정치인이고 높을 종(宗)—여름 하(夏)는 외교관으로 장관까지 지냈다. 술잔 종(鍾)—여름 하(夏), 여름 하(夏)—높을 종(宗), 천지 사방 우(宇)—여름 하(夏)는 언론인이다. 빛날 영(榮)—여름 하(夏)는 장관을 지낸 사람이다.

　별이름 규(奎)—여름 하(夏), 여름 하(夏)—솥귀 현(鉉)은 기업중역이다. 영웅 영(英)—여름 하(夏)는 수학 교수이고 클 태(泰)—여름 하(夏)는 국어학자이다. 으뜸 원(元)—여름 하(夏)는 기자를 폭행하여 물의를 일으킨 경찰관이다. 길 영(永)—여름 하(夏)는 교육재단의 책임자로 있다. 해(혹은 날) 일(日)—여름 하(夏)는 여교수이다.

　가을 추(秋)자를 이름으로 쓴 경우는 의외로 적다.

　이룰 성(成)—가을 추(秋)는 기업인이고 가을 추(秋)—석 삼(三)은 사업가이다.

5. 이름을 보면 세상이 보인다

1) 세상살이에서 따온 이름들

　장　사에 관한 글자들이 제법 많다. 사농공상이라 하여 장사꾼을 특히 하대했는데도 되니 말이니 저울이니 장사니 하는 글자들이 이름에 많이 섞인 것은, 아무래도 돈벌이하는 일이 무시못할 방편임을 잘 알고 있었기 때문이 아닐까. 아예 노골적으로 장사 상(商)자를 집어 넣은 이름도 있지만, 그보다는 저울눈이름 규(圭)니 말두(斗)니 되 승(升)이니 하는 글자들이 더 많이 쓰였다.

우선 장사 상(商)자를 넣어 이름을 지은 예부터 살펴보자. 즉 도울 필(弼), 큰 덕(德), 물맑을 철(澈), 지킬 수(守), 근원 원(源), 일만 만(萬), 신령(정할) 진(眞), 솥귀 현(鉉), 펼 렬(列), 받들 봉(奉), 있을 재(在) 등을 넣어 이름을 지은 경우인 것이다.

장사를 돕는다(弼商)는 이름은 경제학자로 있고 장사를 천직으로 삼는다(商眞)는 이름은 기업인으로 살고 있다. 만명의 상인을 만난다(商萬)는 이름은 시인이자 암석학자로 살며 무용가인 부인과 유명 가수인 사위를 두고 있다. 장사꾼을 주위에 모으는 솥단지(商鉉)는 정보통신 장관을 지냈다. 그리고, 먹고 사는 문제를 중요시 여긴다(商在)는 이름은 일제하에서 겨레의 큰 스승 노릇을 톡톡히 해낸 사람이다. 경제를 살린다(商守)는 이름은 정치인이고 경제의 근원(商源)은 기자이다. 큰 장사(商德), 정직한 장사(商澈), 번창하는 장사(商列), 상업중시(商奉)는 기업 간부로 있다.

다음은 저울눈이름 규(圭)를 넣은 이름을 살펴보자. 보배 진(珍), 밝을 철(哲), 이룰 성(成), 한 일(一), 맑을 징(澄), 진정할 진(鎭), 범 인(寅), 길 영(永), 주관할 재(宰), 은하수 한(漢), 물이름 문(汶), 일곱

한자	훈	음	연습
商	장사	상	商
升	되	승	升
列	펼	렬	列
澄	맑을	징	澄
汶	물이름	문	汶
七	일곱	칠	七
畯	농부	준	畯
伯	맏	백	伯
彩	채색	채	彩
琮	옥	종	琮
廣	동서	광	廣

칠(七), 농부 준(畯), 쓸(그릇) 용(用), 있을 재(在), 맏 백(伯), 나갈 진(進), 은혜 은(恩), 채색 채(彩), 빛날 형(炯), 해(날) 일(日), 큰 덕(德), 법 헌(憲), 클 태(泰), 물 하(河), 이을 승(承), 바를 정(正), 복 복(福), 고요할 청(淸), 믿을 윤(允), 형통할 형(炯), 지신제에 쓰는 옥 종(琮), 쌍옥 각(珏), 웅장할 웅(雄)자 등이 저울눈 이름 규(圭)와 어우러져 이름이 된 것이다.

농부의 저울(畯圭)은 검사로 있고 저울을 사용한다(圭用), 저울이 은하수다(圭漢), 정확한 저울이다(圭晢)는 이름은 공무원 신분이다. 저울눈에 철저하다(在圭)는 이름은 대학총장이고 은혜를 끼치는 저울(恩圭), 현대화 되어가는 저울(進圭)은 대학강단을 지키고 있다.

범의 눈으로 지키는 저울(寅圭), 먼저 사용되는 저울(圭伯), 속임수 없는 저울(圭澄), 오래 쓰이는 저울(圭永), 돋보이는 저울(雄圭), 믿음을 심는 저울(圭允)은 기업의 중역이나 간부로 있다.

은하수 닮은 저울(漢圭)이나 옥으로 만든 저울(珏圭)이나 정확한 저울(圭正)은 정치인으로 살고 있다. 일곱 개의 저울(七圭)은 신문에 실린 온갖 정보를 정리하여 자료화하는 일을 하고 있고, 저울눈이 일곱 개(圭七)라는 이름은 산업기술정보센터를 운영하고 있다. 해 닮은 저울(日圭)이나 옥으로 만든 저울(琮圭)은 군인의 길을 걸은 사람들이고 늘 균형을 이룬 저울(淸圭)은 역사학자로 살고 있다.

다음은 말 두(斗)자를 사용한 이름을 살펴보자. 즉, 이을 승(承), 빛날 희(熙), 밝을 환(煥), 클홍(洪), 빛날 형(炯), 나타날(밝을) 현(顯), 석 삼(三), 길 영(永), 바를 정(正), 한 일(一), 맏 맹(孟), 편안할 강(康), 동 서 광(廣), 어질 현(賢), 밝을 병(炳), 선명할 찬(粲), 붉은 모양 혁(赫), 응할 응(應)자를 말 두(斗)자와 조합한 이름들이다.

오래 가는 말(永斗)은 문화사업에 헌신하고 있고, 이어가는 말(承 斗)이나 붉게 타오르는 말(斗赫)은 교수로 있다. 편안하게 하는 말(康 斗)이나 떳떳한 말(斗煥)은 정치의 장에 속해 있다. 한말들이(一斗)는 건설협회를 이끌고 있고 서말들이(斗三)는 언론계에 있다. 나타내는 말(斗顯)이나 선명하게 드러나는 말(粲斗)은 공무원으로 있고, 응할 줄 아는 말(斗應)은 은행간부로 있다. 먼저 만든 말(孟斗)은 동생으로 부터 골수를 기증받아 불치병을 고친 사람이고, 큰 말(斗洪), 바른 말(斗正)은 보험업계에 속해 있다.

그리고, 되 승(升)자를 쓴 이름 밝을 환(煥)자와 짝을 이룬 升煥이 란 이름)은 해외봉사활동을 펴는 국제협력단을 이끌고 있다.

동서남북을 이름에 사용한 이들이 잇다. 해뜨는 동쪽과 햇볕 잘드 는 남쪽을 좋아한 때문인지 동녘 동(東)자와 남녘 남(南)자가 주로 많 이 쓰이고 있다.

우선 동녘 동(東)자를 이름에 사용한 경우를 보자.

은하수 한(漢)—동녘 동(東), 동녘 동(東)—취할 채(采), 동녘 동(東)—별 성(星), 동녘 동(東)—진정할 진(鎭), 동녘 동(東)—냄비 호(鎬), 동녘 동(東)—헤엄칠 영(泳), 동녘 동(東)—한 일(一)은 정치인이 다. 동녘 동(東)—능 원(園)은 원로 연극배우이다.

진정할 진(鎭)—동녘 동(東)은 공원관리공단간부이고 펼 우(禹)— 동녘 동(東)은 의료개혁위원회를 이끌었다. 동녘 동(東)—밝을 효(曉) 는 판사이고 동녘 동(東)—아름다운 우 선(璿)은 대학 총장, 동녘 동(東)—물가 수(洙)는 학생회장이다. 동녘 동(東)—채색빛날 호(澔)는 신문사 사장이고 뜻 의(義)—동녘 동(東), 동녘 동(東)—형통할 형

한자	훈	음	연습
園	능	원	園
曉	밝을	효	曉
澔	채색빛날	호	澔
壹	하나	일	壹
鮮	생선	선	鮮
釜	가마(솥)	부	釜
照	빛날	조	照

(亨), 동녘 동(東)—뿌리 근(根), 동녘 동(東)—깃 한(翰), 동녘 동(東)—빛날 빈(彬)은 기자로 있다.

빛날 희(熙)—동녘 동(東)은 버스운송 조합을 이끌고 있고 동녘 동(東)—하나 일(壹)은 변호사이다. 동녘 동(東)—받들 봉(奉), 동녘 동(東)—찬란할 찬(燦)은 재벌이고 동녘 동(東)—비 우(雨), 동녘 동(東)—나갈 출(出), 건널 제(濟)—동녘 동(東), 동녘 동(東)—붉은 모양 혁(赫), 이을 승(承)—동녘 동(東), 넓고 클 호(浩)—동녘 동(東), 동녘 동(東)—주석 석(錫), 동녘 동(東)—법 헌(憲), 동녘 동(東)—불활활붙을 렬(烈), 생선 선(鮮)—동녘 동(東), 동녘 동(東)—북두자루 표(杓), 동녘 동(東)—석 삼(三)은 기업간부 혹은 중역으로 있다.

동녘 동(東)—더할 익(益)은 목사이고 동녘 동(東)—세울 식(植)은 의대교수로 있다. 동녘 동(東)—길할 길(吉)은 학자의 길과 정치인의 길을 넘나들었다. 동녘 동(東)—나갈 진(進), 동녘 동(東)—근원 원(源), 동녘 동(東)—역마 일(馹)은 공무원이다.

동녘 동(東)—호걸 걸(杰)은 역사학자이다. 가마(솥) 부(釜)—동녘 동(東)은 정당간부로 활약하고 있다. 동녘 동(東)—준걸 준(俊)은 방송인이다. 동녘 동(東)—법 모(模)는 뇌물수수로 불명예를 뒤집어 쓴 고위공무원이다. 동녘 동(東)—기본 기(基)는 전자신문을 만들고 있다. 일어날 기(起)—동녘 동(東)은 동해북단에서 김양식을 성공시킨 사람이다. 동녘 동(東)—봄 춘(春)은 여교수이다.

다음은 남녘 남(南)자를 이름에 사용한 경우를 보자.

바를 정(正)—남녘 남(南), 높을 종(宗)—남녘 남(南)은 공무원이다. 남녘 남(南)—빛날 조(照), 남녘 남(南)—향풀 훈(薰), 남녘 남(南)—다스릴 치(治)는 정치인이다.

남녘 남(南)—진동할 진(震), 남녘 남(南)—어질 현(賢)은 신문사 경영에 참여 중이고 남녘 남(南)—착할 선(善)은 역사학과 문학에서 독보적인 영역을 개척한 사람이다.

봄 춘(春)—남녘 남(南)은 목사이고 남녘 남(南)—주석 석(錫)은 어선 선장이다. 남녘 남(南)—클 홍(弘)은 경영자 모임을 이끌고 있고 남녘 남(南)—순박할 순(淳)은 노동자 모임을 이끌고 있다.

남녘 남(南)—금은 은(銀), 서로(혹은 바탕) 상(相)—남녘 남(南)은 기업인이고 남녘 남(南)—공 훈(勳), 바를 평(平)—남녘 남(南)은 증권사 간부이다. 남녘 남(南)—지킬 수(守)는 천도교 책임자이고 남녘 남(南)—붉은 모양 혁(赫), 남녘 남(南)—세울 식(植)은 언론인이다.

서쪽 서(西)자를 이름에 사용한 경우는 아주 드물다.

높을 종(宗)—서쪽 서(西)는 대통령 자문교육개혁위원회를 이끌었다.

2) 귀에 익은 이름들

이름 중에는 한자는 달라도 그 음이 일상생활에서 흔히 사용하는 용어와 같은 경우가 종종 있다. 이름 같지 않고 마치 흔히 사용하는 단어를 듣는 느낌이 들어 듣자마자 웃음이 나오는 수가 있다.

서로 상(相)—사무칠 달(達), 기본 기(基)—큰 솥 복(鍑), 으뜸 원(元)—클 석(碩), 주장할 상(尙)—막을 주(柱), 햇빛 창(昌)—구할 구(求), 위험스러울 무(茂)—건널 제(濟), 지혜 지(智)—법 문(文), 어질 인(仁)—바탕 상(相), 펼 신(申)—착할 선(善), 조정 정(廷)—착할 선(善), 윤댁힐 윤(潤)—기본 기(基), 막을 주(柱)—길세 흐글 언(演), 헤아릴 도(度)—형통할 형(亨), 술잔 종(鍾)—큰 쇠북 용(鏞), 맡을 승(勝)—지아비 부(夫), 영웅 영(英)—빛 광(光), 빛 광(光)—윤택할 택

한자	훈	음	연습
智	지혜	지	智
申	펼	신	申
演	길게흐를	연	演
度	헤아릴	도	度
鏞	큰 쇠북	용	鏞
渭	속끓일	위	渭
遠	멀	원	遠
住	머무를	주	住
年	해	년	年
蓮	연밥	연	蓮
章	글	장	章

(澤), 넓고 클 호(浩)—나라 국(國), 속 끓일 위(渭)—멀 원(遠), 무성할 수(秀)—학문 교(敎), 헤엄칠 영(泳)—머무를 주(住), 있을 재(在)—세울 건(建), 긴 장(長)—목숨 수(壽), 맏 맹(孟)—물가 수(洙), 있을 재(在)—위험스러울 무(茂), 길 영(永)—해 년(年), 연밥 연(蓮)—구슬 옥(玉), 통할 성(聖)—글 장(章), 잡을 병(秉)—질그릇 만드는 바퀴 균(鈞), 권세 권(權)—더할 익(益), 으뜸 원(元)—그릇 용(用), 넓고 클 호(浩)—도울 조(助), 바를 정(正)—근원 원(源), 편안할 영(寧)—재주 재(才), 으뜸 원(元)—편안할 용(容)….

서로 도달한다(相達)는 이름은 건설기계협회를 이끌고 있고 바탕이 큰 솥이다(基鎔)는 이름은 국제협력단을 이끌고 있다. 주장하고 방어한다(尙柱)는 이름은 학원총연합회를 맡고 있고 첫째를 추구한다(元碩)는 이름은 성형외과의사로 일하고 있다. 햇빛을 지향한다(昌求)는 이름은 고위공무원이고 아슬아슬하게 산다(茂濟)는 이름은 일선기자로 일하고 있다. 지혜를 기준삼아 산다(智文)는 이름은 특별시 의원신분이고 바탕이 어질다(仁相)는 이름은 능률협회를 맡고 있다. 착하게 산다(申善), 위엄을 지키며 착하게 산다(廷善), 바탕을 탄탄하게 한다(潤基), 막아서 길게 흐르게 한다(柱演)는 이름은 시나 소설이나 평론을 쓰는 이들이다.

헤아려 형통하게 한다(度亨), 대단한 빛을 발한다(英光)는 이름은 언론에 종사하는 이들이다. 술잔이 큰 쇠북만하다(鍾鏞)는 이름은 고급공무원이고 맡아서 지키는 남자다(勝夫)는 이름은 국립공원을 관리하는 간부이다. 윤택하게 하는 빛을 발한다(光澤), 넓고 큰 땅을 근거지로 삼는다(浩國)는 이름은 금융기관의 간부들이다.

속타는 일을 멀리하려 애쓴다(渭遠)는 이름은 학생운동을 이끄는 핵심인물이고 배울 것을 많이 만들어 놓는다(秀敎)는 이름은 전자회사를 경영하고 있다. 헤엄을 치며 중간중간에 쉰다(泳住)는 이름은 기업을 경영하고 있고 반듯하게 세우는 일에 매달린다(在建)는 이름은 불교 신도회를 책임지고 있다. 모험적으로 산다(在茂)는 이름은 신문 편집을 책임맡고 있고 오래 오래 걸린다(永年)는 이름은 지하철 공사의 간부로 있다. 모두가 다 성공적인 삶을 살고 있다. 이름뜻이 좋아서 운세 또한 강한 것이다.

3) 손쉽게 지은 이름들

이름을 보다 보면 마치 수학 공식의 '곱하기'나 '제곱'에 해당하는 글씨를 지닌 것들이 제법 많다는 걸 느끼게 된다. 이름에 들어간 좋은 의미의 글자를 더욱 돋보이게 하는 의미도 있고, 이름에 첨가된 소망을 더욱 강조하는 목적도 있는 셈이다.

또 우(又)자와 빛날 영(榮)자로 된 이름은 대표적인 신문사의 실질적인 주인이다.

그리고 본받을 효(效)자와 두 번 재(再)자로 된 이름은 평생을 의로운 시민운동에 투신해오다 늙으막에는 정신대(挺身隊) 문제 대책협의회 대표를 맡기도 했다. 두 번 본받을(效再) 어떤 목표를 제시하고 두 번 바라볼 뚜렷한 표상이 된 셈이다.

웅장할 웅(雄)자와 북돋울 배(培)자로 된 이름은 대학총장, 여러번의 장관임용, 부총리 역임, 다선 국회의원등, 온갖 명예를 다 누린 상팔자로 인생역징을 장식했다. 또 우(又)사와 일만 만(萬)자로 된 이름은 법을 잣대로 사회정의를 실현하는 주무부처의 장관을 지냈다.

북돋울 배(培)자와 착할 숙(淑)자로 된 이름은 고 박정희 대통령의

한자	훈	음	연습
效	본받을	효	效
賞	상줄	상	賞
二	두	이	二
六	여섯	육	六
貳	두	이	貳
忠	충성	충	忠
精	가릴	정	精
彰	나타날	창	彰
耕	밭갈	경	耕
肅	나아갈	숙	肅
廉	검소할	렴	廉

외아들이 마약에 찌든 채 붙잡혔을 때 그를 위해 변호해 준 변호사이다. 마약 기운에 혼미해진 대통령의 외아들이 맑은 정신을 되찾게끔 힘을 써준(培淑) 사람의 이름에 참으로 걸맞는 셈이다. 또 우(又)자와 술잔 종(鍾)자로 된 이름을 가진 이는 아들의 서울대 수석 합격(1997년)으로 '다시 한 번 술잔을 기울이며'(又鍾) 뛸 듯이 기쁜 마음을 주위 사람들과 함께 나누었다. 하지만, 더할 익(益)자와 상줄 상(賞)자로 된 이름을 지닌 이는 '상'을 더 타기(益賞)는커녕 위장수출수법으로 수출보험금을 거짓으로 타내다가 쇠고랑을 차고 말았다.

바를 정(正)자와 북돋울 배(培)자로 된 이름은 공군의 명사수(탑건)로 뽑힌 전투기 조종사가 되어 있다. 서로 상(相)자와 북돋울 배(培)자를 지닌 이는 어엿한 국회의원이다. 바른 것이 북돋아지고(正培), 서로 서로 북돋아주다(相培) 보면 자연히 명예로운 자리에 올라서는 것인지….

숫자만으로 이루어진 이름들이 있다. '밝다, 크다, 어질다, 구슬같다, 빼어나다, 빛난다'는 식의 좋은 뜻을 다 마다한 채 오로지 숫자만으로 이름을 진 이들이 있다.

하나 일(壹)자와 아홉 구(九)자로 된 이는 문학평론가로 알려져 있고, 일천 천(千)자와 아홉 구(九)자로 된 이는 대학 총장이 되어 있다. 두 이(二)자와 아홉 구(九)자로 된 이름은 언론인이다. 그리고 한 일(一)자와 여섯 육(六)자를 지닌 이는 '세상의 빛'(世旵)이 된다는 이름대로 애국지사가 된 이의 아들이다. 아예 아무 뜻도 없는 아홉 구(九)자 하나로 이름을 지은 이는 독립을 위해 일생을 바친 후 해방된 나라에서 암살당한 애국지사이다. 굳이 의미를 부여한다면 구곡간장이 다 끊어지도록 숱한 고난을 겪은 위인 중의 위인이라는 점이다. 아홉번이 아니라 셀 수 없이 많은 고비와 위기를 넘기며 산 사람이다.

그럴 듯한 의미를 지닌 한자와 숫자가 합쳐 이름이 된 경우는 의외로 많다. 그리고 그 한자가 지닌 뜻과 숫자가 그럴듯하게 짝을 이루어 사람의 운세를 신비하게 짜맞추고 있는 것이다.

저울눈이름 규(圭)자에 일곱 칠(七)자가 합쳐진 이는 양을 재고 길이나 무게를 재는 일(산업기술원장)을 하고 있다. 물맑을 철(澈)자에 아홉 구(九)자가 든 이름은 맑은 물에서나 자란다는 민물고기 양식에 성공하여 본격적으로 사업을 확장하고 있다.

일만 만(萬)자와 해 년(年)자를 지닌 이는 유서깊은 출판사를 직접 일군 사람이다. 만년이나 지속되는 지식산업, 문화사업에 평생을 바친 것이다. 두 이(貳)자와 밝을 환(煥)자를 지닌 이는 두 번 밝힌다(貳煥)는 이름처럼 홍보(PR)협회를 이끌고 있다.

공경 경(敬)자에 아홉 구(九)자가 든 이름은 모든 종족의 문화를 존중하는 인류학 교수로 있다. 모든 걸 공경한다(敬九)는 이름이 그대로 적중한 셈이다. 술잔 종(鍾)자와 억 억(億)자를 지닌 이는 '육군의 면도날'로 불리는 감찰담당 중령이다. 뒤로 감추고 밑으로 감춘 쓸데 없는 술잔들을 자그마치 억개나 빼앗았으니, 그 서슬이 가히 짐작하고도 남을 일이다.

지킬 수(守)자에 한 일(一)자가 든 이는 조류학자가 되어 오로지 새 하나를 시켜보는 일에 매달리고 있다. 충성 충(忠)자에 한 일(一)자를 지닌 이는 나라에 충성하고자 국회의원이 되었다는 사람이고, 가릴 정(精)자에 한 일(一)자를 지닌 이는 시시비비를 가리기 위해 국회의원이 된 사람이다.

　숫자에는 과연 어떤 의미가 있을까. 많아 보았자 두 글자로 이루어지는 이름인데 그 중 한 글자가 아무 의미도 없는 단순한 숫자라면 그 얼마나 억울한 일인가. 하지만, 숫자가 든 이름들 중에도 악운과 행운이 엇갈리는 예가 얼마든지 있다.
　두 이(二)자와 지킬 수(守)자를 지닌 이는 취객을 상대로 신용카드를 도둑질하다가 붙잡힌 택시기사이다. 마땅히 지킬 것이외에 또다른 것을 지키려다 보니 그런 악행에 젖어든 것인지…. 아니면, 내것만을 지켜야 할 팔자인데 남의 호주머니 속을 넘보았으니 그런 좀도둑 처지로 전락한 것인지….
　고칠 경(庚)자와 한 일(一)자를 지닌 이는 무면허 정보회사를 차려놓고 정보를 팔아먹다 쇠고랑을 찬 사람이다. 한 번은 꼭 괴상한 팔자를 뒤집어써야 할 운세인지라 그런 식의 죄업을 쌓게 된 것인지도 모른다.
　빛날 형(炯)자와 아홉 구(九)자를 지닌 이는 아홉번 빛난다(炯九)는 이름뜻에 걸맞게 관운이 좋아 장관도 되고 국고은행의 총수도 되었던 사람이다. 하지만, 너무 자주, 너무 오래 빛이 나면 반드시 악귀가 침범하게 마련인지 예순고개에 접어들 무렵부터 대표적인 부정부패 사범인양 언론 매체에 거의 매일 등장하다시피 했다. 근원 원(源)자와 아홉 구(九)자를 지닌 이도 운세가 강해 증권감독원장이 되긴 했지만 뇌물받은 것이 들통나 감옥을 들락거리게 되었다. 근원으로 삼는 것이 너무 많다 보니 자신도 모르게 뇌물까지 듬뿍 챙기게 된 것인지….
　이룰 성(成)자와 일만 만(萬)자를 지닌 이는 수만마리의 새들을 보호하는 조류보호운동을 펼치고 있다. 그는 철새 도래지의 그 숱한 새들 속에서 자신의 이름뜻인 ‘만까지 센다’(成萬)는 의미를 곱씹고 있을 것이다. 일곱 번 밝다(七煥)는 이름은 국회의원이 되어 있고, 세 번 나타난다(三彰)는 이름은 영치중인 총을 팔아먹다 들킨 경찰관이다. 나타날 창(彰)자에 맞게 좋은 일, 웃는 얼굴로 나타나야 할 텐데, 어찌된 영문인지 수갑을 찬 흉한 모습으로 나타나게 된 것이다. 석 삼(三)자에 요령 탁(鐸)자를 지닌 이는 큰 요령을 세 번 울린다(三鐸)는 이름에 맞게 권력기관의 실세노릇까지 했지만 마지막 흔든 요령소리는 자칫 조종(弔鐘)이 될 뻔했는지, 말년에는 감옥에 갇힌 답답한 처지가 되기도 했다.

숫자 중에서도 가장 단순하게 한 일(一)자를 이름에 붙인 경우가 제법 많다. 외길, 외골수, 일편단심을 뜻한다고 보아야 할지, 아니면 또 다른 깊은 뜻이 있어서 그런 식으로 단순하게 작명을 한 것인지….

밭갈 경(耕), 바를 정(正), 무성할 수(秀), 세울 식(植), 바탕 상(相), 큰 쇠북 용(鏞), 술잔 종(鍾), 햇빛 창(昌), 굳셀 건(健), 착할 선(善), 지킬 수(守), 맡을 승(勝), 나아갈 숙(肅)에 한 일(一)자를 꼬리표로 단 이름들은 하나같이 학자의 길에 있거나 언론계에 종사하고 있다. 한 우물을 파는 성격이기에 그런 식으로 명분과 논리를 붙들고 사는 삶이 됐는지도 모른다.

물가 수(洙), 영웅 영(英), 어질 현(賢)에 한 일(一)자를 붙인 이름은 기업경영에 나선 이들이다. 결국은 한 일(一)자 덕분에 머리글자가 더욱 돋보이게 된 모양이다. 갑옷 갑(甲)에 한 일(一)자를 붙인 이는 발명가로 살고 있고, 세상 세(世)자와 빛 광(光)자에 한 일(一)자를 꼬리표로 단 이들은 성공적인 정치인으로 머물고 있다. 그리고, 물 이름 문(汶)에 한 일(一)자를 붙인 이는 언론인의 삶을 살고 있다.

한 일(一)자를 뒤에 달지 않고 아예 머리글자로 쓴 이들도 제법 많다. 바다 해(海), 주석 석(石), 클 홍(弘), 검소할 렴(廉)을 한 일(一)자 뒤에 붙인 이들은 학자 아니면 언론인이 되어 세상 여론을 이끌고 있다. 그리고 착할 숙(淑)자, 말 두(斗)자, 용 룡(龍)자를 꼬리표로 단 이들은 철도 운영에 종사하고 있고, 윤택할 윤(潤)자를 한 일(一)자 뒤에 붙인 이는 정치인으로 활약하고 있다. 기본 기(基)자를 한 일(一)자 뒤에 꼬리처럼 단 이는 유력 기업체의 대표로 앉아 있다. 굳세기가 남다르다(一桓)는 이름은 선거관리를 맡은 기관의 간부로 있고, 한결같이 변함이 없다(一常), 한결같이 빛난다(一榮)는 이름은 은행간부로 일하고 있다. 빈 곳이 한 곳뿐이다(空壹)는 이름은 학자로서나 관료로서나 다 성공적인 생애를 걷고 있는 사람이다. 제 뜻 펴는데 칼처럼 단호하다(一權)는 이름은 공익근무요원으로 일할 때 총리 출신의 대권 후보 수행원 차량에 불법주차 스티커를 발부한 사람이다.

숫자가 들어간 이름이 심심찮게 많지만 특히 아홉 구(九)자가 들어간 이름이 눈길을 끈다. 뭔가 가득찬 느낌이 들고, 나머지 한 글자가 지닌 의미를 극대화하려는 의도같기 때문이다.

예를 들면 은하수 한(漢), 클 홍(洪), 조정 정(廷), 완전할 완(完), 빛날 형(炯), 밝을 병(炳), 날오를 승(昇), 꿈 몽(夢), 빛날 영(榮), 바탕 상(相), 귀바퀴없을 담(聃), 어질 현(賢)자가 아홉 구(九)자를 뒤에 달아 그 의미가 극대화되고 있다. 아홉 구(九)자 때문에 은하수처럼 빛난다(漢九), 넓고 크기가 실로 대단하다(洪九), 매사에 철저하다 못해 아예 완벽하다(完九), 눈부시게 빛난다(炯九), 유별나게 밝다(炳九), 관운이 남다르다(廷九), 바탕이 훌륭하다(相九), 매사에 남보다 성숙하다(昇九)는 이름들은 하나같이 관운이 좋은 사람들이다. 성공적인 관료생활과 뜻밖의 정치권력까지 누린 이들이 허다하다.

뛰어난 빛을 발한다(榮九)는 이름이나 남달리 어질다(賢九)는 이름은 대학교육에 몸 담은 이들이다. 그리고 이상과 비전이 남다르다(夢九)는 이름은 누구나 다 아는 큰 재벌회사를 이끌고 있다. 용은 용인데 아주 특별한 용이다(龍九)는 이름은 1955년에 출고된 고물 트럭을 굳이 고집하고 있는 목재상이다.

무한히 큰 숫자다(千九)는 이름은 국제산업대라는 특수교육기관의 초대총장을 지냈다. 언제나 봄 같다(春九)는 이름은 성품은 엄동설한 같은 데도 재상에 버금가는 성공적인 정치역정을 걸었다. 공경하는 마음이 남다르다(敬九)는 이름은 재주가 많아 하버드 대학에서 공부한 후 외무고시까지 수석으로 합격했지만, 뜻한 바가 잇어 인류학 교수로 남아있는 사람이다. 그리고, 언제나 정상에 머문다(在九)라는 이름은 신문사를 직접 이끌고 있다. 크기가 웅장하다(泰九)는 이름은 국회의원을 지낸 사람이다.

남달리 곧다(貞九), 아주 무성하다(秀九)는 이름은 공무원으로 일하고 있고, 많은 것을 잡는다(秉九), 솥단지를 여러개 지닌다(鼎九)는 이름은 유수한 기업체의 간부로 있다. 그리고, 술잔이 여러개다(鍾九)는 이름은 성공적인 언론인으로 자리를 굳히고 있다. 기러기처럼 멀리 날아간다(鴻九)는 이름은 국토·도시계획학회를 이끌며 환경대학원을 맡고 있다.

앞장서지 않고 늘 뒷줄에 선다(仲九)는 이름은 글발로 여론을 이끌며 성공적인 언론인으로 자리를 굳혔다. 권세가 대단하다(九權), 햇빛같은 삶을 산다(昌九)는 이름은 은행간부로 일하고 있다. 믿음이 깊다(信九)는 이름은 유명극단의 단원으로 활발히 활동하고 있다. 그리고 아홉번 세운다(九植)는 이름은 은행간부로 있다.

숫자가 들어간 이름 중에는 두 이(二), 석 삼(三)같이, 하나나 아홉 등 어떤 상징적인 의미 대신 뭔가 보다 구체적인 숫자를 포함한 경우가 종종 있다

세 번 안부를 묻는다(三問)는 이름뜻에 맞게 정통성없는 임금을 섬길 수 없다며 죽음의 길을 택한 옛 선비에서 보듯, 숫자와 문안할

한자	훈	음	연습
千	일천	천	千
兆	억조	조	兆
多	많을	다	多
未	아닐	미	未
枝	손마디	지	枝

문(問)자가 그럴듯하게 어우러진 경우도 있다. 이런 식으로 숫자를 곧이곧대로 해석하면 아주 재미있는 풀이가 되는 경우는 의외로 많다.

두 번 번성한다(二秀), 세 번 통한다(聖三), 다섯 차례 빛난다(五榮)는 이름은 학자의 길을 걷고 있다. 빛이 여덟배나 밝다(炯九), 두 번 밝다(二煥), 햇빛을 다섯 번 본다(昌五), 일곱 배나 굳세다(健七), 늘 한결같다(庸五)는 이름은 기업경영에 종사하고 있다. 그리고, 다섯배나 정확하다(正五), 갑옷이 다섯 벌이나 된다(五甲)는 이름은 관직에서 승부를 낸 사람들이다.

또한 운명의 조화를 세차례 겪는다(三和)는 이름을 지닌 여성은 변호사로 일하고 있고, 경사스러운 일을 세 번 겪는다(慶三)는 이름은 법관으로 있다. 빛을 다섯배로 밝게 한다(榮五), 세 번 진정시킨다(三鎭), 세배로 늘려준다(在三)는 이름은 은행간부로 있다.

바탕이 다섯배나 단단하다(基五)는 이름은 철강협회를 이끌고 있고, 저울눈이 두 개 있다(圭貳)는 이름은 새마을운동을 이끌던 사람이다. 남달리 공부를 많이 했다(五庠)는 이름은 도로를 관리하는 기관의 우두머리를 지냈고, 다섯 번 살린다(五活)는 이름은 신도시의 독립시를 추진하는 주민대표를 맡고 있다. 세 번 적중한다(三中)는 이름은 가련한 이들을 발벗고 나서서 돕는 큰스님이 되어 있다. 요령을 세 번 울린다(三鐸)는 이름은 한때는 정보기관의 실세로 통하며 세인의 입과 귀에 심심찮게 오르내렸다.

길밖 변두리에 산다(五道)는 이름은 말도 많고 탈도 많은 철새낙원(주남저수지) 근처에 살며 구경오는 도회지 사람들에 에워싸여 있다. 용을 일곱 마리나 거느리고 산다(七龍)는 이름은 이민 간지 35년만에 왕립 캐나다 학술원의 회원이 된 사람이다. 그리고 다섯 번 일

어선다(在五)는 이름은 재야 운동권 진영의 대표적 인물로 통하다가
제도권 정치에 뛰어들어 성공적인 모습을 보이고 있다. 다섯 배나
선하다(五善)는 이름은 기이하게도 광고주 협회를 이끌고 있다. 허
풍과 과장으로 가득찬 곳이 바로 광고의 세계가 아닌가. 술잔이 네
개나 된다(四鍾)는 이름은 보험회사 간부로 있다. 돈이 오가는 곳이
니 왜 술잔 돌릴 일이 없겠는가. 다섯 번 이어 발전시킨다(承五)는
이름은 대표적인 언론재단을 이끌며 언론계 종사자들의 자질 및 복
지 향상에 매달리고 있다. 일곱 번 고쳐 선다(建七)는 이름은 방송사
간부로 일하고 있다. 예법을 남달리 잘 지킨다(六禮)는 이름을 지닌
여성은 벙어리 아들을 잃었다가 자그마치 16년 7개월만에 되찾았
다.

숫자가 든 이름들이 의외로 많지만, 백(百), 천(千), 만(萬), 억(億),
조(兆)를 넣어 자못 거창한 의미로 뒤바꾼 경우가 있다.
우선 일백 백(百)자를 넣은 이름부터 한데 모아보자.
백번 고르게 하기(百均)는 치과의사이고, 백가지 보배(百珍), 백 번
응하기(百應), 빛을 백배 밝게 하기(榮百)는 정치인이다. 뿌리가 백개
(根百), 백개의 땅(百坤)은 공무원이다. 경사스러운 일 백가지(祥百)
는 은행간부이다. 으뜸되는 것 백가지(元百)는 기업중역이다.
일천 천(千)자를 넣은 경우는 의외로 많다.
천가지를 이루기(成千)는 국악인이고 천번 막기(堤千)는 9년간
130명을 등단시킨 시인이다. 명이 천배나 길다(壽千)는 이름은 화가
이고, 천배의 바탕(相千), 천의 아홉배(千九), 천가지 재주 지니기(在
千), 천배 지속하기(千永)는 정치인이다. 천리를 흐르는 강(千江), 천
리가는 햇빛(昌千), 술잔이 천개(鍾千), 천가지 세우기(千植)는 언론
인이다. 천명의 벗(友千)은 청소년육성재단을 맡고 있다.
붉기가 천배(赫千)는 서점주인이고 천리를 걸어 물가에 이른다(千

洙)는 이름은 대학 총장이다. 천개의 냄비(千鎬)는 임업발전에 헌신 중이고 천배나 상서롭다(千祥)는 이름이나 천번 일어나기(千起)는 기업인이다. 천배 기뻐하기(千熹), 천번 가로막기(千柱)는 공무원이고 큰새 천마리(千鳳)는 은행 간부이다.

다음은 일만 만(萬)자를 이름에 넣은 경우를 보자.

만가지 이루기(成萬)는 조류보호운동가이고, 만가지가 형통하다(亨萬)는 이름은 나전칠기장인, 만개의 솥귀(鉉萬)는 시설안전을 맡은 기관의 책임자이다. 만리를 나는 용(用萬)은 뇌물공여죄로 법정에 선 건설업자이고, 오랫동안 만리 걷기(永萬), 만마리 용(萬龍), 만명과 어울리기(萬和)는 공무원이다. 만명 진정시키기(鎭萬)는 돈 때문에 죄없는 사람을 죽여 암매장했다.

바다 통해 만리가기(海萬), 만배 너그럽게 굴기(裕萬)는 은행간부이다. 만가지 일(萬業), 만개의 술잔(萬鍾), 만근의 주석(錫萬)은 사업가이고 만개 잡기(秉萬)는 대학총장, 빛이 만배나 밝다(榮萬), 만배나 파랗다(萬靑), 만배나 이르다(萬朝), 만배나 뜨거운 불길(萬烈)이란 이름은 교수이다. 만배나 으뜸에 충실하기(萬元)는 군사평론가이고 만번 감동하기(萬興)는 소방관이다.

만번 불에 익기(萬燮), 서울에서 만배 벌기(京萬), 만번 나아가기(萬進)는 정치인이다. 만명 거느리기(相萬), 만가지 챙기기(庸萬)는 국영기업체 간부이고, 만가지 배우기(學萬), 딱 만가지 알아내기(一萬)는 기자이다. 만번 물가에 이르기(萬洙), 만배로 다진 기반(萬基), 만배의 무게(萬厚)는 공직자이다.

억 억(億)자를 이름에 넣은 경우도 있다.

억만배나 밝은 별(億奎)은 교수이고 억만명을 편안하게 한다(容億)는 이름은 대학총장이다. 목숨이 억만배나 길다(壽億), 억가지 거두기(振億), 밝기가 억만배다(昶億)는 이름은 언론인이다. 억만명을 싣는다(載億), 동쪽땅을 억만번 밟는다(東億)는 이름은 공무원이다. 기적적으로 살게 한다(億俊), 이상한 것이 억만개 있다(奇億), 믿을 수 없을만큼 편안하게 한다(容億), 술잔이 억만개다(鍾億)는 이름은 금융기관에 있고 서로 억단위로 논다(相億)는 이름은 보험회사 간부이다. 순전하기가 억만배다(純億)는 이름은 기업인이다. 억만가지의 복(億祚)은 부동산 중개인이다.

다음은 억조 조(兆)를 이름에 사용한 경우를 보자.

어른을 일조명 거느리기(耆兆)는 교수이고 일조명에게 충성하기(忠兆), 한데 서로 모여 일조명 채우기(相兆)는 정치인이다.

'많다'는 뜻을 지닌 글자들을 이름에 사용한 경우도 있다. 예를 들면 많을 다(多), 많을 자(滋), 많을 은(殷)이 있다.

많이 더해준다(多益)는 이름은 자원재활용을 맡은 기관에서 일하고 아닐미(未)—많을 다(多), 즉 '많지 않다'(未多)는 이름은 신장이식 수술후 체험수기를 써 상을 탄 사람이다. 많은 복(滋福)은 장관을 지냈고, 많은 걸 고르게 하기(滋均)는 기업간부, 많이 순하다(滋穆)는 이름은 고속철도 공사 간부이다. 천배나 많다(滋千), 만배나 많다(滋萬)는 이름은 사업가이다. 여럿이 맞는 봄(殷春)은 출판인이고 착한 무리(慶殷)라는 이름은 언론인이다. 손마디 지(枝)—많을 은(殷), 즉 '여러개의 손마디'(枝殷)라는 이름은 공무원이다.

4) 풀어 볼수록 재미있는 이름들

이름 중에는 두 개의 글자가 절묘하게 어우러져 아주 그럴 듯한 의미로 변하는 것들이 아주 많다. 예를 들면 '별이 밝다, 여름 하늘이 붉다, 보석이 빛난다, 이루어 오래 가게 한다, 도와 영광스럽게 한다'는 식이다.

그 구체적인 사례를 살펴보자.

밝을 병(炳)—옷빨 완(浣)이니 '햇빛 난 날에 빨래한다'(炳浣)는 뜻이 되는 셈이고, 면류관 면(勉)—빛날 영(榮)이니 '면류관이 눈부시다'(勉榮)는 의미로 변하는 셈이다. 전자는 언론인이고 후자는 대학 총장이니 바삐 사는 쪽과 명예를 누리는 쪽으로 그 이름마저 절묘하게 갈리고 있는 셈이다.

위 상(上)—비 우(雨)는 '위에서 내리는 비'(上雨)라서 돈장사하는 은행원이고, 학문 교(敎)—불에 익힐 섭(燮)은 '배워 속찬 사람이 된다'(敎燮)는 뜻이 되니 공무원 노릇하며 가수로 활동하고 있는 것이다.

복 복(福)—수레 멍에 형(衡)은 '복을 멍에 씌워 꽉 붙들어 맨다'(福衡)는 뜻이니 국제 무대에서 대사로 활약 중이고, 빛날 희(熙)—따를 관(灌)은 '빛을 세상 널리 비춘다'(熙灌)는 의미이니 언론인이 된 셈이다.

저울 눈이름 규(圭)—베풀 선(宣)은 '기준이 될 것을 제공한다'(圭宣)는 의미이니 전자 통신분야에 종사하고, 꾀할 유(惟)—빛 광(光)은 '빛을 드러내려 애쓴다'(惟光)는 뜻이니 아동도서를 전문으로 하는 출판인이 된 것이다.

물 하(河)—불에 익힐 섭(燮)은 '물과 불을 뒤섞어도 불길이 꺼지지 않게 한다'(河燮)는 이름뜻처럼 전자통신회사의 중역으로 있다. 술잔 종(鍾)—물돌아나갈 영(濚)은 '술잔을 흐르는 물위에 띄워 이곳저곳으로 옮겨가게 한다'(鍾濚)는 뜻에 걸맞게 은행 간부로 있다.

두려울 외(畏)—바르게할 정(政)은 '다루기가 쉽지 않다'(畏政)는 이름처럼 나무를 키우는 일에 매달리고 있다. 함부로 덤빌 일이 아니라는 뜻이니 결국 자연의 법칙과 연관된 것이 아닌가.

둔할 노(魯)—무거울 중(重)은 '둔하고 뚱뚱하다'는 이름이라 뚱뚱보 기자가 되었고, 도울 필(弼)—멀 원(遠)은 '도와서 멀리 가게 한다'는 이름이라 건설진흥을 위한 기관에 종사하고 있다. 은하수 한(漢)—법 준(準)은 '별 자리를 보고 산다'는 이름뜻에 맞게 운에 모든 걸 맡겨야 하는 증권가에서 일하고 있다. 밝을 철(哲)—큰 못 호(湖)

는 '햇빛이 쏟아지는 눈부신 큰 연못'
이라는 이름뜻에 맞게 뭇사람을 웃기
는 유명 개그맨이 되었다.

이름 중에는 비슷한 의미를 지닌
글자가 반복해서 사용된 경우가 종종
있다. 예를 들면 '빛이 빛난다'라든가
'밝고 빛난다'는 식이다. 그 몇가지 예
를 들어보자.

큰 대(大)—클 홍(洪)은 재벌 그룹의
창업주이고, 길 영(永)—명길 수(壽)는

한자	훈	음	연습
上	위	상	上
灌	따를	관	灌
惟	꾀할	유	惟
畏	두려울	외	畏
先	먼저	선	先
昱	햇빛	욱	昱
輝	빛닐	휘	輝
煜	성할	욱	煜
旱	물 없을	한	旱

지방자치단체의 행정책임자로 있다. 다스릴 정(政)—진정할 진(鎭),
빛 광(光)—빛날 형(炯), 빛날 희(熙)—빛날 영(榮), 클 태(泰)—큰 덕
(德), 밝을 철(哲)—빛날 희(熙), 먼저 선(先)—빠를 민(敏), 채색 채(
彩)—푸를 청(靑), 밝을 명(明)—밝을 환(煥), 빛 광(光)—밝을 현(顯),
비칠 영(映)—햇빛 욱(昱)은 모두 언론계에 종사하고 있다. 밝을 호
(晧)—빛 경(景)은 목사신분으로 방송사 대표를 맡고 있는 사람이다.
빛날 화(華)—빛날 영(榮)은 화공과 교수로 있고 빛 광(光)—햇빛
욱(昱)은 의대 교수로 있다. 빛날 영(榮)—밝을 환(煥)은 체육관을 운
영하고 있고 빛날 영(榮)—빛날 희(熙)는 통신분야에 종사하고 있다.
밝을 병(炳)—밝을 환(煥)은 정부투자기관에서 일하고 있고 밝을
창(昶)—밝을 환(煥)은 금융기관에 종사하고 있다. 밝을 병(炳)—빛날
엽(曄)은 컴퓨터 회사를 경영하고 있다. 햇빛 창(昌)—빛날 영(榮)은
정계에서 활약중이고 햇빛 창(昌)—빛날 화(華)는 교수겸 연극 평론
가로 활동하고 있다.
밝을 병(炳)—햇빛 창(昌)은 공무원 신분이고, 빛날 휘(輝)—밝을
명(明)은 기업의 중역으로 있다. 밝을 명(明)—빛날 희(熙), 밝을 병

(炳)—빛날 조(照), 밝을 병(炳)—찬란할 찬(燦)은 정부요로에서 일하고 있다.

그리고, 비슷한 의미를 지닌 글자 두 개가 합쳐져 이름을 더욱 돋보이게 하는 예가 있다. 예를 들면 ‘하늘의 별’이니 ‘화려하고 근사하다’는 식이다.

밝을 병(炳)—불 활활 붙을 렬(烈), 붉은 모양 혁(赫)—찬란할 찬(燦)은 체육계에 종사하고, 햇빛 창(昌)—여름 하늘 호(昊), 바를 정(正)—밝을 명(明), 빛 광(光)—날돋을 욱(旭), 은하수 한(漢)—햇빛 창(昌), 빛 광(光)—불에 익힐 섭(燮), 빛날 화(華)—별 성(星), 비칠 영(映)—햇빛 욱(昱)은 언론계에 종사하고 있다.

밝을 현(顯)—성할 욱(煜)은 정치인이고 햇빛 창(昌)—불 활활 붙을 렬(烈)은 통상산업정책을 총괄하는 장관이고, 별 규(奎)—밝을 환(煥), 윤택할 택(澤)—이룰 성(成)은 신문기자로 활약하고 있다.

높을 종(宗)—별 규(奎), 별 규(奎)—빛 광(光), 은하수 한(漢)—별 규(奎)는 은행 간부로 있다. 돌 석(石)—무거울 중(重)은 유명한 아동문학가이고 용 용(龍)—물 수(水)는 신문사에서 일하고 있다.

이름 중에는 서로 모순되는 의미들이 합쳐진 경우도 있다. 즉, 거의 모든 이름들이 ‘빛난다, 찬란하다, 복되다, 발전한다, 부유하다, 멋지다, 위풍당당하다, 호의호식한다, 굳세다, 운좋다, 고운 심성이다, 영특하다, 오래 버티고 높이 오른다’는 식의 긍정적이고 소망이 깃든 의미인데, 가끔은 ‘무거운 짐을 진다, 어리석다, 둔하다, 뒤늦다’는 식의 부정적인 의미를 지닌 글자가 이름자로 쓰인 것을 볼 수 있다는 말이다. 그 구체적인 사례를 들어보자.

클 태(泰)—어리석을 우(愚)가 합쳐져 ‘크게 어리석다’(泰愚)는 이름이 된 경우(전직 대통령), 어리석을 우(愚)—이을 승(承)이 더해져 ‘어리석음을 못 벗어난다’(愚承)는 이름이 된 경우(언론인) 등이 대표적인 사례이다.

방위 방(方)—어리석을 우(愚), 이룰 성(成)—둔할 노(魯), 막을 주(柱)—빛날 화(華), 물 없을 한(旱)—비 우(雨)는 금융계에 있고, 법 범(範)—둔할 노(魯), 막을 주(柱)—법 범(範)은 증권계에 있다.

클 태(泰)—수레멍에 형(衡)은 국영기업의 대표로 있다가 뇌물을 받았다는 혐의로 옥살이까지 했다. 무성할 수(秀)—수레멍에 형(衡), 위험스러울 무(武)—웅장할 웅(雄), 술잔 종(鍾)—멀 원(遠), 낙수 낙(洛)—굳셀 건(健)은 언론계에 종사하고 있다.

5) 인연을 암시하는 이름들

어떤 인연으로 '부부'가 되어 백발이 성성(星星)하도록 함께 사는 것일까? 부부의 이름 속에는 과연 어떤 암시가 있을까? 이름이 지닌 의미 속에 이미 부부의 인연이 내포되어 있는 것은 아닐까? 우선 몇 쌍의 부부들을 살펴보자.

우선 역대 대통령들의 경우를 보자. 바르게 비추기(正熙)—영웅만들기(英修), 양식을 똑바로 재기(斗煥))—순한 사람(順子), 큰 바보(泰愚)—옥을 곱게 갈기(玉淑), 세 번 헤쳐나가기(泳三)—시키는 대로 따라하기(命順)….

남편의 이름에는 '비춘다, 잰다, 헤쳐나간다'는 등의 의미가 들어 있지만 아내의 이름에는 '착하다, 순하다, 닦는다'는 의미가 포함되어 있다. 일종의 강약과 음양이 오묘하게 짝을 이루고 있는 것이다.

소위 3김시대의 주인공들은 어떤 인연으로 부부가 됐을까?

큰 중심(大中)—큰 쇠냄비를 든 부인(姬鎬), 술잔들고 물 가늘게 흐르는 곳에 다가가기(鍾泌)—옥구슬 빛내기(榮玉)…. 마찬가지로 남녀에 따라 함축된 늣의 크기가 자연스레 구별되어 있다.

신한국당의 대통령후보 경쟁에 나섰던 인물들을 살펴보자.

햇빛을 한데 모으기(會昌)—부리는 이의 뜻을 잘 따라주는 옥구슬

(仁玉), 어진 성품으로 세상사 해결하기(仁濟)—돋보이진 않아도 환경에 잘 적응하는 기질(銀淑), 한계에까지 이른 부피(洪九)—은하수 빛을 띤 귀한 구슬(漢玉), 찬란한 빛을 띤 술잔(燦鍾)—살림밑천이 된 쇠냄비(基鎬), 끈기있게 버티며 일을 성사시키기(壽成)—공경하며 순응하기(敬順), 동쪽 하늘의 은하수(漢東)—남쪽땅을 잘 가꾸기(南淑), 큰 용(德龍)—매사에 낙천적인 사람(悅子), 활활 타오르는 불길 거머쥐기(秉烈)—옥광채가 나는 사람(瑛子)….

참으로 신비한 일이다. 남편의 이름이 해같고 여름이나 겨울 같다면 부인의 이름은 달같고 별같고 봄, 가을 같지 않은가.

몇몇 유명인사들의 부부이름을 비교해 보자.

오래가는 법(永規)—영웅다운 여인(英姬), 학문 빛내기(華敎)—착한 여자(淑姬), 천지사방의 중심(宇中)—복있는 사람(禧子), 물건너가는 이(在涉)—밝은 곳에 있는 난초(丙蘭), 편안히 모시기(御寧)—어질고 착한 사람(仁淑), 바른 냄비(正鎬)—풀밭에 있는 벼슬한 여자(草媛), 빛 놓아주기(光逸)—은혜입고 공경하기(恩敬), 큰 인물(泰俊)—옥구슬을 지닌 사람(玉子), 멀리 떨어져 있기(堯相)—법 빛내기(文榮), 서로 얻기(相得)—믿는 이(信子), 상서로운 빛을 지닌 큰새(鳳瑞)—으뜸되는 사람(元子), 편안한 양식그릇(康斗)—어질고 착한 이(仁淑), 물가에 살기(相洙)—서울 사람(京子), 빛이 눈부시다(明秀)—길한 사람(吉子), 하나 고르기(精一)—편안히 마치기(寧畢), 무거운 근원(源重)—편안한 여자(安姬), 찬란히 가기(燦于)—통하여 순하기(聖順), 주석을 지니고 온다(錫來)—빛과 같은 사람(光子)….

국회의원, 재벌, 고위공직자, 장관을 지낸 이들의 이름 속에도 어김없이 남녀의 성격이나 운세가 알게 모르게 배어 있다. 강약과 음양이 나름대로 조화를 이루고 있는 것이다.

모 신문사가 선정한 평등부부들의 이름을 비교해 보자.

뭇사람을 배불리 먹이는 쇠냄비(鎬宣)—남쪽에 사는 작은 댁(南

姬), 용을 순하게 길들이기(龍淳)—뿌리가 된 사람(根子), 어쩌지 못할 만큼 많은 보배(珍胡)—옥을 정성스레 다듬기(玉順), 하늘에 바친 술잔(鍾天)—받들어 모시기(奉順), 정성스레 키우고 넓히기(誠浩)—빛을 반사하는 은거울(銀暎)….

실로 궁합(宮合)이 척척 들어맞는 이름들이다. 강약, 음양, 내외가 척척 조화를 이루기에 부부가 다 성공적인 이력을 쌓아가며 멋진 가정을 이루고 있는 것이다.

부부로 금슬(琴瑟)좋게 동거동락(同居同樂)하다가 어느 한쪽이 먼저 세상을 뜬 경우가 얼마나 많겠는가? 한날 한시에 세상을 하직(下直)한다는 것 자체가 거의 불가능한 것이 아닐까? 부부의 이름을 비교해 보면 과연 어떤 암시가 내포되어 있을까?

우선 몇가지 예를 들어 보기로 하자.

백가지에 응하기(應百)는 유명국어학자인데 암으로 사망한 아내(옥광채나는 벼슬한 여자; 瑛媛)를 추모하며 해마다 책을 출간하고 있다. 인자하고 선한 기질(仁淑)은 소아과의사인데 장관을 지낸 남편(햇빛처럼 이웃을 윤택하게 하기; 昌潤)이 췌장암으로 사망한 이후 조의금으로 들어온 돈을 장학금으로 희사했다.

붉은 매화(赫梅)는 국회의원을 지낸 남편(빛을 알맞게 비추기; 光淳)이 77세로 별세하자 홀로 남게 되었다. 어질고 복된 이(良禧)는 의대학장을 지낸 남편(나라 사람들을 한데 모으기; 國會)이 79세로 별세하자 홀로 노년을 보내게 되었다.

여름같은 여자(夏子)는 한국 최초로 세계권투챔피언(주니어 미들급)이 된 남편(기본을 물주어 가꾸기; 基洙)이 간암으로 60세에 별세하자 홀로 노년을 보내게 되었다.

언론인 출신인 해돋는 방향에 머물기(在旭)는 아내(세상과 사람들을 더욱 착하게 만들기; 淑培)가 93세로 별세하자 황혼기를 홀로 보내게 되었다. 큰 강 여울(灘灘)은 독립운동가였던 남편(저기 놓인 수레 멍에; 伊衡)이 93세로 별세하자 홀로 지내게 되었다.

착한 사람(淑子)은 국회의원을 지낸 남편(일찌감치 남녘 하늘에 이르기; 朝南)이 79세로 별세하자 홀로 노년을 보내게 되었다.

영웅을 기쁘게 하기(英喜)는 국회의원을 지낸 남편(규범을 따르는 범; 寅範)이 66세로 별세하자 홀로 황혼기를 보내게 되었다. 상서로운 보석처럼 신비한 빛을 내기(寶明)는 학술원 회원을 지낸 남편(모든걸 깊이있게 배워 익히기; 玩)이 75세로 별세하자 쓸쓸한 노년을 보내게 되었다. 큰 인물과 더불어 기뻐하기(英喜)는 국회의원을 지낸 남편(범을 일으켜 세우기; 寅起)이 76세로 별세하자 홀로 남게 되었다. 예의범절을 잘 드러내기(炳禮)는 기업을 창업한 남편(큰 숲; 林)이 70세에 별세하자 홀로 남게 되었다.

물가에 살기(順洙)는 대학총장을 지낸 남편(물가 밝게 하기; 明洙)이 79세로 별세하자 노년을홀로 지내게 됐다.

재벌총수인 술잔을 어질게 써먹기(鍾賢)는 자신의 병을 간호하다 과로와 여독으로 이역만리 먼 땅에서 아내(계수나무 아래 서있는 부인; 桂姬)가 63세로 별세하자 망연자실(茫然自失)하게 되었다. 냄비(鎬)라는 뜻을 지닌 이름은 대법관을 지낸 남편(늘 윤택하다; 恒潤)이 여든살에 별세하자 홀로 지내게 되었다.

떠난 이와 남은 자가 저승, 이승으로 나뉘어 부부의 인연을 곱씹어 보게 된 것이다. 떠난 이의 이름과 남은 자의 이름 속에 그 떠나고 남는 당연한 이치가 은밀히 숨겨져 있는 것이 아닐까? 남은 자의 이름속에는 삶과 더 인연을 맺을 암시가 깃들어 있고, 떠난 이의 이름 속에는 끝맺고 떠나야 하는 어떤 오묘한 섭리가 내포되어 있는 것은 아닐까?

조금은 세속적인 냄새가 나는 이름이나 잔잔하고 평범한 의미를 지닌 이름은 남은 자의 몫이 되고, 추상적이고 몽상적인 이름이나 비현실적이고 거창한 이름은 떠난 이의 소유가 되고 만 것은 아닐지…. 다시 한 번 겸손히 되씹어볼 필요가 있다고 본다. 떠난 이와 남은 자로 나뉘어지는 삶의 이치는 결코 승자, 패자의 이분법이나 장수, 단명의 양단 가름이 아니기 때문이다. 생자, 망자로 나뉘어지는 대자연의 섭리는 행, 불행의 단순개념으로 나뉘어질 것이 절대 아니기 때문이다.

특이한 사연을 안고 사는 부부들이 많다. 비극이든 희극이든 삶을 함께 엮어가다 보면 부부일심동체는 몰라도 최소한 같은 숙명의 고리를 뒤집어쓰게 되어 있다.

어여쁘게 드러내기(美暎)는 장관을 지낸 남편(처음부터 크게 다시 시작하기; 德新)과 더불어 월북, 북한에서 지도급 여성으로 활약하고 있다. 빛과 더불어 오기(光來)는 늘그막에 컴퓨터 통신에 매달린 팔순의 남편(완벽한 꾀보; 完謨) 덕분에 한밤중에도 불을 훤히 켜놓게 되었다. 은처럼 귀한 여인(銀姬)은 유명배우인데 남편(바탕이 옥구슬; 相玉)과 더불어 납북되었다가 극적으로 탈출했다.

손으로 꼭 집어 '이것이다'라고 말할 수는 없지만 부부의 이름 속에는 분명 특별한 인연이 잉태되어 있다. 남편의 주도적인 역할과 아내의 순종적인 미덕이 강약, 음양으로 나타나며 한 가정을 반세기 이상 이끌어 가는 것이다.

슬픔이나 불행을 안고 사는 부부가 있다. 생이별을 하는 부부도 있고 사고를 당해 사별하는 일도 실로 비일비재(非一非再)하다.

효부상과 장한 시민상을 탄 장애인 판단하여 그대로 따르기(判順)는 철공소를 운영하는 남편(이름이 높아지는 선비; 光儒)에게 맞아 죽었다. 단단한 옥구슬(貞玉)은 저명 언론인인 남편(천지사방을 다 용서하기; 寬宇)이 출장중에 돌연사하는 비운을 겪었다. 회사 간부인 돌 밝히기(石炫)는 중국 출장 중에 사랑하는 아내(물고기의 예쁜 눈동자; 鮮珠)가 교통사고로 급사했다는 비보를 들어야 했다.

　남쪽에 거주하기(南在)는 방송인인 남편(옥돌캐내기; 成玹)과 함께 비행기추락사고를 당했지만 자신은 살고 남편은 죽는 비운을 만났다. 오래 이루기(成永)와 사랑을 아는 이(愛子)는 각자의 남편(정성스럽고 밝다; 誠哲 — 빛나게 하기 ; 榮植)을 비행기사고로 잃었다.

　바른 기초(正基)는 아내(두번째로 순응 잘하기; 且順)와 함께 물고문으로 죽은 아들(鍾哲)을 그리워하며 재야시민운동가로 변신했다. 옥빛처럼 은은하고 순수하기(琬淳)는 자신과 해외지사에서 함께 살기위해 비행기를 탄 아내(큰 열매; 德實)와 아들이 사망하는 비극을 겪었다. 외교관인 편안한 솥귀(康鉉)는 아내(곧고 깊다; 正瀋)를 비행기사고로 잃었다. 바탕이 어질다(素賢)는 이는 기자인 남편(편안하게 하는 맑은 물 ; 容澈)을 비행기사고로 잃었다.

　영웅 하나로 만족하기(英一)는 대권에 도전하며 승승장구(乘勝長驅)하던 남편(빛을 뿜어내어 주위를 밝게 하기; 炯佑)이 갑자기 반신불수가 되어 모든 꿈을 송두리채 잃는 비극을 겪어야 했다. 용처럼 돋보이는 운세(龍澤)와 영웅처럼 빛나기(英熙)는 어린 딸(초롱초롱 빛나리)이 유괴 살해 당하는 슬픔을 겪었다.

　오래 걸려 먼거리에서 오기(永來)는 치매걸린 아내(순하고 온전한 이; 順全)를 12년이나 극진히 간병했는데 그만 그 아내가 '미안하다'는 유서를 써놓고 투신자살하는 끔찍한 일을 당했다.

　불행이나 비극을 당한 부부의 이름에도 분명 어떤 암시가 깃들어 있는 것 같다. 부부중 어느 한 쪽의 이름에 비장하고 엄숙한 의미가 실려져 있어 다가올 불행을 미리 점치게 하기도 하고, 남편과 아내의 서로 다른 숙명이 이름 속에 숨겨져 있는 수도 있다.

아버지와 아들·딸 장인과 사위간에는 어떤 인연이 암시되어 있을까? 그들의 이름 속에 어떤 인연의 고리가 숨겨져 있는 것은 아닐까?

우선 장인과 사위가 검사라는 직업을 똑같이 지니고 있는 경우를 살펴보자. 장인과 사위라는 독특한 인연이외에 검사직에 함께 있어 아주 색다른 모양을 띠고 있는 셈이다.

일어나 번창해지기(起秀)—밝은 곳에서 순박하게 살기(明淳), 술잔 구하기(鍾求)—서울 밝히기(京煥), 오래 유지되는 빛(永光)—너그럽고 맑은 기질(裕澈), 큰새로 자라나기(鳳成)—여간해서 흔들리지 않는 강인한 기질(桓), 오랫동안 밝은 빛을 띠기(永煥)—착하게 살아 으뜸되기(慶元), 용을 타고 큰 물 건너기(龍濟)—임금이 쓸 사람(舜用), 앞에 놓인 여러 갈래의 길(殷道)—나랏일에 정통하기(聖國), 햇볕을 쬐는 준마(駿陽)—높은 이가 쓸 사람(貴用), 옥에 파묻혀 살기(在琪)—어진 성품으로 술잔 사용하기(仁鍾), 근원을 지키기(翼源)—편안하게 하여 풍족함을 유지하기(容秀)….

장인과 사위의 이름을 곰곰히 살펴보면 어딘가 통하는 데가 있는 것도 같다. 최소한 둘다 공직에 나가 이름을 높인다는 뜻의 이름을 지니고 있고, 장인과 사위가 각자의 이름 속에서 그럴듯하게 인연을 맺어가고 있음을 어렴풋이 짐작해 볼 수 있다.

아버지와 아들이 검사직을 공유하고 있거나 외교관직을 공유하고 있는 경우도 있다.

착하지만 타오르는 불길같다(慶烈)—옥이 빛을 발하듯이 산다(在瑛), 기본을 되살리기(復基)—집을 고쳐 다시 짓기(庚宅)는 검사직을 공유한 부자들이다.

순박하되 옥광채를 지닌 이(淳瑛)—북두칠성의 비밀을 아는 이(知枸), 무성한 빛(秀煥)—높이 우뚝 서기(埈一), 더 밝은 빛을 내기(庚哲)—지혜 있는 백성되기(智民), 향기나는 풀같은 이(薰)—나타나 넓은 세상에 나타나기(彰浩)는 외교관 부자이다.

검사 부자이든 외교관 부자이든 이름 속에서도 서로 조화를 이루고 있다. 부자가 같은 일을 하며 삶을 엮어간다면 그보다 더 멋진 인연이 어디 있겠는가?

장인과 사위 아버지와 아들의 이름 이외에도 부녀지간이나 부부지간에도 같은 종류의 일을 하는 경우가 종종 있다.

웅장하게 세우기(雄植)—두루두루 멀리 도달하기(周延)는 외교관 부녀이고, 동쪽을 형통하게 하기(亨東)—가지런하게 놓기(美羅)는 부부의사로 함께 아프리카 오지에서 의료봉사활동을 펴고 있다. 스물넉량 나가는 것을 고쳐놓기(鎰庚)—꽃을 닮은 이(花子)는 함께 냉면장사를 하며 매년 1천만원의 장학금을 희사한 부부이다.

갑옷 구해 입기(甲求)—부자로 살며 이름 높이기(富熙)는 부부간의 동거동락에 대한 에세이집을 함께 출간한 부부이다.

한가지 일로 성공하기(一秀)—무디지만 어질다(鈝賢)는 부녀지간인데 아버지는 코미디언으로 이름을 높였고 딸은 배드민턴 선수로 세계를 제패하여 이름을 높였다.

바르게 살아 물가에 이르기(正洙)—길하고 순한 사람(吉順)은 부부지간인데 IQ 160인 천재아들(서울에서 공적 쌓기; 京勳)을 둔 덕에 세상의 주목을 받아야 했다.

바른 법(正模)—단단한 옥(貞玉)은 부녀지간인데 판사(세상의 법; 世模) 앞에서 아버지는 바깥사돈(술잔이 크고 넓다; 鍾浩)과 사위(크고 오래 간다; 德永)를 공격하고 딸은 친정아버지를 공격하게 되었다. 이름 속에 악연의 뿌리가 있고 인연의 고리가 암시되어 있다.

동명이인(同名異人)이 헤아릴 수 없이 많지만 특이한 경우를 한번 살펴보자. 똑같은 이름인데도 팔자가 완전히 다르거나 아니면 엇비슷하게 된 경우를 한 번 비교해 보자는 것이다.

먼저 비슷하게 자리를 잘 잡은 경우를 살펴보자.

갑옷을 법삼기(文甲)는 교육자와 공무원으로 갈렸고, 동쪽을 지키는 갑옷(甲東)은 교육자와 학자로 팔자가 나뉘어졌다.

바다에 떠오른 해(海昌)는 교수와 변호사로, 크게 이룬다(大成)는 이름은 고위공무원과 교수로, 천가지를 해결한다(千柱)는 이름은 국회의원과 고위공무원으로 팔자가 나뉘어졌다. 바르게 고여주기(正幸)는 대학총장과 언론사중역으로 나뉘어졌다. 큰 주석덩어리(大錫)는 구청장과 언론인으로, 크게 진정시킨다(大鎭)는 이름은 국영기업체 사장과 보험회사 간부로, 크게 길하다(泰吉)는 이름은 철학교수와 서양화가로 운명이 달라졌다. 은처럼 소중한 여인(銀姬)은 유명 여배우와 여성단체 지도자로 운명이 바뀌었다.

빛으로 밝게 하기(光煥)는 프로야구 감독과 금융회사 간부로, 빛나는 옥(光玉)은 중진 정치인과 검사로, 받들어 물가로 모시기(奉洙)는 프로바둑기사와 언론인으로, 오래 걸려 오기(永來)는 차관벼슬과 의사로 운명이 갈라졌다. 바른 지아비(正夫)는 기업인과 공무원으로 갈길이 달라졌다. 빛닮은 사내(光男)는 기업주와 대학장으로 운명이 달라졌다.

바탕이 순한 사람(相穆)은 장관을 지낸 정치인과 고위 공무원으로, 기본을 불에 익히기(基爕)는 한의사와 고위공무원으로, 은하수 속 용(漢龍)은 사업가와 극단 대표로, 착하기 한량없는 이(慶淑)는 정치인 출신의 대학총장과 피아니스트 겸 교수로, 동쪽을 진정시킨다(東鎭)는 이름은 국방장관과 정치인으로 팔자가 달라졌다.

감동할 만큼 길하다(興吉)는 이름은 언론인 출신의 정치인과 소설가로, 날돋을 때에 이룬다(成旭)는 이름은 문화 비교평론가와 검사로, 때맞추어 윤택하게 하기(時潤)는 감사원장과 고위 공무원으로, 동쪽으로 헤쳐나가기(東泳)는 정치인과 고위 관료로, 큰 솥귀(大鉉)는 판사와 고위공무원으로, 길한 사내(吉夫)는 차관벼슬과 교수로,

갑옷입고 물가에 이르기(甲洙)는 장관을 지낸 국영기업체 사장과 증권회사 중역으로, 뜻을 밝게 하기(義明)는 바이올리니스트와 고위공무원으로 운명이 갈라졌다. 물가를 비친 별빛(星洙)은 검사와 보험회사 간부로 팔자가 나뉘어졌다.

어진 사람(良子)은 교수와 관료출신의 정치인으로, 명이 아주아주 길다(永壽)는 이름은 기업중역과 교수로, 관가의 북두칠성(官杓)은 고위공무원과 변호사로, 천지사방을 비추기(光宇)는 차관벼슬과 은행 중역으로, 어진 빗줄기(賢雨)는 방송인과 군장성출신의 대통령 경호실장으로, 나라를 편안하게 하기(容國)는 군수와 기업간부로, 술잔 키우기(鍾太)는 치안감과 교수로, 구름을 타는 용(龍雲)은 언론인과 기업주로 팔자가 나뉘어졌다.

예쁜 벼슬아치(美卿)는 여성정치인과 여류번역가로 운명이 달라졌다. 바른 위치에 뜬 별(正杓)은 언론인과 고위공무원으로 나뉘어졌다.

믿고 다니기(信行)는 국회의원과 장관으로 나뉘고, 밭에 머물기(在田)는 국영기업체 간부와 국방부 산하단체 책임자로 나뉘어졌다. 어진 눈동자(賢珠)는 초등학교 2학년 여자어린이를 유괴살해한 20대 임산부와 허가없이 북한 대학생들을 만나려 한 운동권 여학생으로 나뉘어졌다.

동쪽에 뜬 별(東星)은 정치인과 연구소 소장으로 나뉘고, 위험스러운 별(武星)은 국회의원과 증권사 간부로 나뉘어졌다. 터를 이룬 돌덩어리(基石)는 기업인과 경제전문가로 팔자가 바뀌고, 크게 불꽃을 내며 탄다(大烈)는 이름은 노총간부와 기자로 운명이 달라졌다. 불김있는 곳에 머물기(在焄)는 내과교수와 기자로 나뉘고, 큰 으뜸(泰元)은 고위공무원과 기자로 나뉘어졌다. 햇빛으로 익히기(昌燮)는 맑은 물 되찾기 운동을 펴는 교수와 방송비평모임을 주관하는 시민운동가로 나뉘어졌다. 빛을 따라 오기(光)는 금융회사간부와 사업가로 운명이 달라졌다.

한 이름을 놓고 엇비슷한 운명이 탄생한 셈이다. 이름이 같으면 능력과 자질도 비슷하고 그에 따라 운세 또한 오십보백보가 되는 것인지….

동명이인(同名異人)이지만 운명이 거의 백팔십도로 달라진 경우가 많다. 같은 이름인데도 팔자가 하나는 산으로 오르고 다른 하나는 땅속으로 기어들어간 꼴이다.

빛 모으기(會昌)는 중소기업인과 국무총리 출신의 정치인으로 나뉘어졌다. 어질게 모으기(仁會)는 대기업주와 반공법 위반으로 유죄선고를 받은 재야 운동권 인사로 달라졌다.

함께 하는 권세(相權)는 비행기추락사고로 사망한 이와 교수재임용에서 탈락하여 대학운영을 마비시킬 정도의 시위까지 촉발시킨 이로 나뉘어졌다. 천가지를 지니기(在千)는 국회의원과 선상살인(케스카마호) 사건으로 사형선고를 받은 교사출신의 연변 조선족 교포로 운명이 갈라졌다.

붉은 빛깔을 띠며 일어서기(起赫)는 치매전문의사와 현장취재중 사망한 기자로 운명이 달라졌고, 헤엄쳐가서 진정시키기(泳鎭)는 경찰을 매수하여 교통사고 환자를 유치하다가 법망에 걸려든 의사와 정치인으로 운명이 나뉘어졌다.

순박하기 이를 데 없다(淳九)는 이름은 대학행정직에 있는 이와 가짜 쌀을 양산했다가 법의 심판을 받은 양곡상으로 팔자가 달라졌고, 건너고 또 건너기(益濟)는 무단 월북하여 세상을 떠들썩하게 한 천도교 교령 출신의 정치인과 정년퇴직한 교감으로 운명이 갈라졌다.

헤아려 고르게 하기(度均)는 재야운동권 출신의 정치인을 아버지로 둔 덕에 연좌제에 걸려 군행정직에서 소총수로 전출된 신병과 상거래 연구가로 나뉘어졌다. 돌산(石山)은 장애인 농구팀을 이끄는 체육교사와 터미널 사업을 하며 복지재단을 이끄는 이로 나뉘어졌다. 복된 기반(福基)은 대통령 선거때마다 출마하는 정치기인과 중소기업인으로 나뉘고, 오래 가는 복(永福)은 새로 놓은 교각이 붕괴 조짐을 보이는 것을 우연히 발견하여 신고한 트럭운전수와 4성장군 출신으로 장관을 지냈지만 군사반란죄로 영어(囹圄)의 몸이 된 사람으로 팔자가 달라졌다. 먼 것을 어질게 다루기(惠遠)는 교수와 전승 공예가로 나뉘어졌다. 무덤에서 즐거움 찾기(樂園)는 세상을 떠들썩하게한 '카지노 황제'와 언론인으로 나뉘고 초여름(基夏)은 비행기추락사고로 부인과 함께 사망한 중진 정치인과 기업중역으로 운명이 달라졌다. 일어나 밝은 데로 나가기(起煥)는 기업중역과 히로뽕 판매혐의로 쇠고랑을 찬 사람으로 팔자가 나뉘고, 크게 인자한 사람(大仁)은 45년만에 묵혀 있던 훈장을 전달받은 6·25참전용사와 언론인으로 운명이 달라졌다.

　바르게 불에 익히기(正爕)는 국방과학원 간부와 개인택시 운전수로 나뉘고, 무척 길하다(吉秀)는 이름은 장관을 지낸 이와 병원행정직에 있는 이로 운세가 달라졌다. 봄을 재촉하는 물(春水)은 약사와 기업중역으로 나뉘어졌다.

　오래 비치는 햇살(壽昌)은 기업인과 신부로 나뉘고, 세상의 동쪽(世東)은 군장성으로 장관까지 지냈으나 군사반란죄등으로 여러 차례 옥고를 치른 이와 증권회사간부로 나뉘었다. 세상을 굽어보는 큰 새(世鳳)는 대통령 아들에게 기업인을 소개해주었다는 추문에 휩싸여 차관벼슬을 버리게 된 이와 밤무대 무명가수로 나뉘어졌다. 만가지를 불에 익히기(萬爕)는 국회의장과 정당 당수를 역임한 유명정치인과 예비군 훈련을 거부하다 처벌받은 검도사범으로 나뉘어졌다.

　한 이름인데도 운명이 백팔십도로 바뀐 경우가 어찌 여기서 예로든 이름들 뿐이겠는가!

6) 이름보다 더 복잡한 인생살이

누가 '죄'를 짓고 감옥에 가는가? 흔히 말하듯 '이름이 너무 크면' 공을 세워 유명해지는 길이 막히는 대신 결국 죄인이 되어 악명을 드높이게 된다는 건가?

하지만 사람의 이름에 어디 나쁜 의미가 깃들어 있고 죄인될 암시가 배어 있겠는가? 다들 좋은 의미, 큰 의미를 지닌 글자를 조합하여 이름을 짓는게 아닌가? 우선 몇몇 사례를 들추어 보기로 하자.

용을 잡는다(龍振)는 이름우 대통령 아들을 팔이 9억원을 뜯은 사기꾼이다. 큰 인물(泰俊)은 이름덕에 의무사령관(소장)까지 지냈으나 친구 아들의 신검판정에 개입한 죄로 법의 심판을 받았다.

대단한 인물(俊豪)은 미국 유학중 일본계 여학생을 성폭행한 뒤 한국으로 도망나왔다가 햇빛같은 권세(昌權)라는 이름을 지닌 판사로부터 징역 7년형을 선고받았다. 빛나는 법(光文)이나 산봉우리에 머물기(峯在)는 폭력배로써 공짜술과 금품갈취에 재미를 붙이다 법의 심판을 받았다.

똑바로 물가에 이르기(正洙), 근원을 틀어막기(趾源), 오래 진정시키기(鎭永)는 단란주점 여주인을 생매장한 막가파 일당으로 법정에서 사형, 무기등이 선고되자 십여분간 욕설을 퍼부으며 난동을 부렸다. 일당 중 한명인 날뛰는 말을 진정시키기(鎭午)는 단순가담자로 분류되었다. 큰 바다에 숨겨진 보물(洋銀)은 조직폭력배 두목으로 두차례나 옥살이를 했다.

세상에 우뚝 선 인물(世雄)은 중국동포인데 자신의 콩팥을 팔아 산 장비로 위조지폐를 대량 제작하여 유흥비로 탕진했다.

큰 걸 더 크게불리기(德培)는 아파트 면적을 허위로 광고낸 후 사기분양을 한 선설회사 사장이다. 아홉번 이루기(成九)는 경쟁사의 장비를 무더기로 절도한 사람이고 종을 옮기기(鐘運)는 경찰의 단속정보를 미리 알려주고 돈을 뜯은 경찰관이다. 두루 윤택하게 하기

(周澤)는 일본에서 절도행각을 일
삼은 사람이고, 동쪽 빛내기(熙
東), 은하수의 뿌리(漢株), 대을
할 글을 짓기(對述), 천성적으로
법을 잘 지키는 이(相文), 뿌리 알

한자	훈	음	연습
睿	지혜스러울	예	睿
玲	아롱할	령	玲
雩	기우제	우	雩

기(知根)는 모두 폭력배로 낙인찍힌 사람들이다.

착하게 큰돈 벌기(慶萬), 동쪽 돕기(讚東), 옥소리의 근원(瑢根), 밝
은 이름(炳㬎), 갑옷 지키기(守甲), 근본을 윤택하게 하기(基澤), 은을
많이 지닌 부자(銀富), 밝게 나타나기(顯哲), 하늘 빛내기(天秀), 오래
찬란하기(燦永), 빛나는 곳에 머물기(在熙), 여덟 개의 술잔 지니기
(鍾八), 서울에서 다섯배 벌기(京五), 밝은 빛을 내는 주석(暻錫), 떳
떳한 복(彝福)은 모두 청과물 경매비리로 2년간 20여억원을 부당하
게 챙긴 청과업자들이다.

더 건너가기(益濟), 크게 새로워지기(德新), 예쁘게 비추기(美映),
으뜸으로 빛나기(輝元), 으뜸되는 주석(元錫), 눈 닮은 사람(雪子), 더
밝아지기(益煥), 세밀하게 비추기(晳暎), 물속에 뿌리내린 구기자 나
무(河杞), 무척 귀해지기(秀卿), 으뜸을 공경하기(敬元)는 모두 월북
행각으로 유명해진 인물들이다.

큰바다같은 꾀주머니(洋謨)는 성추행 혐의로 실형을 선고받은 교
수이고 햇빛에 드러난 저울눈(昗圭)은 2억을 빌려주고 12억원짜리
증기탕을 갈취한 악덕사채업자이다. 바탕이 밝은 이(相顯)는 형을
살해하고 부모마저 중태에 빠뜨린 대학 휴학생이고 사람을 모으는
냄비(鎬相)는 사기극을 벌인 미용업계 잡지 발간인이다.

정말 이름이 커서 곱게든 추하게든 유명해진 것인지⋯. 대체로 큰
의미를 지닌 이름들이지만, 몇 사람은 자신의 운명과 밀접한 이름을
지닌 것 같기도 하다. 이름 때문에 추한 이름을 지니게 되었다고 말
할 수는 없지만, 다시 한 번 성찰할 필요는 있다고 본다.

불의의 사고를 당하거나 갑자기 악운이 끼어 운명이 급락하는 경우가 있다. 이름과 연관된 어떤 낌새가 있는 건 아닐까? 몇가지 사례를 살펴보기로 하자.

법을 빛내기(準培)는 경찰의 추적을 피해 도주하다 아파트에서 추락사한 운동권 간부이다. 큰 걸 주관하기(洪宰)는 취중에 경관을 폭행했다가 옥고를 치렀다.

예절지키기(明禮), 술잔을 물에 띄우기(鍾河)는 지하철 에스컬레이터가 고장나 부상을 당했다.

막아수는 일하기(成柱), 파란 빛을 띤 용(青龍), 밝다(哲)는 이름은 상수도관 도색작업을 하다 질식사한 연변교포 청년들이다. 영웅세우기(英植)는 비행기사고로 사망했으나 시신이 없어 흙항아리로 귀향했다.

큰 권세(權勢)는 공예대전에서 대상을 탔으나 아버지 제자의 고발로 대상포기각서를 쓴 사람이다.

바르게 돕기(政佑)는 컴퓨터 귀재로 알려졌으나 여덟게 대학의 전산망을 무단 침입한 죄로 벌을 받았다. 소리가 우렁차다(聲雄), 뿌리를 밝은 곳에 두기(株煥)는 각각 영구차 기사와 화장터 화부로 일하다 인골가루를 밀거래한 죄로 벌을 받았다.

바른 일로 벌어먹기(正鎬), 소나무 숲에서 봄을 맞기(松春)는 건설회사 간부로 일하는 중 축대가 붕괴되어 벌을 받았다.

어진 마음으로 정성 다하기(賢誠)는 가족과 함께 길가에 주차하고 있다 졸며 과속으로 달리던 화물차(기사이름은 '번쩍 들어올려 불에 익힌다'는 뜻을 지닌 奉爕)에 깔려 현장에서 가족과 함께 사망했다.

물을 맑게 하기(宰湜), 바른 것 멀리 하기(正遠), 밝게 나타나는 큰 인물(顯俊)은 비행기 추락으로 사망했고 바탕이 큰 인문(相俊), 보배같고 어진이(寶賢)는 달리는 열차에서 튀어나온 쇳덩어리에 맞아 중상을 입었다.

곧은 성품을 지닌 여자(貞姬)는 납치살해된 보험설계사이고, 동쪽 세우기(東植)는 암투병생활을 하다 병원 옥상에서 목매 자살한 경무관이다. 술잔 밑바닥(根鍾)은 백혈병에 걸린 고등학생이고, 술잔빛내기(鍾華), 세상키우기(世洪)는 반공법을 자진해서 어기려다 중도에 포기한 운동권 대학생들이다.

밝은 공적 쌓기(炳勳)는 선풍기 바람에 질식사한 택시기사이고 비단에 싸인 구슬(錦玉)은 금붙이를 탐내는 이(金哲)와 수없이 진정시키는 이(進萬)에게 붙들려가 살해된 전직 고위층의 부인이다. 풍성하게 이루기(茂成)는 터널 작업 중에 사고를 당해 사망했다. 난초같은 여인(蘭姬)은 무면허 침술사에게 침을 맞아 사망했고 아파트 경비원인 큰 구슬(泰玉)과 노동자인 갑옷 바로 입기(甲正)는 가마솥 더위 속에서 일사병으로 사망했다. 비행기 기장인 계속해서 구하기(在求)는 부조종사의 실수로 비행기가 활주로를 이탈하는 사고를 당했다.

다섯차례 진정시키기(鎭五), 무게로 앞지르기(先重)는 고속도로 휴게소에서 머물다 가스가 폭발하여 중상을 입었다. 기본에 순응하기(順基)는 일본에 나포되어 재판을 받은 선장이다. 큰 것 빛내기(榮泰)는 생후 한달된 딸이 선풍기 바람에 질식사하는 비운을 겪었다.

밝은 곳에 있는 이(明子)는 선풍기가 과열하여 집이 전소됐다. 저울눈을 세밀하게 그리기(圭祥)는 여동생을 짝사랑하는 친구(이어서 주관하기; 承宰)에게 자신의 어머니(서울사람; 京子)와 함께 살해됐다.

특이한 삶을 사는 이들이 의외로 많다. 남들이 '참으로 별나다'고 할만큼 기이한 인생역정을 걷는 이들을 한데 모아보면 과연 어떤 공통점이 있을까?

예의를 아는 봉황새(鳳禮)는 6·25 전쟁 때 부상당한 미군을 보살펴준 공로로 미국 훈장을 받은 시아버지(큰 기초; 德基)를 대신하여 훈장수여식에 참석한 며느리 이름이다. 큰 기초(泰基)라는 이름을 지닌 의사는 정자를 직접 주입하는 방법으로 1천건 이상을 성공적으로 임신시켜 남성불임을 극복하게 해주었다.

별을 믿는다(允星)는 이름은 환갑이 다 된 나이에 시인으로 등단한 경찰서장이다. 나타날 현(顯)—하고자할 기(冀)는 친구(동쪽의 별; 東辰)와 함께 강도를 생포하여 경찰에 넘긴 고등학교 씨름선수이다. '나타나 덤벼든다'(顯冀)는 이름에 아주 걸맞는 행동을 한 것이다. 지혜스러울 예(睿)—신령(혹은 정할) 진(眞)은 맹인견을 데리고 대학에 나니는 시각장애인이다. 지혜롭고 성결한(睿眞) 성품이니 앞이 안보이는 처지인데도 대학에 들어가 학문에 전념하고 있는 것이다.

동녘 동(東)—빛날 휘(輝)는 등잔 4백여개를 모아 등잔박물관을 세웠다. '동녘을 밝힌다'(東輝)는 이름에 걸맞게 돌아가신 어머니의 바느질하는 모습을 떠올리며 등잔박물관을 세운 것이다. 돌로 만든 기초(石基)는 젊은 나이에 재주가 있어 한국 제일의 재벌 가문과 혼사를 맺었으나 이혼하고 가장 유명한 연극배우와 재혼했다. 돌로 단단하게 쌓아올린 기초(石基)라서 전직 대통령의 비자금 관리인이라는 소문속에 휩쓸리다가 끝내는 다시 한국 금융가에 성공적으로 되돌아 올 수 있었는지도 모른다.

아롱할 령(玲)—자식 자(子)는 경제구조를 송두리체 뒤흔들어 놓은 '큰손'에서 이제는 옥중에서 장편 소설을 쓴 '여걸'(?)로 탈바꿈하기 위해 끈덕지게 매달리고 있다. 큰 새(大鳳)는 8천 2백만원짜리 캐딜락 택시를 산 택시기사이다. 어질 인(仁)—정성 성(誠)은 물에 빠진 아이들을 구하고 꽃다운 나이(17세)에 익사했지만 아버지(윤택하게 하는 주석같은 이;潤錫)와 어머니(곧고 착한 기질;貞淑)의 도움으로 사후에 문집을 갖게 되었다.

밝게 이어가기(哲承)는 24년간 40억을 들여 공기로 움직이는 자동차엔진을 개발했지만 주위의 후원이 기대보다 낮아 고전을 면하지 못하고 있다.

순한 옥구슬(順玉)은 삯바느질로 번 10억여원을 대학병원에 기증했고 명이 긴 옥구슬(壽玉)은 고아의 어머니로 주위의 칭송을 받다가 여든 세 살의 고령에 용신(상록수의 실제 주인공인 최용신 여사의 이름) 봉사상을 수상했다. 만배나 크다(萬德)는 이름을 지닌 여성은 제주도에 4년여간 흉년이 들어 2만여명 가까운 아까운 목숨이 굶어죽자 자신의 전재산을 털어 봉사한 탓에 '만덕 봉사상'(김만덕 할머니, 1739~1812,를 기려 만든 봉사상)이 생겨났다. 우뚝 솟은 북두칠성(權枏)은 어머니(우물가에 이른다; 達澮)의 불공과 여행안내원의 실수가 합하여 구사일생으로 비행기 사고를 모면한 회사 간부이다. 바른 공로(正勳), 공적 쌓기(載勳), 소리내어 공적 알리기(聲勳)는 아프리카에서 사업하는 아버지(남쪽을 고르게 하기; 南均)와 어머니(늘 높다; 貴每)를 번거롭게 해드리지 않으려 합동결혼식을 올린 삼형제이다.

북한이 아무리 공산독재하에 있다해도 이름만은 한국적인 전통을 고스란히 지키고 있는 듯하다. 좋은 뜻, 복된 글자로 이루어진 이름들이고 빛난다, 이룬다, 크다는 식의 소망과 기대가 깃든 이름들이라는 뜻이다.

우선 북한의 지도급 인사들 이름부터 잠시 살펴보자. 해같은 인물이 된다(日成), 바른 위치에 놓인 해(正日)는 세습권력의 장본인들이다. 천지사방을 바르게 한다(正宇)는 이름은 북한의 대외경제협력을 책임지고 있고 편안하게 하는 순박한 기질(容淳)은 대남정책을 책임지고 있다. 옥구슬로 만든 술잔을 든다(鍾玉)는 이름은 부주석이고 남쪽을 오랫동안 지켜본다(永南)는 이름은 외교총책을 맡았다. 햇빛을 받은 준마같다(昌駿)는 이름은 주중대사를 지냈고 이제서야 밝다(今哲)는 이름은 북한식 통일방안 실현을 책임 맡았었다.

긴 창같은 예리함을 지녔다(鋏)는 이름은 실세 장관을 지냈고 형 통한 속에도 잠잠할 줄 안다(亨默), 산같은 업적을 쌓는다(成山), 밝 은 세상을 연다(成哲), 남쪽으로 뻗어나간다(成南)는 이름은 총리의 반열에 앉아 있었다.

아주아주 크다(泰德)는 이름은 대외경제 협력부서의 부책임자를 지냈고 무척 날렵하다(秀勇)는 이름은 김일성대학 교수를 지냈다. 빛처럼 눈부시다(光), 눈밭에 앉은 새(乙雪), 빛을 다스린다(光鎭), 큰 복을 누린다(明祿), 제 철 만난 영웅기질(英春), 숲 속의 학(鶴林)은 군고위층 인사들이다.

오래 빛난다(長燁)는 이름은 김일성대학 총장과 국회의장에 맞먹 는 벼슬을 지내다 어느날 갑자기 북경의 한국대사관으로 피신, 칠순 의 망명객이 되었다. 바른 길 찾기에 민첩하다(正敏), 오로지 한 길 을 택한다(成一)는 이름은 망명을 결행한 고위 인사들이다.

사랑받는다(聖愛), 떠받듬을 받는 여성(敬姬)은 각각 김정일의 계 모와 여동생이다. 영웅의 기질로 일을 맡는다(英柱), 윤택하게 한다 (成澤), 이것 저것에 능란하다(達玄)는 이름은 모두 김씨일가의 친인 척으로 실세그룹을 이루고 있다.

나라를 키운다(國泰), 남녘에 터닦기(基南), 한나라 세우기(夏一), 햇빛같은 세상 열기(昌善), 물자를 풍성하게 해놓기(錫亭), 당당히 맞 서 해결하기(錫柱)는 모두 북한 고위층인사들의 이름이다. 불길을 이겨내기(克烈), 천지사방을 구하기(振宇), 많은 양을 떠맡아 잘 지키 기(鎰喆), 기초를 번창하게 하기(基瑞), 선한 바탕 유지하기(在善), 밝 은 곳에 머물기(應熙), 바다같은 기질 지니기(哲海), 서울 지키기(在 京), 천지사방을 다스리기(成宇), 나라 밝히기(明國), 나라의 별이 되 기(夏奎), 힘센 용(英龍), 큰 깃 다스리기(治德)는 모두 북한의 군부 핵심 인사들이다. 꾀보따리(策)라는 이름은 북한의 빨치산 혁명 1세 대로 자리잡혀 있다.

호(號)와 이름 간에는 어떤 연관이 있을까. 서로 보완관계에 있을까, 아니면 조화를 이루며 어떤 상승작용을 일으키는 관계에 있을까. 우선 몇가지 예를 살펴보자. 서로 보완관계에 있음을 쉽게 알 수 있을 것이다.

기우제 우(雩)—남녘 남(南)은 초대 대통령(이어가다 저문다; 承晚)의 호고, 큰 산(巨山)은 문민 대통령이라는 별호를 지닌 이(세 고비를 넘긴다; 泳三)의 호다. 남쪽에서 간절히 빈다(雩南)는 호에 맞게 초대 대통령은 늙으막에 잘 나가다가 갑자기 곤두박질쳐(承晚) 이역만리(異域萬里) 남방의 한 섬(하와이)에서 임종을 맞이했다. 세 고비를 어렵게 넘긴 후(泳三) 대통령이 된 이는 큰산(巨山)이라는 호에 걸맞게 갑자기 우뚝 솟아올랐다가 가파른 벼랑과 큰 그림자를 만난 꼴이 되고 말았다.

실속없는 큰 산이 되고 말았던 셈이다. 눈에 넣어도 아프지 않을 자식을 옥살이 시키고 창창(蒼蒼)한 장래까지 망쳐놓은 꼴이 되었으니 큰 산 만큼이나 계곡과 벼랑과 그림자도 유별나게 컸던 모양이다.

보통사람(白凡)은 독립지사(고비를 아홉번 넘겨 가장 귀한 것을 얻는다;九)의 호고, 맑은 물위에 비친 흰구름(洌雲)은 국어학자이자 독립운동가인 사람(멀리 비치기를 바란다;志暎)의 호다. 검게 그을린 백성(玄民)은 대학총장과 야당 당수를 거친 이(말을 달랜다; 鎭午)의 호다.

소나무숲에 몸을 숨긴다(松隱)는 호는 내관을 지낸후 화가와 고미술 수장가로 이름을 남긴 이(곧을 것을 모은다; 秉直)의 것이고, 해묵은 소나무(坐松)는 6·25때 남편을 잃고 삯바느질로 연명했으나 10억 전재산을 대학병원에 기증한 할머니(가공하기 쉬운 옥구슬; 順玉)의 호다.

어진 마을(仁村)은 지주 아들로 국민계몽에 앞장섰던 이(바탕이 넉넉하고 유순하다; 性洙)의 호다. 달빛아래 드러난 여울물(月灘)은 유명작가(호탕하고 어울리기 좋아한다; 鍾和)의 호고 집에 머물지 못한다(未堂)는 호는 유명시인(스스로 택하여 잘 마무리한다; 定柱)의 것이다. 항상 마음가짐을 바로 한다(庸齋)는 호는 대학총장을 지낸 이(큰 즐거움을 찾는다; 樂濬)의 것이고, 남쪽에서 가져온 돌무더기(石南)는 유명 민속학자이자 '탈' 수집가로 알려진 이(나라의 재물이 된다; 錫夏)의 호고 집 늘리기(承堂)는 여성 정치인이자 대학 설립자인 이(믿음이 깊다; 永信)의 호다. 둔탁한 돌덩어리(愚石)는 극작가(보배; 珍)의 호고 험한 세상의 잣대(圭嚴)는 한 저명인사(멀리 뛰어 큰 장애를 넘는다; 躍淵)의 호다.

햇빛받은 산(曉山)은 49세로 별세한 역사학 교수(도와서 세우기; 贊植)의 호다. 동쪽의 낮은 담(東垣)은 유명학자(큰 뿌리가 된다; 洪根)의 호고 산골 물가에 선 소나무(澗松)는 큰 재산을 털어 장학재단을 만든 기업인(크게 이룬다; 泰成)의 호다.

가지런한 모습의 구름(雲庭)은 충청권의 정계거물(술잔들고 상류의 좁은 물가로 간다; 鍾必)의 호고 늦게 너른 땅에 이른다(後廣)는 호는 전라도의 정계거물(큰 중심을 이룬다; 大中)이 쓰고 있다. 또 하나의 보통사람(又凡)은 총리와 대학총장을 지낸 이(오래 걸려 이룬다; 壽成)의 호고 봄에 대한 기록(春史)은 한국 최초의 유명 영화감독(구름 속 별; 雲奎)의 호다. 붉은 집(丹齋)은 역사가 출신의 독립지사(넓고 큰 것 지니기; 采浩)의 호고 광활한 바다(萬海)는 시인 승려이자 독립지사인 이(구름 속을 날아가는 용;龍雲)의 호다. 소나무로 지은 집(松齋)은 독립신문을 창간한 이(돕는 일을 한다; 載弼)의 호고 향나무로 둘러싸인 무덤(檀園)은 조선조 유명화가(큰 길; 弘道)의 호고 빛을 받아 눈부신 큰 연못(白湖)은 황진이의 무덤에 술따르고 절한 죄(?)로 파직당한 이(공경하는 심성; 悌)의 호다.

6. 이름 속에 비밀이 있다

1) 도학적인 이름들

거 창한 의미를 지닌 글자들이 많지만 천지사방 우(宇)도 그 중의 하나로 꼽을 수 있을 것이다. 사통팔달(四通八達)이니 사방팔방(四方八方)이니 말보다도 그 의미가 더 폭 넓고 천지만물(天地萬物)이니 세상천지(世上天地)니 하는 말보다도 더 거창하다.

우선 천지사방 우(宇)를 이름 자로 사용한 경우를 살펴보자.

천지사방을 진정시킨다(鎭宇), 천지사방의 기초가 된다(宇基)는 이름은 병원행정직에 있다. 천지사방의 한 가운데에 있다(宇中)는 이름은 재벌이고 밭갈 경(耕)을 넣어 천지사방을 경작한다(耕宇)는 의미로 변화시킨 이름은 은행장이다.

천지사방에 빛을 비춘다(光宇), 천지사방에 햇빛을 비춘다(昌宇)는 이름은 은행간부이고 천지사방의 온갖 것들을 모은다(會宇), 천지사방을 빛낸다(宇炳)는 이름은 보험업계에 종사한다.

영웅 영(英)—천지사방 우(宇), 클 태(泰)—천지사방 우(宇)는 기업의 간부나 중역으로 있고, 이을 승(承)—천지사방 우(宇), 옥광채 영(瑛)—천지사방 우(宇)는 산림자원 보호·육성에 헌신 중이다.

천지사방을 불에 익힌다(宇燮), 천지사방을 빛낸다(榮宇)는 이름이나, 천지사방 우(宇)—솥귀 현(鉉), 즉 천지사방을 먹이는 큰 솥이 된다(宇鉉)는 이름은 고위공무원이다. 천지사방 우(宇)—한 일(一), 천지사방 우(宇)—막을 주(柱)는 의사이고 천지사방을 윤택하게 한다(宇澤)는 이름은 국회의원이다.

준걸 준(俊)—천지사방 우(宇), 용서할 관(寬)—천지사방 우(宇), 천지사방 우(宇)—여름 (혹은 나라)하(夏)는 언론인이고 천지사방을 빛

한자	훈	음	연습
瑛	옥광채	영	瑛
將	장수	장	將
性	바탕	성	性
來	올	래	來

낸다(宇熙), 클 홍(弘)—천지사방 우(宇), 천지사방 우(宇)—착할 선(善), 바를 정(正)—천지사방 우(宇), 천지사방 우(宇)—장수 장(將)은 교수로 있다. 천지사방 우(宇)—빛날 조(照)는 인도를 연구하는 여교수이다.

도울 찬(讚)—천지사방 우(宇)는 비올리스트로 활동 중이고 천지사방 우(宇)—길 영(永)은 서당을 운영하며 전통 잇기에 헌신 중이다. 천지사방 우(宇)—영웅 영(英)은 소설가이다. 바탕 성(性)—천지사방 우(宇)는 변호사이고 천지사방 우(宇)—착할 경(慶)은 맥주연구에 평생을 바치다 정년퇴직했다. 천지사방을 고친다(庚宇)는 이름은 성금을 거둬 조총련인지 뭔지 하는 엉뚱한 곳에 가져다 준 재야운동가이다. 천지사방 우(宇)—클 석(碩)은 '천지사방에서 우두머리가 된다'(宇碩)는 이름 때문인지(?), 외제차 탄다, 돈 많아 보인다는 이유로 일식집 주인을 살해, 암매장했다. 천지사방 우(宇)—클 태(泰)는 체육계에서 일하고 있다.

동서 광(廣)자를 쓴 경우도 있다.

동서 광(廣)—고일 행(幸)은 술 만드는 양조업으로 성공한 기업인이다. 길할 길(吉)—동서 광(廣)은 공무원이다. 동서 광(廣)—복 복(福)은 은행간부로 있다.

흔히 '온다, 간다'는 말을 이용해 사람의 행실이나 삶의 이치를 애기하는 수가 많다. '빈손으로 왔다 빈손으로 간다'(空手來空手去)는 말은 인생의 허무나 천리를 말할 때 자주 사용하고 '온다, 간다는 말도 없이 사라졌다'는 말은 끊고 맺는 맛이 없이 티미하게 구는 사람을 두고 하는 말이다.

올 래(來)자나 나갈 출(出)자를 이름에 사용한 이들은 과연 어떤 뜻으로 그리 했을까? 삶의 비결을 그런 식으로 암시하고자 한 것일까?

우선 올 래(來)자를 사용한 이름부터 살펴보자.

와서 화합시킨다(來協), 서서 온다(建來), 큰 새처럼 온다(鳳來), 큰 바다처럼 온다(洋來), 착한 사람으로 온다(慶來), 와서 화끈거리게 한다(來炘)는 이름은 기업의 간부나 중역이다. 학처럼 온다(鶴來), 와서 햇빛을 비추게 한다(來昌), 와서 물을 맑게 하듯 매사를 정화시킨다(來塋)는 이름은 은행간부로 있고, 와서 호위해 준다(來翼), 보태주러 온다(益來), 무거운 몸짓으로 온다(重來)는 이름은 보험회사 간부로 있다.

나이스무살 된 사내로 온다(丁來), 향내 피우며 온다(來薰), 감동한 채 다가온다(興來), 편안하게 하려 온다(康來), 으뜸이 되려 온다(來元)는 이름은 공무원이다. 와서 해를 가려 검게 한다(來玄)는 이름은 검사이고 와서 붉은 모양을 띤다(來赫)는 이름은 군출신으로 국회의원과 장관을 지냈다. 큰 몸짓으로 온다(洪來)는 이름은 국회의원과 국영기업체 사장을 지냈다.

받들기 위해 온다(奉來), 부자로 온다(富來), 빛으로 온다(光來)는 이름은 사업가이고 단단한 주석처럼 다가온다(錫來)는 이름은 재벌이다. 해돋을 때 온다(旭來)는 이름은 호텔을 경영하고 있고 믿고 온다(允來)는 이름은 농촌진흥에 관련된 일을 하고 있다. 밝은 빛을 띠고 온다(昶來)는 이름은 서예가이고 늘 같은 모습으로 온다(恒來), 별빛을 띠고 온다(星來), 늘 바쁜 몸짓으로 온다(庸來), 준수한 모습으로 온다(俊來), 편안한 몸짓으로 온다(容來)는 이름은 학문연구에 몰두하거나 학문연구와 관련된 기관에서 일하고 있다.

바르게 하려 온다(是來), 밝게 하려 온다(炳來), 술잔들고 온다(鍾來), 와서 바르게 한다(來正), 와서 보배가 된다(來珍), 형통하게 하려 온다(亨來), 향내 풍기며 온다(香來)는 이름은 모두 현장기자로 활약중이다. 오고가는 일을 한다(相來)는 이름은 기업주의 운전기사로 일하며 이사대우를 받은 사람이다. 오래 걸려 온다(永來)는 이름은 치매걸린 부인을 12년 동안 지극정성으로 간병했는데 어느날 갑자기 그 부인이 (남편의 고생을 덜어주려) 아파트에서 투신자살하는 비극을 겪었다. 와서 불에 익힌 꼴이 된다(來燮)는 이름은 바다낚시를 나갔다가 간첩으로 오인받아 총맞아 죽고 말았다.

다음은 나갈 출(出)자를 사용한 이름들을 모아보자.

판단해주려 나간다(判出), 기본적인 것을 들고 나간다(基出)는 이름은 기업인이고 용이 되어 나간다(龍出)는 이름은 외교학을 가르치는 교수이다. 진정시키려 나간다(鎭出)는 이름은 정치인이 된 여성이다.

동쪽으로 나간다(東出)는 이름은 증권회사 간부이고 학의 모습으로 나간다(鶴出)는 이름은 통신회사 간부이다. 번성시키려 나간다(盛出), 새처럼 나간다(乙出)는 이름은 공무원이고 큰 모습으로 나간다(大出)는 이름은 임업조합 간부이다. 해처럼 나간다(日出)는 이름은 병원경영을 상담해주고 있다.

갈 우(于)자를 사용한 경우도 있다.

찬란한 모습으로 간다(燦于)는 이름은 국회의원이고 헤엄치며 간다(于泳)는 이름은 검사이다. 별과 함께 간다(台于)는 이름은 교통문제 전문가이다.

갈 지(之)를 이름에 사용한 경우도 있다.

법대로 간다(之文)는 이름은 여교수이고, 오래 간다(之永)는 이름은 기업인이다. 남쪽으로 간다(之南)는 이름은 도서관장이고 검은 빛으로 간다(玄之)는 이름은 기자이다.

태양을 심기는 종족은 너무 많아 이루 다 헤아릴 수 없을 것이다. 햇빛없이 어떻게 생명이 존재하고 세상이 그 의미를 지닐 수 있겠는가. 해 일(日)자를 이름으로 사용한 이들은 어떤 의도에서 그렇게 했을까.

우선 해 일(日)자를 이름에 사용한 이들부터 살펴보자.

여름철 해(日夏)는 여교수이고 해가 무성하다(日秀), 해가 위험스럽다(日武)는 이름은 남교수이다. 해를 세운다(日植)는 이름은 대학 행정직에 있고 해가 뜬다(日出)는 이름은 병원경영에 필요한 온갖 정보를 제공하고 있다. 해를 싣는다(載日)는 이름은 과학기술원에서 일하고 은하수 속의 해(漢日)는 해양연구소에서 일하고 있다. 술잔에 비친 해(鍾日)는 축협간부로 있고 해를 벗삼은 영웅(日英)은 경제학 박사로 그 이름을 높이고 있다.

해를 물가로 이끈다(日洙)는 이름은 기업간부이고, 해가 오래 간다(日永), 하늘에 뜬 해(天日), 밝은 해(炳日), 해가 이글거린다(日然), 해가 밝은 빛을 발한다(日煥)는 이름은 공무원이다. 해뜨는 근원(日源)은 판사이고 바탕이 해같다(相日), 큰 해(优日), 지혜를 가져다주는 해(智日)는 언론인이다. 해를 향한 용(日龍)은 목사이고 동쪽 해(東日)는 해외에서 호텔을 운영하다 추방당했다.

특이하게도 달 월(月)자를 이름에 사용한 이들이 있다. 꿩 대신 닭이라고 해 대신 달을 택한 것일까?

달빛(月榮)이라는 이름은 여성교육가로 살다가 87세에 별세했다. 달빛 아래 신선(月仙)은 기업중역이고 오래 존속하는 달빛(永月)은 은행간부이다. 달빛을 사용한다(月用)는 이름은 북한의 원로화가(黃榮俊)의 여동생으로 남한에서 오빠의 작품이 전시된 것을 감상했다.

기이하게도 저물 만(晚)자를 이름에 사용한 이들이 제법 많다. 대개는 찬란하다, 눈부시다, 영광스럽다, 굉장하다는 식의 의미들을 사용하는데 어째서 저물 만(晚)자를 이름에 썼을까?

이어가다 저문다(承晚)는 이름은 초대 대통령으로 국가를 위해 헌신하다 독재자의 이름으로 축출당하여 타국에서 객사했다. 희망은 크되 저무는 운세다(志晚)는 이름은 대통령 아버지와 영부인 어머니를 다 흥탄에 빼앗기고 마약중독에 시달렸다.

저물 때에 이룬다(晩成), 무성하다 저문다(秀晩), 밝게 빛나다 저문다(熺晩)는 이름은 공무원이고 늦으막하게 무성해진다(晩秀)는 이름은 중소기업을 운영하며 근로자 6명을 독립 사장으로 변신하게 도와주었다. 동쪽에서 저문다(東晩)는 이름은 대통령 아들이 불법적으로 모은 70억여원을 관리해준 기업인이다. 거두어들이다 저문다(振晩)는 이름은 은행장이고 붉은 모양을 띠다 저문다(赫晩), 저물어 북두칠성이 된다(晩枸), 오래 끌다 저문다(永晩)는 이름은 기업의 중역이니.

2) 꿈이 드러난 이름들

누구나 다 정의로운 사회를 원한다. 강자위주의 사회가 아니라 강자의 아량과 약자의 평안이 공존하는 그런 공평한 사회를 원하는 것이다.

이름에 고를 균(均)자를 사용한 이들은 아마도 그런 이상적인 사회를 꿈꾼 것인지도 모른다. 먼저 고를 균(均)자와 짝을 이룬 글자들을 살펴보자.

빛날 영(榮)—고를 균(均), 바를 시(是)—고를 균(均), 바탕 성(性)—고를 균(均)은 정치인이다. 굳셀 환(桓)—고를 균(均), 받들 봉(奉)—고를 균(均)은 장관을 지냈다. 클 태(泰)—고를 균(均), 어질 량(良)—고를 균(均), 말 오(午)—고를 균(均), 술잔 종(鍾)—고를 균(均)은 공무원이다. 배울 학(學)—고를 균(均), 나무이름 용(榕)—고를 균(均), 건널 제(濟)—고를 균(均), 수레멍에 형(衡)—고를 균(均), 햇빛 창(昌)—고를 균(均)은 기자로 활동 중이다.

주석 석(錫)—고를 균(均)은 발명기 협회를 이끌고 있고 헤아릴 도(度)—고를 균(均)은 상거래전문가라는 독특한 분야에서 일하고 있다. 으뜸 원(元)—고를 균(均)은 임업 협동조합 간부이고 장할 장(

桓)—고를 균(均)은 기업주이다.

그리고 누구나 다 '바른' 세상을 원하기 마련이다. 지나침이나 치우침이나 억울함이 없는 똑바른 세상을 원하고 있는 것이다.

한자	훈	음	연습
桓	굳셀	환	桓
祿	복	록	祿

이름에 바르게 할 정(政)자를 쓴 이유도 아마 그런 뜻이 아닐까? 우선 바르게 할 정(政)자와 짝을 이룬 글자들을 한데 모아 보도록 하자.

똑바로 일어선다(政起), 기본을 올바로 세운다(政基)는 이름은 교육계에 있고 바르게 막는다(政柱), 큰 것을 바르게 한다(德政)는 이름은 의사로 있다. 그리고 바른 생각(政愼)은 병원행정을 담당하고 있다.

바르게 빛난다(政熙)는 이름은 농지개량에 관련된 일을 하고 있고 바르게 하여 무성하게 한다(政秀)는 이름은 음반회사를 경영하고 있다.

바르게 살아 공을 쌓는다(政勳)는 이름은 판사이고 어질고 바르게 한다(仁政)는 이름은 검사이다. 바르게 먹고 산다(政鎬), 바르고 특출나다(政雄)는 이름은 공무원이고 바르고 향내난다(政薰)는 이름은 오랜 공무원 생활 후 정계에 투신했다. 근본을 바르게 한다(政根)는 이름은 축협간부이고 바르고 단단하다(政錫)는 이름은 기능올림픽에 입상했다. 바르고 크다(政太)는 이름은 백화점을 경영하다 사업이 부진함을 비관, 55세의 나이로 투신자살했다. 바른 저울눈(政圭)은 종교봉사단체에서 일하고 있다. 대대적으로 바로잡는다(泰政)는 이름은 검찰총장을 지냈다.

바르고 예쁘다(政美), 바르고 잘 어울린다(政旼), 바르고 넓고 크다(政浩), 바른 권세(政權), 바르게 하고 진정시키기(政鎭), 세상을 바르게 하기(政世), 나라를 바르게 하기(政國), 바르고 어질다(政賢), 바르게 세운다(政樹), 나라 바로 다스리기(政韓)는 언론에 종사하고 있다.

　누구나 다 복받기 원한다. 그래서 복 복(福)자를 이름에 사용한 이들이 그렇게 많은 것이다.
　우선 복 복(福)자를 이름에 사용한 이들을 한데 모아보자.
　복된 기초(福基)는 대통령 출마와 북진통일주장과 황제콧수염으로 유명했던 사람이다. 넓고 큰 복(浩福), 관가로 나가는 복(官福), 복된 별(福星), 하늘이 준 복(天福), 복되고 길하다(福吉), 늘 함께 해주는 복(福順), 해 뜨는 곳으로 나가는 복(東福), 해 있는 곳에 머무르는 복(福東), 지금 당장 맞는 복(今福)은 공무원이다. 서울에있을 복(京福)은 경찰간부이고 풍성한 복(滋福), 오래 지속되는 복(永福)은 장관을 지냈다.
　복된 바탕(性福), 눈부신 복(煥福), 복을 가져다 주는 별(福奎), 복된 법(福模), 복을 믿기(信福), 복을 굳히기(貞福), 빛나는 복(榮福), 눈에 번쩍 띄는 복(明福), 소박한 복(斗福)은 교수로 있다. 무성한 복(秀福), 복을 묶어두기(福鎭), 법속에서 복찾기(文福)는 정치인이다.
　복을 이룬다(成福)는 이름이나 바른 복(正福)은 기업인이다. 복을 드러낸다(福煥), 복을 얻기 위해 힘쓴다(福惇), 복이 무성하다(福秀), 저울에 얹혀진 복(圭福), 동서에 두루 퍼진 복(廣福), 식복이 있다(鉉福)는 이름은 은행간부이고 복된 길을 가르친다(福教), 서로 복되게 사는 길을 찾는다(相福)는 이름은 통신회사간부이다.
　복되고 너그럽다(福寬), 한발 늦게 오는 복(次福)은 봉사단체에서 일하고 있고 복을 더 많이 얻는다(炯福)는 이름은 사업가이다. 공을 쌓는 복(順福)은 약품회사를 경영하고 빨리 다가오는 복(快福)은 광복회를 이끌고 있다.
　평안을 누리는 복(容福)은 한의사이고 혜아려 복된 길을 연다(揆福)는 이름은 농촌진흥에 관련된 일을 하고 있다. 복을 맡아 놓는다

(福任)는 이름은 동네부녀회를 이끌고 있다.

민둥산처럼 복이 말라 있다(福童)는 이름은 소녀시절 정신대로 끌려가 참혹한 나날을 보내다 일흔고개에 들어서서도 정신대 할머니들을 뒷바라지 하기 위해 동분서주하고 있다. 복을 저울질 하기(福圭)는 이웃 노인과 서로 나이 많다고 싸움을 벌이다 그만 그 노인을 죽게 했다. 뿌리에 해당되는 복(根福)은 바다 낚시를 나갔다가 그만 간첩으로 오해한 군인에 의해 함께 갔던 친구가 사살되는 끔찍한 사고를 겪었다. 앞에서 언급한 오래 지속되는 복(永福)은 대장 진급, 장관 벼슬을 일찌감치 누렸지만 군사반란에 연루됐다는 죄목으로 늙으막에 옥살이했다. 빛나는 복(榮福)은 통혁당 사건에 연루된 죄로 20년을 복역하다 29년만에 강의를 다시 맡았다.

의식주 걱정을 안해도 되는 복(福鉉)은 기자로 있고 의미심장한 복(義福)은 세금문제로 투옥되었다가 재판에서 무죄로 풀려난 사업가이다.

다음으로는 복 록(祿)자를 사용한 경우를 살펴보자

오래 유지되는 복(永祿)은 제자들에 의해 멋들어지게 차려진 회갑잔치상을 받은 교사이다. 복된 왕릉(祿園)은 대학 이사장이고 서로 복되는 길을 찾는다(相祿)는 이름은 시민운동가이다. 높은 복(宗祿)은 역사학자이고 큰 복(德祿)은 화장품을 제조하고 있다. 술잔을 많이 받을 복(鍾祿), 보습에 묻어나는 복(鉆祿), 형통하게 되는 복(亨祿)은 공무원이다.

복있는 곳에 머문다(在祿)는 이름은 은행간부이다.

다음으로는 복조 조(祚)자를 쓴 경우를 보자

햇빛같은 복(昌祚), 빛을 발하는 복(榮祚), 이어가는 복(承祚), 하늘과 통하는 복(聖祚)은 교수이고, 순응하는 복(順祚)은 인간문화재다. 근원에서 오는 복(源祚), 받드는 데서 얻는 복(奉祚)은 정치인이다. 남쪽에서 얻는 복(南祚)은 여류시인이다. 빛같은 복(光祚), 밝은 데로 나가는 복(炳祚), 왕버들처럼 자라나는 복(楊祚)은 공무원이다. 주석처럼 빛을 발하는 복(錫祚)은 통신회사간부이고 긴 복(永祚)은 농업진흥을 위해 애쓰고 있다.

누구나 다 부귀영화(富貴榮華)를 누리고자 한다. 부유하고 벼슬높아 온갖 영예와 행운을 다 거머쥘 수 있기를 바란다. 부자 부(富)자와 높을 귀(貴)자를 이름에 사용한 이들은 아마도 그런 소망 때문에 그런 노골적인(?) 이름을 택했을 것이다.

우선 부자 부(富)자를 사용한 이름들을 살펴보자.

바낭이 부자다(性富), 부유한 벼슬꾼(富卿), 부유하여 남을 돕는다(富贊), 배 때문에 부자가 된다(船富), 빨리 부자가 된다(敏富), 가득찬 냄비(富鎬), 살찐 용(富龍), 큰 부자(弘富), 부유하게 하는 냄비(鎬富), 해 반짝 나듯이 부자가 된다(暘富)는 이름은 공무원이다.

크게 부유해진다(富弘)는 이름은 외교관이고 부유하여 늘 밝은 빛을 띤다(富煥)는 이름은 검사이다. 부유함을 세운다(富植)는 이름은 차관을 지냈다. 한 곳에 굳게 자리잡은 부유함(貞富), 법을 지켜 부유하게 된다(文富), 부유한 사람(富子), 부유하고 길하다(富吉), 부유하게 되어 다시 일어선다(富起)는 이름은 교수이다.

비옥한 밭(富田), 부를 가져다주는 기초작업(富緒), 부를 낳는 머리(富頭), 햇빛같은 부를 쌓는다(昌富)는 이름은 은행간부나 은행 중역이다. 부유한 근원(富源)은 부동산 중개업자이고 크게 부유해진다(富德)는 이름은 학교이사장이다. 부유함으로 빛이 난다(富榮)는 이름은 재야출신 정치인이고 부자가 되어 온다(富來)는 이름은 사업가이다. 부유한 바탕(富基)은 신문사 사장이다. 은이 풍부하다(銀富)는 이름은 청과상회를 운영하다 불법을 저질렀다.

그리고 높을 귀(貴)자를 이름으로 사용한 이들두 있다

높게 세운다(貴植), 귀한 구슬(貴玉)은 언론인이고 소중한 냄비(貴鎬)는 대법관이다. 높게 되는 사내(貴男)는 검사다. 귀하게 된다(成

貴), 소중한 일을 꼭 이룬다(貴徹), 오랫동안 귀하다(長貴)는 이름은 공무원이다.

높고 밝다(貴明)는 이름은 대학총장 부인이고 높은 언덕(貴原)은 보험회사 간부이고 만배나 높다(萬貴)는 이름은 금융회사 간부이다. 높게 되는 여자(貴姬)는 출판업을 하고 있다. 출생이 귀하다(貴生)는 이름은 축대붕괴사고에 책임을 지고 투옥된 건설회사 간부이다. 햇빛처럼 귀하게 된다(昌貴)는 이름은 유명소설가이자 저명한 교수로 일생을 마감한 분(金東里, 東里는 자신의 친형이 지어준 '호'이다)의 호적 명이다.

또한 이름 중에는 높을 종(宗)자를 사용한 경우도 많다. 높게 통한다(宗兌), 높은 곳에 따른다(應宗), 높은 세상(宗世), 높고 크다(宗大), 솥귀가 높다(鉉宗), 여름에 높다(夏宗), 높은 곳을 구한다(求宗)는 이름은 언론인이다. 근원이 높다(源宗), 높은 곳에 놓인 냄비(宗鎬), 높은 구름(雲宗)은 정치인이다.

높게 빛난다(宗煥)는 이름은 지적재산관리를 위해 일하고 있고 높고 크다(宗德), 높고 순박하다(宗淳)는 이름은 교육에 헌신중이다. 높게 머문다(宗在), 높은 저울눈금(宗圭)은 출판인이고, 높은 언덕(宗原), 높은 공을 쌓는다(宗勳)는 이름은 기업인이다. 선하고 높다(善宗), 높고 무성하다(宗秀)는 이름은 통신회사 간부이다. 높은 불길(宗烈)은 은행간부이고 편안하게 해주고 높여준다(容宗)는 이름은 보험회사 간부이다. 높고 크고 넓다(宗浩)는 이름은 증권회사 간부이고 높고 길하다(宗吉)는 이름은 병원의 행정을 맡고 있다. 높은 바탕(宗相)은 공무원이고 유별난 여름(宗夏)은 장관을 지냈다. 기본적인 것을 높인다(宗基)는 이름은 청소년 폭력을 예방하기 위해 캠페인을 벌이고 있다.

누구나 다 지배받기보다 지배하기를 바란다. 이름에 다스릴 치(治)를 사용한 이들이 그런 인간의 욕구를 가장 잘 표현한 셈이다.

봉우리를 다스린다(治峰)는 이름은 기자이고 다스려 빛나게 한다(治榮)는 이름은 기업의 중역이다. 다스리기도 하고 받들기도 한다(治奉)는 이름은 축협간부이고 남녘을 다스린다(南治)는 이름은 정치인이다. 위험스럽게 다스린다(武治)는 이름은 감사원 간부이고 저울을 다스린다(治圭)는 이름은 은행간부이다. 더하는 걸 다스린다(益治)는 이름은 증권회사 사장이고 근원을 다스린다(源治)는 이름은 검사이다.

3) 아기자기한 이름들

특이한 글자들을 이름에 사용한 경우가 많다. 우선 집 택(宅)자를 사용한 경우를 살펴보자.

집을 안다(知宅)는 이름은 기업인이고 너그러운 집(裕宅)은 농구선수다. 편안한 집(容宅)은 국회의원이고 착한 집(善宅)은 공무원이다. 집을 세운다(宅起), 밝은 집(丙宅), 집을 공경하다(宅欽)는 이름은 기업의 간부나 중역이고 집이 넓고 크다(宅浩)는 이름은 개인 사업을 하고 있다. 막아주는 집(柱宅)은 교사이고 집의 기초(宅根), 녹이는 집(鎔宅)은 언론인이다.

집 주(宙)자를 쓴 경우도 있다. 빛나는 집(宙榮)은 공무원이고 오래가는 집(永宙)은 검사이다. 술잔이 가득한 집(鍾宙)은 뇌물수수로 재판받은 정치인이고, 큰 집(弘宙)은 부모와 함께 비행기 추락사고로 사망했다.

해 년(年)자를 사용한 경우도 있다. 나이 먹기 싫어서라도 해 년(年)자를 꺼릴텐데 어쩐 일인지 버젓이 해 년(年)자를 이름에 사용하고 있는 것이다.

별 진(辰)―해 년(年), 물가 수(洙)―해 년(年)은 공무원이고 길 영(永)―해 년(年)은 지하철 공사간부로 있다. 해 년(年)―비 우(雨)는 기업 중역이고 바를 정(正)―해 년(年)은 태권도 감독이다. 나타날 창(彰)―해 년(年)은 체육진흥에 관련된 일을 하고 해 년(年)―녹일 용(鎔)은 사업가로 활약 중이다. 해 년(年)―구슬 옥(玉)은 고등학생들에게 일일주점을 대여해 준 죄로 주위의 지탄을 받은 단란주점 여주인이다.

한자	훈	음	연습
宙	집	주	宙
辰	별	진	辰
璋	경사	장	璋

'침묵은 금(金)이고 웅변은 은(銀)'이라는 말이 한동안 유행했는데 그런 탓인지 잠잠할 묵(默)자를 이름에 사용한 이들이 있다.

배울 학(學)―잠잠할 묵(默)은 복지재단을 이끌고 있고 한 일(一)―잠잠할 묵(默)은 기업인이다. 명길 수(壽)―잠잠할 묵(默), 잡을 병(秉)―잠잠할 묵(默), 클 홍(洪)―잠잠할 묵(默)은 언론인이다. 큰 대(大)―잠잠할 묵(默)은 총포류 불법거래로 법의 심판을 받았다.

세상에는 대개 두 종류의 사람들이 있는 듯하다. 소란을 피우는 이들과 평온을 되찾아주는 이들이 바로 그들이다. 진정할 진(鎭)을 이름에 사용한 이들은 아마도 평정과 평온을 보다 중요시하기 때문일 것이다.

먼저 진정할 진(鎭)을 사용한 이름들을 살펴보자.

바르게 진정시킨다(正鎭)는 이름은 기업주이고 진정시키고 용서한다(鎭寬)는 이름은 검사로 있다. 기초를 진정시킨다(鎭基)는 이름은 판사로 있고, 오랫동안 진정한다(永鎭)는 이름은 38세로 교통사고를 당해 사망한 판사이다. 크게 진정시킨다(鎭弘), 곧게 진정시킨다(貞鎭), 큰법을 진정시킨다(憲鎭)는 이름은 기자이고 큰 것을 진정시킨다(鎭碩)는 이름은 프로바둑기사이다.

궁궐을 진정시킨다(宮鎭), 헤엄치며 진정시킨다(泳鎭), 새벽을 진정시킨다(鎭旿)는 이름은 정치인이고 위험스러운 것을 진정시킨다(鎭武)는 이름은 대학 행정을 맡고 있다. 도와서 진정시킨다(佐鎭)는 이름은 독립투쟁에 헌신했던 애국지사이다. 법을 진정시킨다(範鎭)는 이름은 대학총장이고, 바르게 진정시킨다(平鎭), 영웅을 진정시킨다(鎭英), 별을 진정시킨다(鎭星), 순박하게 만든다(鎭淳), 넓고 큰 것이 되게 한다(鎭浩)는 이름은 교수이다. 봉황새를 진정시킨다(鳳鎭), 진정할수록 빛난다(鎭燦)는 이름은 의사이고 남녘을 진정시킨다(南鎭)는 이름은 변호사이다.

무성하게 하고 진정하게 한다(秀鎭)는 이름은 보험회사간부이고 날래게 진정시킨다(勇鎭)는 이름은 은행간부이다. 이롭게 하려 진정시킨다(利鎭)는 이름은 기업간부이고 특별한 별을 진정시킨다(奎鎭)는 이름은 공군 간부로 있다.

뭔가를 이루려 진정시킨다(成鎭)는 이름은 부하의 횡령으로 징계받은 영관급 군인이고, 이미 무성한 것을 공연히 진정시키려 든다(鎭秀)는 이름은 택시강도 미수범으로 옥살이 했다.

빛을 진정시킨다(鎭光)는 거창한 이름은 삼풍백화점 붕괴 사고시 대책위원회에 참석했던 시민이다. 아들 낳은 경사 장(璋)—진정할 진(鎭)은 동학란 때 부안군수를 몰아낸 올곧은 선비 이름이고 진정할 진(鎭)—물지적지적할 선(渲)은 육군대장을 지냈다.

'진정한다'는 말과 비슷한 것 중 우선 '편안하다'는 말을 떠올릴 수 있다. 편안할 령(寧), 편안할 강(康), 편안할 용(容)을 이름에 사용한 이들은 아마도 '밤새 안녕하시냐?'는 인사말을 제대로 이해했을 법하다.

우선 편안할 령(寧)을 사용한 경우부터 보자.

바다를 편안하게 한다(海寧), 잘 모시어 편안하게 한다(御寧), 바다처럼 편안하게 한다(寧海)는 이름은 장관을 지냈다. 편안하게 머문다(在寧)는 이름은 축협간부이고, 크게 편안하다(太寧), 별빛처럼 펴안하다(辰寧), 편안하게 하여 북돋운다(寧培), 여름(혹은 나라)을 편안하게 한다(寧夏)는 이름은 은행간부이다. 편안함을 실어나른다(載

寧), 헤아려 편안하게 한다(度寧), 동쪽 서쪽을 두루 편안하게 한다(廣寧)는 이름은 보험회사 간부이다.

받들어 편안하게 한다(奉寧), 어진 성품으로 편안하게 한다(惠寧), 넓고 크게 편안함을 준다(浩寧)는 이름은 기업인이다. 편안하게 하는 별(寧奎), 위험스러운 것을 편안하게 하기(武寧)는 공무원이다. 편안하게 하고 길하게 한다(寧吉), 바르게 편안함을 준다(正寧)는 이름은 수뢰공무원으로 낙인 찍히고 말았다.

상서롭게 하고 편안하게 하기(瑞寧)는 정당간부이고 북돋워주고 편안하게 하기(培寧)는 언론인이다. 큰 물길을 편안하게 하기(寧河)는 강릉단오제 예능보유자이고 편안하게 해주는 걸출한 인물(寧俊)은 아마추어 레슬링 해설가이자 기업간부이지만 '빠떼루 아저씨'로 더 유명해진 사람이다. 편안하게 하는 뭇별들(寧星), 편안하게 하여 사무치게 하기(寧達)는 교수이다.

편안하게 하는 사내(康男)는 은행의 중역이고 편안하게 하는 착한 선비(康彦)는 공무원, 편안하게 하고 밝게 한다(康煥)는 이름은 언론인이다. 다섯 차례 편안하게 한다(康五)는 이름은 기업간부이다.

먼저 편안하게 한다(容先)는 이름은 은행간부이다. 두루 편하게 한다(容周)는 이름은 보건복지부 공무원이다.

편안하게 해주려 나간다(容出)는 이름은 보험회사 간부이고 크게 편안하게 한다(容泰)는 이름은 정치인이다. 편안하게 하여 빛을 밝힌다(容煥)는 이름은 저축상을 받은 고등학생이다. 편안하게 하는 법(容式)은 기자이다. 편안하게 돕는다(容弼)는 이름은 원로교수이다.

4) 내적인 성장을 바라는 이름들

'사려 깊다, 생각이 참으로 깊다, 신중하다'는 식의 평판을 듣는 다면 분명 어느 집단, 어느 계층에서나 지도자감이다. 헤아릴 도(度)나 헤아릴 규(揆)를 이름에 사용한 경우는 아마도 그런 사려 깊고 신중한 사람이 되라는 기원 때문일 것이다.

먼저 헤아릴 도(度)를 사용한 이름부터 보자.

헤아려 이리저리 통한다(聖度)는 이름은 은행간부이고 헤아려 편안하게 한다(度寧)는 이름은 보험회사 간부이다. 헤아릴 줄 아는 어진 선비(度彦)는 기업중역이고 기본을 헤아린다(基度)는 이름은 보험감독원 간부이다. 착하고 사려깊다(慶度)는 이름은 온천업을 하고 있고 헤아려 완전하게 한다(度完)는 이름은 벤처기업연구에 매달린 사람이다.

헤아리는 주석(度錫), 헤아려 순리대로 그렇게 흘러가게 하기(度然), 헤아려 행하기(度運), 헤아려 밝게하기(度晟), 헤아려 빛나게 하기(度榮), 헤아려 붉은 모양을 띠게 하기(度赫), 헤아려 빛을 발하게 하기(度暻)는 언론인이고, 헤아릴 도(度)—노리개 형(珩)은 잡지 발행인이다. 헤아려 고르게 한다(度均)는 이름은 상거래 연구가로 알려져 있다.

다음은 헤아릴 규(揆)자를 사용한 경우를 살펴보자.

문장을 헤아린다(章揆)는 이름은 교수이고, 헤아려 이룬다(揆成)는 이름은 장관을 지냈다. 오래 헤아리기(永揆)는 은행간부이고 복을 헤아리기(揆福)는 농어촌 발전촉진에 관련된 일을 하고 있다. 으뜸되는 것을 헤아린다(甲揆)는 이름은 통신회사 간부이고, 동쪽을 헤아린다(東揆), 헤아려 형통하게 한다(揆亨), 헤아려 잘 가려낸다(揆擇)는 이름은 공무원이다. 헤아려 활활 타오르게 하기(揆烈)는 사업가이다.

헤아린다는 말과 가까운 것 중 뜻 의(義)자를 떠올릴 수 있을 것이

다. 뜻 의(義)자를 이름에 쓴 경우를 보
자.

한자	훈	음	연습
珩	노리개	형	珩
啓	열	계	啓
思	생각할	사	思

뜻 의(義)—명길 수(壽), 뜻 의(義)—착할 선(善), 뜻 의(義)—웅장할 웅(雄), 뜻 의(義)—빛 광(光), 뜻 의(義)—순박할 순(淳), 착할 경(慶)—뜻 의(義), 뜻 의(義)—윤택할 택(澤), 뜻 의(義)—도울(혹은 유익할) 조(助), 뜻 의(義)—밝을 명(明)은 공무원이다.

뜻 의(義)—있을 재(在)는 차관을 지냈고, 맡을 승(勝)—뜻 의(義)는 교수출신으로 차관벼슬을 지냈다. 뜻 의(義)—날을 익(翊)은 국회의원을 지냈고 뜻 의(義)—높을 종(宗)은 기업주이다.

뜻 의(義)—사무칠 달(達), 뜻 의(義)—밝을 철(哲), 뜻 의(義)—동녘 동(東), 뜻 의(義)—구할 구(求)는 언론인이다. 뜻 의(義)—용 룡(龍)은 병원행정을 맡고 있고 성할 융(隆)—뜻 의(義)는 병원장이다. 뜻 의(義)—날오를 승(昇)은 해군제독이고 뜻 의(義)—지킬 수(守), 뜻 의(義)—밝을 철(喆), 뜻 의(義)—큰 바다 양(洋)은 기업인이다.

뜻 의(義)—총명할 혜(慧)는 교포여성으로 외무고시에 수석합격했다. 뜻이 천가지다(義千)는 이름은 화가이고 뜻을 믿는다(信義)는 이름은 연구기관의 연구원으로 있다. 뜻에 충실하기(忠義), 뜻을 재빨리 헤아리기(義敏), 뜻이 제대로 전달되도록 돕기(義輔), 뜻을 더욱 빛내기(義炅)는 금융기관 간부로 있다. 뜻을 착하게 따른다(義淑)는 이름은 여교수이다. 뜻을 공경한다(敬義)는 이름은 데모진압중 동료가 죽는 것을 지켜 본 전경이다. 큰 뜻(大義)은 거물정객의 친아우이다. 뜻을 복되게 한다(義福)는 이름은 세무비리에 얽혀 재판을 받은 후 무죄로 풀려난 사업가이다. 뜻을 취한다(義采)는 이름은 신부이다.

소질을 계발한다, 무지한 이를 계몽한다는 말을 할 때 쓰는 열 계

(啓)를 이름에 사용한 이들도 아마 '머리 좋은 사람이 되라, 재주있는 이가 되라'는 소망을 안고 있었을 것이다. 먼저 열 계(啓)를 이름에 사용한 경우부터 보자.

열어서 세워준다(啓植)는 이름은 경제전문가이고 열어 글을 알게 한다(啓章)는 이름은 프로야구단의 간부로 있다. 열어 아름답게 한다(啓烋)는 이름은 차관자리에 있다가 골프를 쳤다는 이유로 단명에 그쳤다.

생각할 사(思)를 이름에 사용한 경우는 아예 직설적인 셈이다.

큰 것을 생각한다(思德)는 이름은 장관과 국회의원을 지냈다. 범을 생각한다(思寅)는 이름은 시인이고 밝은 것을 생각한다(思哲)는 이름은 검사출신의 정치인이다. 무거운 걸 생각한다(思重)는 이름은 언론인이고 공경하기를 생각한다(思欽)는 이름은 기업중역이다. 매사를 크게 생각한다(思奭)는 이름은 교수이다.

매사를 두세번 생각한다면 거의 실수가 없지 않겠는가? 두번 재(再)를 이름에 사용한 경우도 아마 사려 깊기를 바라서 그리 했을 것이다. 두번 재(再)—향풀 훈(薰)은 교장이고 두번 이룬다(再成)는 이름은 학교 서무과장이다. 두배 높다(峻再)는 이름은 증권회사 간부이고 두번 빛난다(再熙)는 이름은 공무원이다. 두번 중심에 속한다(再中)는 이름은 현장기자로 활약 중이다.

5) 어울려 살기를 바라는 이름

친 목할 목(睦)은 성격 묘사를 아예 노골적으로 한 셈이다. 친목을 바탕으로 빛난다(睦榮)는 이름은 사업가이고 순박하여 친목을 도모한다(淳睦)는 이름은 임업발전에 기여하고 있다.

어쩌면 착한 선비 언(彦)도 우리가 흔히 '선비같다, 점잖다'고 표현하는 어떤 바람직한 인간형을 두고 하는 말일지도 모른다. 선비처럼 유식하고 깔끔한데다 착하기까지 하니 그 얼마나 돋보이겠는가?

착한 선비 언(彦)—날돋을 욱(旭), 있을 재(在)—착한 선비 언(彦), 착한 선비 언(彦)—상서 상(祥), 편안할 강(康)—착한 선비 언(彦)은 공무원이다. 착한 선비 언(彦)—냄비 호(鎬)는 출판인이고 주관할 재(宰)—착한 선비 언(彦)은 정당간부이다.

길(혹은 이치) 도(道)—착한 선비 언(彦), 기본 기(基)—착한 선비 언(彦), 도울 찬(贊)—착한 선비 언(彦)은 교사이고, 착한 선비 언(彦)—술잔 종(鍾)은 교수출신 정치인이다. 햇빛 창(昌)—착한 선비 언(彦), 밝을 명(明)—착한 선비 언(彦), 빛 광(光)—착한 선비 언(彦), 헤아릴 도(度)—착한 선비 언(彦)은 기업의 간부나 중역으로 있다. 동녘 동(東)—착한 선비 언(彦)은 재미사업가이고 착한 선비 언(彦)—주관할 재(宰)는 병원에서 근무하고 있다. 빛날 영(榮)—착한 선비 언(彦)은 기자이고 바를 정(正)—착한 선비 언(彦)은 과학기술진흥에 기여하고 있다.

어질 량(良)을 쓴 경우도 있다. 어진 빛(良熙), 어진 자식(良子)은 정치인이고 어질어 잘 돕는다(良弼)는 이름은 독립지사이고 어질 량(良)—물줄기 멀 호(灝)는 교수이다. 어질고 효성스럽다(良孝), 아주 어질다(純良)는 이름은 은행간부이고 어진 성품(良性)은 기업주이다. 어질고 명 길다(良壽)는 이름은 기자이고 어질게 지킨다(良守)는 이름은 교수이다.

판단할 판(判)이나 바를 평(平)도 사람의 바람직한 자질이나 성품을 암시하는 이름자들이다.

술잔을 판단한다(判鍾), 기본적인 것을 판단한다(基判)는 이름은 은행간부이고, 판단할 판(判)—주석 석(錫)은 교사, 판단할 판(判)—귀신이 도울 우(祐), 판단할 판(判)—아름다울 휘(徽)는 공무원이다. 오래 두고 판단한다(判永)는 이름은 6·25참전용사

한자	훈	음	연습
睦	친목할	목	睦
灝	넓을	호	灝
判	판단할	판	判
岩	바위	암	岩

들 중 상이군경에서 제외된 등외판정자들의 모임을 이끌며 국가의 적절한 배려를 호소하고 있다. 판단할 판(判)—순할 순(順)은 효부상까지 받을 정도로 열심히 살다가 빚을 본(성공한) 선비(光儒)라는 이름을 지닌 남편에게 맞아 죽었다. 판단할 판(判)—꾀 술(術)은 죽은 여동생의 장례를 치른 친정 오빠의 이름이다.

바른 뿌리(平根), 어질고 바르다(仁平)는 이름은 기업간부이다. 어조사기(其)—바를 평(平), 바를 평(平)—바위 암(岩), 때 시(時)—바를 평(平)은 공무원이다. 바를 평(平)—남녘 남(南), 바를 평(平)—집 주(宙)는 각각 증권회사와 보험회사에서 간부로 일하고 있다. 바를 평(平)—착할 선(善), 거둘 진(振)—바를 평(平)은 언론인이고 바를 평(平)—길할 길(吉), 바를 평(平)—진정할 진(鎭), 바를 정(正)—바를 평(平)은 교수, 순할 화(和)—바를 평(平)은 군출신 정치인이다. 바를 평(平)—비 우(雨)는 불난 집에 뛰어들어 이웃을 구한 사람이다. 바른 세상(平世)은 사업가이다.

사람의 성품을 두고 이런 저런 말들을 참으로 많이 할 수 있다. 솔직하다느니 유들유들하다느니, 적극적이라느니 소극적이라느니, 개방적이라느니 폐쇄적이라느니 — 실로 열길 물속은 알아도 사람의 마음은 알 수가 없다는 말이 어쩌면 딱 들어 맞는지도 모른다.

6) 소망을 반대로 나타낸 이름들

이름 중에는 별로 탐탁하지 않은 의미가 들어 있는 경우도 있다. 예를 들면 위험스러울 무(武)나 늙을 로(老)같은 글자이다. 누가 위태위태하기를 바라고 늙어가기를 소망하겠는가?

먼저 위험스러울 무(武)를 사용한 이름부터 보자.

위험스러운 뿌리(武根)는 교육자이고 위험스러운 별(武星)은 국회의원이다. 위험스러운 빛(武景), 위험스러운 다스림(武治), 술잔이 위험스럽다(鍾武), 바르지만 위험스럽다(正武), 위험스럽지만 어질다

(武賢), 위험스러운 도움(武助), 위험스러움을 편안하게 한다(武寧), 위험스럽게 하는 법(文武)은 공무원이다. 조정을 위험스럽게 한다(廷武), 위험스러운 솔귀(武鉉)는 정치인이고 이어서 위험스럽게 한다(承武)는 이름은 기업주이다. 위험스러운 사내(武男)는 기업의 중역이고 바탕이 위험스럽다(相武), 하루하루가 위험스럽다(日武)는 이름은 교수이다.

오랫동안 위험스럽다(永武)는 이름은 체육진흥에 헌신중이고 세 번 위험스럽다(武三)는 이름은 은행간부이다. 위험스럽고 올곧다(武貞), 위험스럽게 건넌다(武濟)는 이름은 언론인이다. 위험스러운 일을 도모한다(成武)는 이름은 차관을 지냈다. 어질지만 위험스럽다(賢武)는 이름은 식당종업원으로 일하다 교통사고를 당했는데, 식구들이 수술대에서 침대위로 옮기다가 호흡튜브가 잠시 빠져 그만 애석하게도 사망했다.

다음은 늙을 로(老)자를 이름에 사용한 경우를 살펴보자.

밝을 양(亮)—늙을 로(老)는 정치인이고 길 영(永)—늙을 로(老), 상서 상(祥)—늙을 로(老)는 공무원이다. 밝을 명(明)—늙을 로(老)는 화가이다.

빌(혹은 하늘) 공(空)자를 이름에 넣은 경우도 좀 기이하다. '빈손으로 왔다 빈손으로 간다'(空手來空手去)는 말이 떠올려져 뭔가 허무하고 무상한 느낌이 들지 않겠는가?

비어 있으나 무성하다(空秀)는 이름은 교수이고 텅 비어 있는 속에 중요한 한가지가 남아 있다(空壹)는 이름은 학자출신으로 장관을 지냈다. 비어 있는 속에 큰 물결이 인다(空濆)는 이름은 시위를 막던 동료가 죽는 것을 목격한 전경이다.

낙수 락(洛)을 이름에 사용한 경우도 있다. 굳이 물 떨어지는 걸 연상하도록

한자	훈	음	연습
祖	할아비	조	祖
陣	진칠	진	陣
轅	문	원	轅
手	손	수	手

이름을 지을 이유가 어디 있는지……

큰 폭포(太洛), 선하게 떨어진다(洛善)는 이름은 공무원이고 햇빛이 폭포처럼 쏟아진다(昌洛)는 이름은 은행장과 장관을 지냈다. 폭포 아래 머문다(在洛), 술잔이 폭포처럼 쏟아진다(鍾洛)는 이름은 언론인이다. 곧게 떨어진다(貞洛)는 이름은 기업 간부이고 떨어지는 하늘(洛天)은 축협 간부이다. 떨어진 후 일어난다(洛起)는 이름은 병원행정을 맡고 있고 떨어진 후 돌아온다(洛還)는 이름은 변호사이다. 떨어지는 뿌리(洛根)는 은행간부이다.

이상할 기(奇)를 이름에 쓴 경우도 정말 '이상하다'고 여겨진다.

이상한 냄비(奇鎬), 이상한 동쪽(奇東)은 공무원이고 이상하게 크다(奇洪)는 이름은 교수이다.

할아비 조(祖)를 이름에 사용한 경우도 있다. 소망을 담을만한 글자가 수도 없이 많은데 하필 할아비 조(祖)를 쓰다니, 정말 알다가도 모를 일이다.

반드시 필(必)—할아비 조(祖)는 효부상을 탄 여성이고 말 두(斗)—할아비 조(祖)는 프로야구 코치로 활약 중이다.

꿈 몽(夢)자를 쓴 경우도 있다. 꿈인지 생시인지 모르며 취한 듯, 홀린 듯 살라는 당부라도 깃든 것인가?

꿈 속에서 세운다(夢植)는 이름은 동네 이장이고 꿈 속의 용(夢龍)은 언론인이다. 꿈을 법처럼 여긴다(夢準)는 이름은 재벌2세로 국회의원을 지냈고 꿈꾸는 별(夢奎), 꿈같은 법질서(夢憲), 아홉번 꿈꾸기(夢九), 꿈을 으뜸삼기(夢元)는 모두 재벌2세들이다. 진중(陣中) 문원(轅)—꿈 몽(夢), 즉 싸움터에서 꾸는 꿈(轅夢)은 미국에서 독립운동을 한 애국지사이다.

7) 희망을 실은 이름들

다들 오래 살기를 바란다. 이름에 명길 수(壽)를 넣은 이들도 아마 장수하기를 소망하여 그렇게 했을 것이다. 우선 명길 수(壽)를 이름에 넣은 경우를 살펴보자.

길고 긴 목숨(永壽), 형통하고 명이 길다(亨壽), 명이 완벽하게 길다(壽完)는 이름은 교수이고 명 길고 어질다(壽仁)는 이름은 교수출신 정치인이다. 명 길고 밝은 운세(壽煥)는 추기경으로 국가 원로의 반열에 서 있고 명이 길도록 노력한다(壽成)는 이름은 학자 출신으로 총리를 거쳤다.

명이 긴 솥귀(壽鉉)는 프로바둑기사이고 명이 천년간이다(壽千)는 이름은 화가이다. 명이 길도록 한다(壽在)는 이름은 119 구조대에 있고 명이 긴 검은 쇠(壽鐵)는 검사이다. 밝고 명이 길다(晟壽), 운세가 밝고 명이 길다(炳壽), 고요한 속에 살며 명이 길다(淸壽), 명이 길고 영웅스럽다(壽英), 명이 길고 주위를 진정시킨다(壽鎭), 나라처럼 명이 길다(龜壽), 영웅답고 명 또한 길다(英壽), 명이 긴 것에 잘 순응한다(應壽), 명이 긴 걸 가로 막는다(柱壽), 명이 긴 옥돌(壽玹)은 공무원이다.

명이 길고 잠잠하다(壽默), 빛나고 명이 길다(榮壽), 굳세고 명이 길다(桓壽), 명이 엄청나게 길다(壽億), 감동 잘하고 명이 길다(興壽), 어질고 명이 길다(良壽)는 이름은 언론인이다. 오래 기억될 이름(瓘壽)은 회계사이고 이어서 명이 길다(承壽)는 이름이나 명이 긴 뿌리(壽根), 명이 길어 크게 이룬다(壽弘), 명이 길고 운세가 빛같다(壽昌), 명이 길고 앞길이 밝다(壽榮)는 이름은 개인사업을 하거나 재벌급 기업인이다.

많이 배우고 명 또한 길다(學壽), 명이 긴 옷(壽鍊), 명이 아주아주 길다(長壽)는 이름은 은행간부이고, 서울에 살며 명이 길다(京壽), 명이 길게 한다(壽植)는 이름은 기업의 간부이다.

한자	훈	음	연습
佶	바를	길	佶
恒	항상	항	恒
崗	산등성이	강	崗
郞	사내	랑	郞
鷹	매	응	鷹

명길 수(壽)와 관계깊은 글자 중 목숨(혹은 시킬) 명(命)자를 떠올릴 수 있다. 사람 이름에 목숨을 뜻하는 글자를 넣다니, 실로 비장하고 엄숙하지 않은가?

출중한 인물들을 거느린다(命俊), 긴 긴 목숨(壽命), 목숨을 담보로 위기를 극복한다(命濟)는 이름은 공무원이다. 목숨을 기본으로 여긴다(命根)는 이름은 기자이고, 목숨(혹은 시킬) 명(命)—윤택할 윤(潤), 목숨 명(命)—해 년(年)은 정치인이다. 목숨 명(命)—밝을 환(煥)은 기업 중역이고 긴 목숨(永命)은 대학 행정을 맡고 있다. 목숨이 나날이 새롭다(命新)는 이름은 육군대장을 지냈고, 목숨 명(命)—순할 순(順)은 대통령 영부인을 지냈다.

명길 수(壽)와 관련된 글자들 중 특별히 긴 장(長)이나 오랠 구(久)자를 생각해 볼 수 있다.

오랫동안 희망을 갖는다(長志), 긴 주석(長錫)은 공무원이고, 오랫동안 빛난다(長熙)는 이름은 교수, 오랫동안 불에 익힌다(長爕)는 이름은 정치인이다.

오래 빛나는 은하수(漢久)는 경제전문가이고 바탕이 오래 간다(相久)는 이름은 공무원이다.

누구나 다 풍요롭고 부유하기를 바란다. 그래서 '돈이면 다 된다'는 황금만능주의(黃金萬能主義)가 사회 전반에 강처럼 흐르게 되고 바다처럼 출렁이게 되었는지도 모른다. 무성할 수(秀)나 무성할 무(茂)자를 이름에 사용한 이들도 아마 그런 풍요로움을 소망했지 않았을까?

우선 무성할 수(秀)를 사용한 경우를 살펴보자.

지름길 경(徑)—무성할 수(秀)는 호텔 간부이고 윤택할 윤(潤)—무성할 수(秀), 연밥 연(蓮)—무성할 수(秀), 서로(혹은 바탕) 상(相)—무성할 수(秀)는 기업의 간부로 있다. 무성할 수(秀)—으뜸 원(元), 범인(寅)—무성할 수(秀)는 기업 중역이다.

재빠르다(敏秀), 아주 오래 간다(永秀), 남달리 인자하다(秀仁), 뿌리가 무성하다(根秀), 햇볕이 눈부시다(陽秀), 무척 높다(宗秀), 아주 어질다(賢秀), 법에 정통하다(文秀)는 이름은 공무원이다.

아주 크다(泰秀), 빛이 찬란하다(光秀)는 이름은 대학총장이고 무성함이 오래 간다(秀永), 으뜸되는 것을 무성하게 한다(元秀)는 이름은 교수이다.

은하수가 무성하다(漢秀), 사무침이 남다르다(達秀)는 이름은 보험회사 간부이고 바탕 자체가 무성하다(性秀)는 이름은 정신과의사이다. 속 끓일 위(渭)—무성할 수(秀), 즉 속을 많이 끓인다(渭秀)는 이름은 소설가로서 농협에서 세운 농업박물관 책임자로 있다.

무척 높다(峻秀)는 이름은 판사이고 밝기가 대단하다(炳秀)는 이름은 검사이다. 완벽을 기한다(完秀)는 이름은 몽골연구가이고 반드시 풍요를 이룬다(必秀)는 이름은 학원을 운영하다가 범법행위로 법의 심판을 받았다.

무성할 수(秀)—바를 길(佶), 무성할 수(秀)—날랠 용(勇)은 금융기관 간부로 있고 봄 춘(春)—무성할 수(秀)는 개인사업을 하고 있다.

무성할 수(秀) 앞에 배울 학(學), 둥글 원(圓), 남녘 남(南), 클 홍(洪), 맡을 임(任), 술잔 종(鍾), 항상 항(恒), 헤엄칠 영(泳), 통할 성(聖), 산등성이 강(崗)을 붙인 이름이나 무성할 수(秀) 뒤에 수레멍에 형(衡), 예쁠 미(美)를 붙인 이름은 언론인이다. 무성할 수(秀)—빛날 영(榮), 길할 길(吉)—무성할 수(秀)는 병원 행정을 맡고 있다.

무성할 수(秀)—넓고 클 호(浩), 무성할 수(秀)—냄비 호(鎬), 무성할 수(秀)—거둘 진(振)은 기업주이다. 빛날 영(榮)—무성할 수(秀)는 국회의원과 장관을 지냈다. 날짜가 많다(日秀)는 이름은 시민운동가로 알려진 교수이고 아주 밝다(明秀)는 이름은 변호사이다. 대단히 윤택하다(澤秀), 많은 사람을 거느린다(秀萬), 햇빛이 눈부시다(秀昌), 똑바르기가 칼날같다(正秀), 많은 사람·큰 액수를 관리한다(千秀)는 이름은 정치인이다. 승승장구한다(起秀)는 이름은 검찰총장을 지냈고, 무성할 수(秀)—자식 자(子)는 여성학을 전공했다. 매 응(鷹)—무성할 수(秀)는 궁궐을 짓는 대목수이다.

다음은 무성할 무(茂)를 이름에 사용한 경우를 살펴보자.

많이 보은다(曾茂)는 이름은 언론인이고 선하기가 이를 데 없다(慶茂)는 이름은 교수이다. 기초가 튼튼하다(茂基)는 이름은 교수출신으로 노동정책 전반을 책임지고 있다. 이룰 성(成)—무성할 무(茂)는 공무원이고 무엇이든 잘 믿는다(茂信)는이름은 경찰관이다. 아주 순박하다(淳茂)는 이름은 축협간부이고 조정 정(廷)—무성할 무(茂)는 보험회사 간부이다. 뿌리가 무성하다(根茂)는 이름은 대학생들의 취업을 돕는 일을 하고 있고, 기러기 홍(鴻)—무성할 무(茂)는 기업 중역이다. 용 용(龍)—무성할 무(茂)는 시민운동단체에서 일하고 있고, 무성할 무(茂)—용 룡(龍)은 3백여개의 동굴보존에 골몰한 '동굴지킴이'로 알려져 있다. 근본이 잘 갖추어져 있다(本茂)는 이름은 재벌 2세이다. 올곧은 기질이다(正茂)는 이름은 개인사업을 하고 있다.

8) 입신양명(立身揚名)을 바라는 이름

누구나 정치일선에 나서면 '백성이 제일이다, 민심(民心)이 바로 천심(天心)이다'는 식의 말을 곧잘 한다. 백성 민(民)자를 이름에 사용한 이들은 스스로 민초(民草)라는 자격지심(自激之心)에서 그렇게 한 것일까, 아니면 세상의 근본이라는 사각(自覺)에서 그렇게 한 것일까?

백성 밝게 하기(民哲)는 문예진흥기금을 횡령한 극장주이다. 용이

된 백성(龍民)은 음란비디오를 제작
한 죄로 법의 심판을 받았다. 명맥
을 오래 유지하는 백성(常民), 백성
신기(民載)는 교수이고 술잔을 든 백
성(鍾民)은 차관을 지냈다. 충성스런
백성(忠民), 백성을 순하게 하기(民
和), 백성의 자식(民子)은 공무원이
다.

한자	훈	음	연습
君	임금	군	君
公	벼슬	공	公
官	관가	관	官
宮	궁궐	궁	宮
冠	우두머리	관	冠
常	오랠	상	常
休	쉴	휴	休

밝은 빛을 내는 백성(煥民)은 기능
올림픽 입상자이고 백성 북돋우기(民培), 큰바다에 사는 백성(洋民),
백성과 함께 한다(在民), 밭가는 백성(耕民)은 언론인이다. 백성 보살
피기(成民)는 비행기추락사고로 별세한 의사이다. 영웅다운 백성(英
民)은 은행 간부이고, 바른 백성(正民), 백성 키우기(民浩), 큰 백성
(泰民), 기반을 이룬 백성(基民), 용서하는 백성(寬民)은 기업의 간부,
백성 대신 막아주기(民柱)는 기업중역이다. 무성한 백성(秀民)은 세
계인의 선진화를 위해 애쓰고 있다. 여름하늘 아래 있는 백성(昊民)
은 정년퇴직시 훈장을 받은 교사이다. 빛나는 백성(耿民)은 어머니
병수발하며 대입검정에 합격한 여성이다. 주석을 다루는 백성(民錫)
은 정치인이다.

백성과 밀접한 말들을 이름에 사용한 경우도 있다. 예를 들면 임
금 군(君)이나 벼슬 사(士), 벼슬 공(公) 같은 글자들이다.

건너가는 임금(濟君)은 은행간부이고, 범같은 군주(虎君), 냄비 호
(鎬)—임금 군(君), 즉 먹여살리는 임금(鎬君)은 공무원이다. 빛나는
임금은 언론인이다.

벼슬 사(士)—솥귀 현(鉉), 불길처럼 승승장구하는 벼슬(士烈)은 공
무원이고 벼슬을 공경한다(士欽)는 이름은 보험회사 간부이다. 벼슬
을 통해 어진 일을 한다(士仁)는 이름은 밀렵혐의로 조사받은 경찰

관이다.

　벼슬을 이룬다(成公)는 이름은 의사이고 벼슬을 진정시킨다(公鎭), 벼슬을 크고 넓게 만든다(公浩)는 이름은 공무원이다. 벼슬한 사람(公子)은 교수이다. 벼슬에 저울눈을 찍는다(公圭)는 이름은 판사의 집무실로 찾아가 느닷없이 찌르고 도망친 정신이상자이다. 예절을 다루는 벼슬(公禮)은 남편과 함께 새농민상을 수상했다.

　벼슬있는 호랑이(公寅)는 공무원생활을 하다 도박에 빠져 신세를 망쳤다. 벼슬 얻어 승승장구한다(公翊)는 이름은 정치인이다.

　관가 관(官)도 백성과 밀접한 글자인 셈이다.

　관가를 오래 가게 한다(官永), 관가를 손아귀에 넣는다(振官)는 이름은 기업의 간부이고, 건물 하나로 된 관가(一官), 관가를 뜻있게 한다(官義), 관가짓기(成官)는 기업의 중역이다. 관가 세우기(樹官)는 건강강연으로 유명해진 교수다. 관가의 큰 별(官枃), 관가를 터닦아 발전시키는 이(官燮)는 공무원이고 범을 키우는 관가(寅官)는 병원행정을 맡고 있다. 물 맑은 곳에 있는 관가(官澈)는 공인회계사다. 관가의 냄비(官鎬), 관가밝게 하기(明官), 바탕이 관가에 드나들 사람(相官)은 검사이다. 관가 취하기(官采)는 전승공예가이다.

　궁궐 궁(宮)이나 권세 권(權)도 백성과 직결된 글자들이다. 궁궐에 있는 냄비(宮鎬), 궁궐을 불사른다(宮燃)는 이름은 교수이다. 궁궐에 물이 솟는다(宮湧)는 이름은 보국포장을 받았다.

　궁궐의 산호(宮珊)는 이북5도민회를 이끌고 있다. 궁궐에 흐르는 물줄기(宮湘)는 사업가이다. 궁궐에 있는 옥다음가는 돌(宮珉)은 공무원이다. 궁궐에 불을 땐다(宮煐)는 이름은 거미표본을 10여만점이상 소지한 탓에 '거미할아버지'로 통한다.

　임금 순(舜)이 들어가 이름도 간간이 보인다.

　임금을 쓴다(舜用)는 이름은 검사이고 임금을 지키는 큰새(舜鳳)는 국회의원이다. 임금을 활활 타오르게 한다(舜烈), 임금을 돕는다(舜

佑)는 이름은 언론인이다.

　권세 권(權)자를 사용한 경우도 있다.

　권세가 커진다(權奭)는 이름은 공예대전에 나가 대상을 받았으나 부정혐의로 포기했다. 큰 권세(大權)는 공법 교수이고, 술잔만한 권세(鍾權)는 계엄법위반으로 재판받은 교사, 햇빛같은 권세(昌權)는 판사이다. 형통한 권세(亨權), 밝은 빛을 발하는 권세(炳權), 서로를 알게 하는 권세(權相)는 언론인이다.

　어진 권세(良權)는 은행간부이다. 권세의 중심(權中)은 공무원이다. 대단한 권세(德權)는 국회공무원이다. 함께 누리는 권세(相權)는 비행기추락사고로 불귀의 객이 된 사업가이다. 권세를 잡는다(采權)는 이름은 사업가이다. 오래가는 권세(永權), 권세를 부린다(用權)는 이름은 기업중역이다.

　귀공 경(卿)자를 넣은 이름도 있다.

　벼슬자리에 앉은 늙은이(卿老), 큰 벼슬(泰卿)은 기업인이고 기쁨을 주는 벼슬(喜卿), 예쁜 벼슬아치(美卿)는 여성 국회의원이다. 의미를 중시하는 인물(義卿)은 예술가들의 모임을 이끌고 있다. 너그러운 벼슬아치(裕卿)는 호텔 주인이다. 벼슬 경(卿)—은나라 서울 박(亳), 호걸다운 벼슬아치(卿豪)는 금융기관 간부이고 날이 갈수록 높아지는 벼슬(昇卿)은 은행장이다. 아주 유명해지기(秀卿)는 월북행각으로 유명해졌다. 높은 벼슬(貴卿)은 대학원장을 맡고 있는 여성이다. 귀하게 된다(在卿)는 이름은 악마주의 음반을 유통시켜 물의를 빚었다.

　우두머리 관(冠)을 넣은 이름도 있다.

　술잔 든 우두머리(鍾冠), 밝은 빛을 띤 우두머리(炳冠)는 공무원이다. 법의 우두머리(準冠)는 교육자이다. 우두머리 세우기(冠植)는 「大韓民國 金 冠植」이라고 명함에 박아 가지고 다니던 괴짜 시인이다.

누구나 다 시종여일(始終如一), 즉 '늘 같아야 한다, 한결 같아야 한다'는 말을 자주 들으며 자라게 되어 있다. 끈기있게 한 우물을 파라는 뜻이기도 하고 인간관계를 성실하고 진실되게 유지하라는 충고이기도 하다.

오랠 상(常), 항상 항(恒), 항상 용(庸)을 이름에 사용한 경우도 아마 그런 경구를 염두에 둔 까닭이 아닐까?

순전함을 오래 지킨다(純常)는 이름은 기업간부이고 오래 즐겁다(常悅), 오래 밝게 나타난다(顯常)는 이름은 공무원이다. 오래 세운다(常植)는 이름은 기자이다. 술잔을 오래 지닌다(鍾常)는 이름은 기업중역이다. 오래 무성하다(常秀)는 이름은 유선방송과 관련된 일을 하고 있고 유일하게 오래 간다(一常)는 이름은 은행간부이다. 명맥을 오래 유지하는 백성(常民)은 교수이다.

늘 무성하다(恒秀), 늘 물가에 있다(恒洙), 늘 앞으로 나간다(恒進)는 이름은 언론인이다. 늘 뿌리가 된다(恒根)는 이름은 기업간부이고, 늘 최선을 다한다(恒九), 늘 크다(恒德)는 이름은 기업중역이다. 늘 언덕이 된다(恒原), 늘 향기가 난다(恒馥)는 이름은 기업인이고, 늘 같은 저울눈(恒圭)은 친형이 대통령을 시해한 후 사형당한 탓에 고초를 많이 겪은 사업가이다. 늘 잠잠하다(恒默)는 이름은 교수이다. 늘 착하다(恒善)는 이름은 은행간부이다. 늘 윤택하다(恒潤)는 이름은 대법관을 지낸 후 80세에 별세했다.

늘 상서롭다(庸祥)는 이름은 경찰관이고 늘 뛰어나다(庸卓)는 이름은 공무원이다. 늘 가운데에 머문다(庸中), 늘 웅장하다(庸雄)는 이름은 언론인이다. 늘 밝다(庸煥)는 이름은 변호사이고 늘 주관한다(庸宰), 늘 무성하다(庸秀)는 이름은 교수이다. 늘 만가지를 다룬다(庸萬)는 이름은 고속철도 관련기관에서 일하고 있고 늘 온다(庸來)는 이름은 장관을 지낸 후 대학총장 자리에 있다. 바탕이 한결같다(相庸)는 이름은 시민운동가이다. 항상 같다(庸 비)는 이름은 대학이사장이다. 늘 순하다(庸和)는 이름은 은행간부이다.

'항상 이러저러하다'는 말과 대조되는 것이 아마 쉬일 휴(休)자일 것이다.

바르게 쉰다(正休), 구슬처럼 가만히 머문다(玉休)는 이름은 언론인이다. 햇빛 아래서 쉰다(昌休)는 이름은 공무원이고 바닷속 용처럼 가만히 있다(龍休)는 이름은 정당 간부이다. 불길 활활 오르는 것을 멈추게 하다(休烈)는 이름은 화가이다. 잠자는 법(文休)은 정치인이다. 검은 점을 찍어 쉬게 하기(點休), 빛을 쉬게 하기(光休)는 교수다. 쉬는 옥구슬(休玉)은 판사이다.

놓일 일(逸)자도 '집착'이니 '매진'이니 하는 의미와는 거리가 먼 글자이다.

건너간 후 놓인다(濟逸), 서로 놓는다(相逸)는 이름은 언론인이다. 세상을 놓는다(世逸)는 이름은 교수출신으로 차관벼슬을 지냈다. 이어서 놓는다(承逸)는 이름은 방송사 중역이다. 큰걸 놓는다(大逸)는 이름은 대학 행정을 맡고 있다. 빛 놓아주기(光逸)는 검사이다. 착하게 놓아주기(慶逸)는 외교관이고 고르게 놓아주기(逸均)는 교수이다.

7. 한자 이름 짓기에 필요한 것들

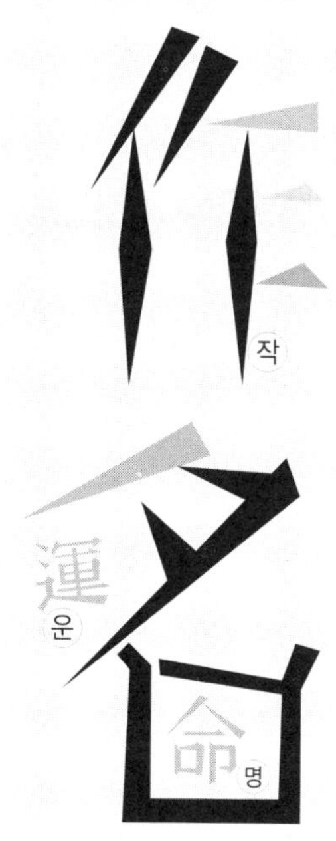

1) 가나다순으로 정리한 인명용 한자

현재 인명용 한자로 지정된 한자는 2001년 1월 4일에 추가된 한자를 포함하여 모두 4,879자이다. 그 안에는 한문 교육용 한자 1,800자와 차례로 추가된 인명용 한자 2,994자, 그리고 사용 가능한 속자, 약자들이 있다.

이 책에는 뜻이 좋지 않아 이름에는 부적합하거나 글자가 너무 복잡하여 쓰기 불편한 자는 제외하고 이름 짓기에 좋은 자만을 수록하였다.

한자를 가나다 순으로 배열하되 총획 순을 따랐다.

ㄱ

가

家 집	可 옳을	加 더할	佳 아름다울	架 세울
街 거리	哥 노래할	珂 옥 이름	苛 살필	茄 가지
嫁 시집갈	軻 높을	嘉 아름다울	賈 값	暇 겨를
	歌 노래	價 값	稼 심을	

각

| 珏 쌍옥 | 各 각각 | 角 뿔 | 却 물리칠 | 刻 새길 |
| | 恪 공경 | 殼 껍질 | 閣 집 | 覺 깨달을 |

간

侃 강직할	干 방패	刊 새길	艮 그칠	杆 박달
稈 볏짚	竿 장대	看 볼	柬 가를	間 사이
澗 산골물	揀 가릴	幹 줄기	諫 간할	墾 개간할
	懇 정성	磵 산골물	簡 대쪽	

갈

| 葛 칡 | 曷 그칠 | 渴 목마를 | 竭 다할 | 碣 우뚝 선 돌 |
| | 褐 털옷 | | | |

감

紺 보랏빛	甘 달	坎 구덩이	柑 감자	勘 헤아릴
減 감할	敢 용감할	堪 견딜	嵌 산 깊을	邯 땅 이름
橄 감람나무	感 감동	戡 이길	監 볼	瞰 굽어볼
	鑑 거울			

갑 甲 갑옷 岬 산허리 鉀 갑옷 閘 수문

강 江 물 岡 산등성이 姜 성(姓) 剛 굳셀
强 굳셀 堈 언덕 康 편안할 崗 산등성이 絳 깊게 붉을
綱 벼리 降 내릴 彊 강할 鋼 강철 講 강론할
糠 겨 薑 생강 疆 지경 襁 포대기

개 介 끼일 价 착할 改 고칠 個 낱
芥 겨자 開 열 凱 개선할 塏 시원한 땅 箇 낱
漑 물 댈 槪 대강 蓋 덮을 鎧 갑옷

객 客 손님

갱 更 다시 粳 메벼

거 去 갈 巨 클 車 수레 居 살
拒 막을 倨 거만할 祛 물리칠 距 지낼 据 의지할
渠 개천 據 웅거할 擧 들

건 巾 수건 件 조건 建 세울 虔 정성
乾 하늘 健 굳셀 楗 문빗장 鍵 열쇠

걸 杰 뛰어날 傑 뛰어날

검 鈐 비녀장 劍 칼 儉 검소할 黔 검을

檢 살필

<table>
<tr><td>게</td><td>偈 쉴</td><td>揭 들</td><td>憩 쉴</td><td></td></tr>
<tr><td>격</td><td>格 격식</td><td>激 과격할</td><td>檄 격문</td><td></td></tr>
<tr><td>견</td><td>見 볼</td><td>堅 굳을</td><td>牽 이끌</td><td>絹 비단</td></tr>
<tr><td></td><td colspan="4">遣 보낼</td></tr>
<tr><td>결</td><td>決 결단할</td><td>結 맺을</td><td>潔 맑을</td><td></td></tr>
<tr><td>겸</td><td>兼 겸할</td><td>謙 겸손할</td><td></td><td></td></tr>
</table>

<table>
<tr><td>경</td><td>更 고칠</td><td>庚 별</td><td>京 서울</td><td>炅 빛날</td></tr>
<tr><td></td><td>坰 들</td><td>俓 곧을</td><td>勁 굳셀</td><td>耿 빛날</td><td>徑 지름길</td></tr>
<tr><td></td><td>耕 밭갈</td><td>倞 굳셀</td><td>淫 통할</td><td>頃 이랑</td><td>竟 마침내</td></tr>
<tr><td></td><td>梗 대개</td><td>卿 벼슬</td><td>景 볕</td><td>硬 굳을</td><td>經 날</td></tr>
<tr><td></td><td>傾 기울어질</td><td>敬 공경</td><td>莖 줄기</td><td>境 지경</td><td>逕 길</td></tr>
<tr><td></td><td>輕 가벼울</td><td>慶 경사</td><td>暻 밝을</td><td>憬 깨달을</td><td>璟 옥빛날</td></tr>
<tr><td></td><td>擎 받들</td><td>鏡 거울</td><td>鯨 고래</td><td>瓊 구슬</td><td>警 경계할</td></tr>
<tr><td></td><td>競 겨룰</td><td></td><td></td><td></td></tr>
</table>

<table>
<tr><td>계</td><td>系 이을</td><td>戒 경계할</td><td>季 끝</td><td>契 맺을</td></tr>
<tr><td></td><td>界 지경</td><td>係 걸릴</td><td>癸 북방</td><td>計 셈할</td><td>桂 계수나무</td></tr>
<tr><td></td><td>啓 일깨울</td><td>階 섬돌</td><td>溪 시내</td><td>誡 경계할</td><td>繼 이을</td></tr>
</table>

鷄 닭

고

古 예　叩 두드릴　考 상고할　告 알릴
固 굳을　姑 시어미　枯 마를　庫 곳집　高 높을
皐 언덕　鼓 북　敲 두드릴　稿 볏짚　顧 돌아볼

곡

曲 굽을　谷 골　穀 곡식

곤

坤 땅　昆 맏　崑 산이름　琨 옥돌

골

骨 뼈

공

工 장인　孔 구멍　公 공평할　功 공
共 함께　攻 칠　空 빌　供 이바지할　恭 공손할
貢 바칠　珙 큰옥　拱 당길

과

戈 창　瓜 오이　果 과실　科 과정
誇 자랑할　寡 적을　菓 과자　課 매길　過 지날

곽

郭 성곽　廓 클

관

官 벼슬　冠 갓　貫 꿸　款 정성
琯 옥피리　管 주관할　慣 익숙할　寬 너그러울　館 객사
關 빗장　灌 물 댈　瓘 서옥　觀 볼

| 괄 | 刮 깎을 | 括 맺을 | 恝 걱정 없을 | 适 빠를 |

광	光 빛	匡 바룰	侊 클	眖 밝을
	洸 물 솟을	珖 옥피리	筐 광주리	廣 넓을	壙 구덩이
	曠 빌	鑛 쇳돌

| 괘 | 掛 걸 | 罫 줄 |

| 괴 | 怪 괴이할 | 傀 클 | 塊 덩어리 | 槐 느티나무 |
| | 魁 으뜸 |

| 굉 | 宏 클 | 紘 넓을 | 轟 울릴 |

교	巧 공교로울	交 사귈	咬 새 지저귈	姣 예쁠
	校 학교	教 가르칠	晈 햇빛	喬 높을	絞 급할
	蛟 도룡뇽	較 비교할	郊 들	嶠 산길	橋 다리
	矯 바로잡을	蕎 메밀	轎 가마	翹 빼어날

구	久 오랠	口 입	仇 짝	勾 맡아볼
	句 구절	丘 언덕	臼 절구	求 구할	究 궁구할
	玖 옥돌	具 갖출	坵 언덕	拘 잡을	九 아홉
	枸 구기자	矩 법	俱 함께	苟 진실로	救 구할
	區 구역	毬 제기	耉 명 긴	球 구슬	邱 언덕
	鳩 비둘기	絿 급할	鉤 갈고리	構 지을	謳 노래할

嶇 산 가파를 | 廐 마구간 | 逑 짝 | 銶 끌 | 歐 노래할
駒 노래이름 | 龜 거북 | 溝 개천 | 購 살 | 軀 몸
舊 예 | 謳 노래 | 驅 몰 | 鷗 갈매기 | 衢 네거리

국
局 판 | 國 나라 | 菊 국화 | 鞠 공

군
君 임금 | 軍 군사 | 裙 치마 | 群 무리
郡 고을

굴
屈 굽을 | 堀 굴뚝 | 掘 우뚝할 | 窟 굴

궁
弓 활 | 穹 높을 | 芎 궁궁이 | 宮 궁궐
躬 몸소

권
券 문서 | 卷 책권 | 拳 주먹 | 眷 돌아볼
圈 둘레 | 捲 주먹 쥘 | 勸 권할 | 權 권세 | 澔 물 돌아 흐를

궐
厥 그것 | 闕 대궐 | 蕨 고사리

궤
机 궤나무 | 軌 굴대 | 櫃 상자

귀
句 구절 | 晷 그림자 | 貴 귀할 | 龜 거북
歸 돌아올

규
叫 울 | 圭 서옥 | 糾 살필 | 奎 별

趐 날랠	珪 서옥	規 법	硅 규소	揆 헤아릴
閨 안방	達 큰길	葵 아욱	窺 엿볼	槻 물푸레나무

균

勻 고를	均 고를	畇 밭 일굴	鈞 무거울
筠 대나무	菌 버섯	龜 틀	

극

克 이길	剋 이길	戟 창	棘 가시나무
極 지극할	劇 연극할	隙 틈	

근

斤 날	劤 강할	根 뿌리	芹 미나리
近 가까울	僅 겨우	勤 부지런할	菫 씀바귀	瑾 붉은 옥
懃 친절할	謹 삼갈	覲 뵐	槿 무궁화나무

금

今 이제	妗 외숙모	金 쇠	昑 밝을
衾 이불	芩 금풀	衿 옷깃	琴 거문고	錦 비단
檎 능금	襟 옷깃		

급

及 미칠	伋 생각할	汲 물 길을	扱 미칠
級 등급	給 줄		

긍

亘 뻗칠	肯 즐길	矜 자랑할	兢 조심할

기

己 몸	企 바랄	伎 재주	圻 언덕
岐 가닥 나뉠	杞 구기자	汽 물 끓는 김	技 재주	其 그
沂 물이름	奇 기이할	祁 성할	玘 패옥	祈 빌

紀 규율　祇 편안할　起 일어날　記 기록할　豈 어찌
氣 기운　耆 늙을　基 터　旣 이미　崎 산길 험할
寄 부탁할　埼 낭떠러지　期 기약할　棋 바둑　幾 얼마
朞 돌　琦 구슬　琪 옥　嗜 즐길　祺 길할
畸 기이할　箕 키　畿 경기　旗 기　綺 비단
璂 옥이름　錤 호미　器 그릇　機 베틀　錡 밥솥
冀 바랄　璣 구슬　磯 자갈　騏 바둑 무늬 말　騎 말 탈
耭 밭 갈　麒 기린　譏 나무랄　夔 조심할　驥 천리마

긴　緊 긴요할

길　吉 길할　佶 바를　桔 도라지　拮 일할

김　金 성

끽　喫 마실

ㄴ

나
那 어찌　　奈 능금나무　　拏 잡을　　娜 아름다울　　拿 잡을
喇 나팔　　懦 부드러울

낙
諾 허락할

난
煖 더울　　暖 따뜻할

날
捺 누를　　捏 찍을

남
男 사내　　柟 매화나무　　南 남녘　　湳 물이름
楠 녹나무

납
納 들일　　衲 기울

낭
娘 아가씨　　囊 주머니

내
乃 이에　　內 안　　耐 견딜　　柰 능금나무

녀
女 계집

년
年 해　　秊 해　　撚 잡을

념 念 생각　拈 집을　恬 편안할

녕 審 차라리　寧 편안할

노 努 힘쓸　弩 쇠뇌　瑙 옥돌

농 農 농사　濃 무르녹을

눈 嫩 고울

눌 訥 말더듬을

뉴 杻 싸리　紐 맺을

능 能 능할

니 尼 산이름　泥 진흙

ㄷ

다	多 많을	茶 차		

단	丹 붉을	旦 아침	佃 다만	段 층계
	彖 결단할	蛋 새알	袒 옷벗을	短 짧을	單 홑
	亶 믿을	湍 여울	端 끝	團 둥글	壇 단
	檀 박달나무	鍛 단련할	斷 결단할		

달	達 통달할	撻 빠를	澾 미끄러울	

담	淡 맑을	覃 미칠	湛 즐거울	談 말씀
	潭 연못	澹 물 모양	憺 편안할	薵 마름	擔 멜
	譚 말씀				

답	沓 겹칠	畓 논	答 대답할	

당	唐 나라	堂 집	棠 아가위	當 마땅할
	塘 못	幢 기	撞 두드릴	黨 무리	

대	大 큰	代 대신할	垈 집터	坮 돈대
	岱 산이름	待 기다릴	玳 대모	袋 자루	帶 띠

貸 빌릴　臺 집　對 대답할　擡 들　隊 떼
戴 일

댁　宅 집

덕　德 큰　悳 덕

도　刀 칼　到 이를　度 법도　徒 무리
挑 뛸　島 섬　桃 복숭아　掉 흔들　堵 담
淘 물흐를　渡 건널　塗 진흙　跳 뛸　途 길
嶋 섬　搗 다듬을　圖 그림　滔 물넘칠　睹 볼
萄 포도　稻 벼　道 길　都 도읍　陶 질그릇
導 인도할　覩 볼　鍍 도금할　蹈 밟을　濤 큰물결
燾 덮을　櫂 노　禱 기도할　韜 너그러울

독　督 재촉할　篤 도타울　瀆 개천　牘 편지
讀 읽을

돈　旽 먼동틀　沌 물기운　惇 두터울　敦 도타울
焞 성할　頓 조아릴　墩 돈대　暾 해돋을　燉 빛날

돌　乭 이름

동　冬 겨울　仝 같을　同 한가지　東 동녘
洞 고을　桐 오동나무　動 움직일　棟 용마루　童 아이

董 바로잡을	銅 구리	潼 물이름	憧 그리워할	瞳 눈동자

두

斗 말	豆 콩	杜 막을	枓 두공
兜 투구	荳 콩	逗 머무를	頭 머리	讀 구절

둔

屯 모일	芚 채소이름	鈍 둔할

득

得 얻을

등

登 오를	等 무리	嶝 고개	燈 등불
橙 등자나무	藤 덩굴	騰 오를	鄧 나라이름

ㄹ

라	喇 나팔	螺 소라	羅 벌릴	
락	洛 물 이름	烙 지질	珞 목걸이	絡 연락할
	樂 즐길	駱 낙타		
란	丹 꽃 이름	卵 알	瀾 물결	爛 찬란할
	蘭 난초	欒 나무 이름	鸞 난새	
람	嵐 아지랑이	濫 물 넘칠	擥 걷어잡을	藍 쪽
	籃 바구니	欖 감람나무	覽 볼	攬 잡을	纜 닻줄
랑	浪 물결	琅 옥돌	朗 밝을	郎 사내
	瑯 고을 이름			
래	來 올	峽 산 이름	徠 위로할	萊 쑥
랭	冷 찰			
략	略 다스릴			
량	良 어질	兩 두	亮 밝을	凉 서늘할

倆 재주　梁 들보　量 헤아릴　粮 양식　粱 기장
輛 수레　諒 알　樑 들보　糧 양식

려
閭 마을　呂 음률　侶 짝　旅 나그네　慮 생각할
櫚 종려나무　黎 검을　勵 힘쓸　麗 고울　廬 오두막집
驪 가라말　濾 씻을　礪 거친 숫돌　儷 아우를　藜 명아주

력
力 힘　歷 지낼　曆 책　礫 조약돌

련
煉 쇠 불릴　連 연할　練 익힐　漣 물놀이 칠
輦 연　憐 사랑할　鍊 단련할　聯 잇닿을　蓮 연꽃
戀 사모할　攣 걸릴

렬
列 베풀　洌 맵게 추울　烈 매울

렴
廉 청렴할　濂 물　斂 거둘　簾 발

렵
獵 사냥할

령
令 하여금　伶 악공　怜 영리할　岑 산이름
玲 옥소리　笭 작은 농　羚 영양　翎 날개　聆 깨달을
鈴 방울　零 영　領 거느릴　逞 굳셀　嶺 고개
齡 나이　靈 신령

| 례 | 例 견줄 | 澧 물이름 | 禮 예도 | 醴 단술 |

로	鹵 염밭	勞 수고로울	虜 사로잡을	路 길
	輅 수레	魯 노나라	盧 성	撈 건져 낼	潞 물이름
	櫓 방패	爐 화로	露 이슬	蘆 갈대	鷺 백로

| 록 | 鹿 사슴 | 祿 녹 | 碌 녹록할 | 綠 초록빛 |
| | 菉 녹두 | 錄 기록할 | 麓 산기슭 |

| 론 | 論 의논할 |

| 롱 | 弄 희롱할 | 瀧 젖을 | 瓏 옥 소리 | 籠 대그릇 |

| 뢰 | 雷 우뢰 | 賂 선물 | 賚 줄 | 賴 힘입을 |
| | 瀨 여울 |

| 료 | 了 마칠 | 料 헤아릴 | 聊 원할 | 僚 동료 |
| | 廖 사람이름 | 寮 작은 창 | 燎 밝을 | 瞭 눈 밝을 | 蓼 여뀌 |

| 룡 | 龍 용 |

| 루 | 累 얽힐 | 婁 끌 | 屢 여러 | 樓 다락 |
| | 縷 실마디 | 蔞 물쑥 | 鏤 새길 |

| 류 | 柳 버들 | 留 머무를 | 流 흐를 | 琉 유리 |

硫 유황　　旒 깃발　　榴 석류　　劉 묘금도　　溜 물방울
瑠 유리　　類 같을　　瀏 명랑할

륙　　六 여섯　　陸 뭍

륜　　侖 뭉치　　倫 인륜　　崙 산이름　　淪 거느릴
綸 실　　輪 바퀴

률　　律 법　　栗 밤　　率 헤아릴

륭　　隆 높을

륵　　勒 정돈할

름　　凜 찰

릉　　凌 능가할　　陵 언덕　　楞 네모질　　稜 서슬
菱 마름　　綾 비단

리　　吏 아전　　李 오얏　　里 마을　　利 이로울
梨 배　　悧 영리할　　理 다스릴　　莉 꽃　　裏 속
裡 옷안　　履 신　　璃 유리　　罹 만날　　釐 의리
籬 울타리

린　　吝 아낄　　潾 맑을　　隣 이웃　　璘 옥무늬
燐 반딧불　　藺 골풀　　麟 기린　　鱗 비늘

림 臨 임할	林 수풀　淋 물 뿌릴　琳 아름다운 옥　霖 장마
립	立 설　砬 돌 소리　笠 삿갓　粒 쌀알

ㅁ

| 마 | 馬 말 | 麻 삼 | 瑪 옥돌 | 摩 가까워질 |
| 碼 마노 | 磨 갈 | | | |

| 막 | 莫 아닐 | 幕 장막 | 漠 모래벌 | |

만	万 일만	卍 만자	娩 해산할	挽 당길
晚 늦을	曼 끌	輓 수레 끌	萬 일만	滿 찰
蔓 덩굴	巒 산봉우리	彎 굽을	灣 물굽이	

| 말 | 末 끝 | 抹 바를 | 茉 말리꽃 | |

| 망 | 芒 싹 | 望 바랄 | 網 그물 | 莽 우거질 |

| 매 | 每 매양 | 枚 줄기 | 妹 누이 | 梅 매화나무 |
| 媒 중매 | 買 살 | 賣 팔 | | |

| 맥 | 麥 보리 | 脈 맥 | 驀 말 탈 | |

| 맹 | 孟 맏 | 猛 날랠 | 盟 맹세할 | 萌 싹 |

멱

覓 구할　羃 덮을

면

免 면할　沔 물 흐를　面 낯　勉 힘쓸
冕 면류관　棉 목화　綿 솜　緬 가는 실　麵 국수

명

皿 그릇　名 이름　命 목숨　明 밝을
楡 홈통　茗 차싹　酩 술 취할　溟 바다　銘 새길
鳴 울　蓂 명협

메

袂 소매

모

毛 털　母 어미　矛 창　牟 보리
牡 모란　姆 여스승　冒 무릅쓸　某 아무　耗 덜
芼 나물　眸 눈동자　茅 띠　帽 모자　募 모을
貌 모양　摸 본뜰　瑁 서옥　暮 저물　慕 사모할
模 법　摹 규모　謀 꾀할　謨 꾀

목

木 나무　目 눈　沐 목욕할　牧 기를
睦 화목할　穆 화목할

몽

夢 꿈　蒙 어릴　朦 풍부할

묘

卯 토끼　妙 묘할　杳 너그러울　苗 싹
昴 별자리　玅 땅이름　描 그릴　渺 아득할　錨 닻

무

母 말	戊 별	武 굳셀	拇 엄지
茂 무성할	畝 밭이랑	務 힘쓸	無 없을	貿 무역할
珷 옥돌	楙 무성할	舞 춤출	撫 어루만질	繆 삼 열 단
懋 힘쓸	霧 안개		

묵

墨 먹	默 말없을

문

文 글월	門 문	紋 무늬	紊 얽힐
問 물을	雯 구름 무늬	聞 들을	

물

物 만물

미

未 아닐	米 쌀	尾 꼬리	味 맛
眉 눈썹	美 아름다울	梶 나무 끝	嵋 산 이름	媚 사랑할
渼 물	微 작을	楣 인중방	湄 물가	彌 두루
薇 장미꽃	靡 어여쁠		

민

民 백성	旼 화할	旻 가을 하늘	岷 산 이름
玟 옥돌	敏 재빠를	閔 위문할	緡 입힐	慜 총명할

밀

密 빽빽할	蜜 꿀	謐 편안할

ㅂ

박
剝 두드릴　朴 성　粕 깻묵　泊 쉴　舶 큰배　拍 칠　博 넓을　珀 호박　箔 금박
駁 섞일　撲 두드릴　樸 순박할　縛 묶을　璞 옥돌
薄 엷을

반
反 돌이킬　牛 절반　伴 짝　泮 반수
盼 돌아볼　般 옮길　畔 밭두덕　返 돌아올　班 나눌
斑 아롱질　飯 밥　頒 반포할　搬 옮길　槃 즐거울
磐 반석　盤 소반　潘 성　磻 반계　蟠 서릴
攀 휘어잡을　礬 꽃 이름

발
拔 뺄　勃 활발할　發 펼　渤 바다
鉢 바리때　髮 터럭　潑 활발할　撥 다스릴

방
方 모　坊 막을　彷 거닐　厖 클
昉 밝을　放 놓을　枋 박달나무　芳 꽃다울　倣 본받을
旁 넓을　紡 길쌈　舫 쌍배　訪 찾을　邦 나라
防 막을　傍 곁　幫 도울　磅 돌 소리　蒡 우엉
龐 클

배			
	北 달아날	杯 잔	拜 절	倍 갑절
配 짝	俳 광대	培 북돋을	背 등	徘 배회할
排 밀	焙 불에 쬘	湃 물 소리	裵 성	
輩 무리	褙 배자	陪 도울		

백			
	白 흰	百 일백	伯 맏	佰 백 사람
帛 비단	栢 측백나무			

번			
	番 차례	幡 표기	樊 울타리	燔 사를
繁 성할	磻 강 이름	蕃 번성할	飜 뒤집을	藩 울타리

벌		
	伐 칠	筏 떼	閥 문벌

범			
	凡 무릇	氾 넘칠	帆 돛	汎 넓을
泛 넓을	范 법	範 법		

법		
	法 법	琺 법랑

벽			
	碧 푸를	壁 바람벽	擘 나눌	檗 회향목
璧 구슬	闢 열			

변			
	弁 고깔	便 아담할	辨 분별할	邊 가
辯 말 잘할	變 변할			

별			
	別 다를	瞥 눈 깜짝할	鱉 자라	鼈 자라

병	丙 남녘	兵 군사	并 아우를	秉 잡을
炳 빛날	柄 자루	昺 밝을	昺 밝을	竝 나란할
屛 병풍	瓶 병	棅 자루	軿 수레	餅 떡
騈 고을이름				

보	步 걸음	甫 클	保 보호할	珤 보배
堡 작은성	報 갚을	普 넓을	補 기울	輔 도울
菩 보살	褓 포대기	潽 물		
譜 족보	寶 보배			

복	卜 점	伏 엎드릴	服 옷	宓 편안할
復 회복할	茯 복령	福 복	複 겹칠	輹 바퀴통
輻 바퀴살	葍 치자꽃	馥 향기	覆 살필	

본	本 근본

봉	奉 받들	封 봉할	俸 녹봉	峯 산봉우리
烽 봉화	捧 받들	蜂 벌	逢 만날	鳳 새
蓬 쑥	熢 불기운	縫 꿰맬		

부	父 아비	夫 지아비	付 줄	缶 장군
孚 믿을	扶 도울	府 마을	咐 분부할	阜 언덕
赴 다다를	芙 연꽃	俯 구부릴	釜 가마	浮 뜰
副 버금	婦 며느리	埠 선창	傅 스승	富 부자

復 다시　　附 붙일　　莩 갈청　　鳧 물오리　　溥 클
駙 빠를　　敷 펼

| 북 | 北 북녘 |

| 분 |

分 나눌　　吩 분부할　　忿 분할　　汾 물 흐를
扮 잡을　　昐 햇빛　　芬 향기　　盆 동이　　粉 가루
賁 클　　雰 안개　　賁 날랠　　奮 떨칠　　噴 뿜을

| 불 | 佛 부처　　彿 비슷할　　拂 떨칠 |

| 붕 | 朋 벗　　鵬 붕새 |

| 비 |

匕 숟가락　　比 견줄　　丕 으뜸　　妃 왕비
批 손으로 칠　　庇 덮을　　枇 비파　　飛 날　　毗 도울
毘 도울　　沸 끓을　　泌 샘물 흐를　　秕 쭉정이　　肥 살찔
秘 숨길　　匪 문채날　　粃 쭉정이　　備 갖출　　扉 문짝
費 비용　　碑 비석　　琵 비파　　榧 비자나무　　緋 붉은빛
翡 비취　　菲 향기　　裨 도울　　譬 비유할

| 빈 |

玭 구슬　　彬 빛날　　斌 빛날　　浜 물가
賓 공경할　　頻 자주　　濱 물가　　檳 빈랑나무　　瀕 물가

| 빙 | 氷 얼음　　騁 달릴　　聘 부를　　憑 의지할 |

入

사

士 선비	四 녁	仕 벼슬	司 맡을
史 역사	乍 잠깐	寺 절	似 같을	私 사사로울
些 적을	伺 살필	沙 모래	舍 집	事 일
祀 제사	使 하여금	社 모일	思 생각할	査 조사할
俟 기다릴	柶 숟가락	射 쏠	紗 깁	娑 옷 너풀거릴
徙 옮길	斜 비낄	梭 북	捨 놓을	絲 실
斯 이	詞 말씀	渣 물 이름	莎 향부자	嗣 이을
獅 사자	飼 먹일	賜 줄	寫 쓸	駟 네 필의 말
篩 왕대	辭 말씀	瀉 쏟을

삭 削 깎을 數 자주

산 山 뫼 刪 깎을 汕 통발 珊 산호
産 낳을 算 셈할 酸 신 맛

살 薩 보살

삼 三 석 杉 삼나무 衫 적삼 參 석
森 나무 빽빽할 滲 거를 蔘 인삼

| 삽 | 鍤 새길 | 揷 꽂을 | 颯 바람 소리 | |

상	上 위	尙 숭상할	狀 형상	相 서로
峠 고개	桑 뽕나무	祥 상서로울	常 항상	商 장사
爽 시원할	翔 날개	象 코끼리	湘 물 이름	詳 자세할
想 생각할	像 형상	嘗 일찍	箱 상자	賞 상 줄
橡 상수리	償 갚을	霜 서리		

| 쌍 | 雙 쌍 | | | |

| 새 | 塞 변방 | | | |

| 색 | 色 빛 | 索 찾을 | 塞 채울 | 穡 거둘 |

| 생 | 生 날 | | | |

서	西 서녘	序 차례	抒 펼	書 글
栖 쉴	徐 천천히	恕 용서할	庶 뭇	敍 차례
胥 서로	棲 쉴	舒 펼	捿 깃들일	黍 기장
暑 더울	瑞 상서로울	誓 맹세할	墅 농막	署 관청
鋤 호미	嶼 섬	緒 실마리	曙 새벽	

석	夕 저녁	石 돌	汐 썰물	析 나눌
昔 옛날	席 자리	惜 아낄	淅 쌀 일	晳 밝을
碩 클	奭 클	錫 주석	蓆 클	釋 놓을

선	仙 신선	先 먼저	宣 베풀	扇 부채
船 배	旋 돌이킬	琁 옥돌	善 착할	渲 물 적실
羨 부러워할	僊 춤출	詵 말 전할	跣 발벗을	瑄 크고 둥근 옥
銑 무쇠	煽 성할	線 실	璇 옥 이름	敾 다스릴
鮮 빛날	禪 고요할	繕 기울	璿 아름다울 옥	

설	舌 혀	屑 조촐할	雪 눈	設 베풀
卨 이름	楔 문설주	說 말씀	蓺 친할	薛 다북쑥

섬	剡 땅 이름	陝 고을 이름	暹 햇살 오를	纖 가늘
贍 넉넉할				

섭	涉 건널	葉 땅 이름	爕 불꽃	攝 당길

성	成 이룰	姓 성	性 성품	星 별
省 살필	城 재	晟 밝을	珹 옥 이름	盛 성할
惺 깨달을	聖 성인	誠 정성	聲 소리	

세	世 인간	洗 씻을	細 가늘	勢 기세
歲 해	說 달랠			

소	小 작을	少 젊을	召 부를	所 바
昭 밝을	邵 높을	炤 밝을	笑 웃음	素 흴
宵 밤	紹 이을	疏 소통할	甦 쉴	韶 아름다울
溯 올라갈	逍 노닐	嘯 휘파람 불	銷 녹을	燒 불사를

瀟 물 맑을

속
束 묶을　　速 빠를　　謖 일어날　　續 이을

손
蓀 난초　　遜 겸손할

솔
率 거느릴

송
松 솔

쇠
釗 힘쓸

수
手 손　　水 물　　收 거둘　　守 지킬
戍 막을　　秀 빼어날　　受 받을　　垂 드리울　　岫 바위 구멍
峀 바위 구멍　　首 머리　　帥 장수　　殊 다를　　洙 물가
修 닦을　　授 가르칠　　琇 옥돌　　竪 세울　　綏 편안할
壽 목숨　　需 구할　　粹 순수할　　銖 저울눈　　數 셀
遂 드디어　　輸 실을　　樹 나무　　穗 이삭　　璲 서옥
繡 수놓을　　瀟 물 맑고 깊을　　隨 따를　　隧 길

숙
夙 공경할　　淑 맑을　　琡 구슬　　肅 엄숙할
熟 익을　　潚 빠를　　璹 옥 그릇

순
旬 열흘　　盾 방패　　徇 널리 펼칠　　洵 믿을
純 순수할　　恂 진실할　　栒 경쇠 걸이　　珣 옥 그릇　　淳 맑을

順 순할　循 돌　舜 순임금　詢 꾀할　馴 길들
諄 가르칠　錞 쇠북 악기　橓 무궁화나무　蕣 무궁화

| 술 | 術 재주 | 述 지을 | 鉥 인도할 |

| 숭 | 崇 높을 | 崧 우뚝 솟을 | 嵩 높을 |

| 슬 | 瑟 비파 |

| 습 | 拾 주울 | 習 익힐 | 濕 젖을 |

| 승 | 升 되 | 丞 이을 | 承 이을 | 昇 오를 |
陞 오를　勝 이길

| 시 | 市 저자 | 示 보일 | 始 비로소 | 是 이 |
施 베풀　柴 섶나무　時 때　翅 날개　恃 의지할
視 볼　詩 글　試 시험할　著 시초

| 씨 | 氏 성 |

| 식 | 式 법 | 食 밥 | 息 쉴 | 拭 다듬을 |
植 심을　寔 진실로　湜 물 맑을　軾 수레나무　識 알

| 신 | 申 납 | 伸 펼 | 辛 매울 | 身 몸 |
辰 날　信 믿을　迅 빠를　神 신령할　訊 물을

紳 큰띠　　晨 새벽　　新 새　　藎 나아갈

실　　　　室 집　　　實 열매

심　　　心 마음　　沁 물 적실　　沈 성　　深 깊을
尋 찾을　　審 살필　　諶 믿을

십　　　什 열 사람　　十 열　　拾 열

ㅇ

아
芽 싹

牙 어금니
娥 예쁠

我 나
雅 맑을

亞 버금
阿 언덕

兒 아이

악
鄂 언덕

岳 큰산
嶽 큰산

堊 흰흙

渥 윤택할

樂 풍류

안
顏 얼굴

安 편안

岸 언덕

按 누를

案 생각할

알

斡 돌볼

謁 보일

암

岩 바위

巖 바위

압

押 눌러 놓을

壓 누를

앙

央 가운데

仰 우러러볼

昂 밝을

鴦 원앙새

애
靄 아지랑이

厓 언덕

艾 쑥

涯 물가

愛 사랑

액	液 진	掖 낄	額 이마	
앵	鶯 꾀꼬리	櫻 앵두나무	鸚 앵무새	
야	冶 쇠 불릴	野 들		
약	約 맺을	若 같을	藥 약	躍 뛸

양	羊 양	洋 물	揚 날릴	楊 버들
旸 밝을	煬 녹을	樣 모양	養 기를	襄 도울
陽 볕	瀁 물 넘칠	壤 곱다란 흙	攘 밀칠	禳 기도할

어	御 모실	魚 고기	語 말씀	
억	億 억	憶 생각할	檍 참죽나무	臆 가득할
언	言 말씀	彦 선비	諺 속담	
얼	擘 치장할	蘗 싹 날		
엄	淹 물가	嚴 엄할	儼 공경할	
업	業 업	嶪 높을		
여	予 줄	如 같을	汝 너	余 나

與 더불어　餘 남을　歟 아름답다 할　璵 보배 옥

역　亦 또　易 바꿀　譯 통변할　驛 역마

연　延 끌　沇 물 이름　姸 고울　衍 넓을
涓 물방울　宴 잔치　娟 예쁠　研 갈　軟 부드러울
挻 당길　涎 연할　淵 못　然 그럴　鳶 솔개
演 넓힐　緣 인연　燃 불 탈　燕 제비　繹 길

열　悅 기뻐할　熱 더울　閱 읽을

염　炎 불꽃　焰 불빛　琰 비취옥　艶 탐스러울

엽　葉 잎　曄 빛날　燁 빛날

영　永 길　泳 헤엄칠　盈 찰　映 비칠
英 꽃부리　迎 맞을　詠 읊을　濚 물 맑을　楹 기둥
煐 빛날　暎 비칠　瑛 옥 광채　榮 영화　穎 빼어날
影 그림자　瑩 밝을　鍈 방울 소리　營 경영할　嶸 산 높을
霙 눈꽃　濚 물 돌　瀛 큰 바다　濚 물 소리　瓔 옥돌

예　乂 어질　曳 끌　預 미리　詣 나아갈
睿 슬기로울　銳 날카로울　叡 밝을　豫 먼저　霓 암무지개
藝 재주　譽 명예　蕊 꽃술

오

昕 밝을
晤 밝을

午 낮　　五 다섯　　伍 대오　　吾 나
俉 맞이할　　娛 즐길　　悟 깨달을　　梧 오동나무
奧 깊을　　塢 산언덕　　寤 깨달을

옥

玉 구슬　　沃 기름질　　鈺 금

온

溫 따뜻할　　縕 성할　　穩 편안할　　蘊 쌓을

올

兀 우뚝할

옹

雍 화할　　壅 막을　　擁 안을

와

瓦 기와　　臥 누울　　渦 물 솟을

완

玩 서옥
緩 늦을

完 완전할　　宛 굽을　　玩 놀　　婉 예쁠
阮 성　　莞 웃을　　琬 아름다운 옥　　頑 완고할

왈

曰 가로

왕

枉 굽을

王 임금　　汪 넓을　　往 갈　　旺 왕성할

왜

娃 아름다울　　倭 나라 이름

외

外 바깥　嵬 산 뾰족할　巍 높을

요

凹 오목할　妖 아리따울　要 구할　拗 꺾을
姚 예쁠　窈 고요할　堯 요임금　搖 흔들　僥 요행
樂 좋아할　嶢 높을　窯 가마　橈 꺾일　遙 멀
謠 노래　繇 따를　曜 빛날　燿 빛날　繞 얽힐
擾 온화할　耀 빛날　邀 맞을　饒 배부를

용

用 쓸　甬 길　勇 날랠　埇 길 돋울
容 얼굴　涌 물 솟을　庸 떳떳할　湧 날뛸　溶 녹을
榕 용나무　踊 뛸　墉 담　慂 권할　熔 녹일
瑢 옥 소리　蓉 연꽃　聳 솟을　鎔 녹을　鏞 큰 쇠북

우

又 또　于 어조사　友 벗　尤 더욱
右 오른　宇 집　羽 깃　佑 도울　旴 해 돋을
玗 옥돌　雨 비　禹 하우씨　紆 굽을　芋 토란
迂 멀　祐 도울　偶 우연　釪 악기 이름　郵 우편
寓 부쳐 살　愚 어리석을　虞 편안할　瑀 옥돌　禑 복
遇 만날　隅 모퉁이　優 넉넉할　藕 연뿌리

욱

旭 아침 해　昱 빛날　栯 산앵두　勖 힘쓸
郁 문채날　彧 빛날　煜 빛날　稶 서직 무성할

운

云 이를　芸 꽃 성할　耘 김맬　雲 구름

暈 무리
蕓 평지
煇 누른빛
韻 울림
橒 나무 무늬
運 운전할
澐 큰 물결

울

圩 땅이름
蔚 우거질

웅

雄 수컷
熊 곰

원

元 으뜸
沅 물 이름
垣 낮은 담
爰 이끌
洹 물이름
袁 성
原 근본
員 관원
院 집
苑 동산
媛 예쁠
阮 원나라
圓 둥글
湲 물 소리
愿 성실할
源 근원
猿 원숭이
鴛 수원앙새
遠 멀
園 동산
轅 수레
願 원할

월

月 달
越 건널

위

位 자리
委 맡길
威 위엄
偉 클
尉 벼슬
圍 둘레
渭 물 이름
爲 위할
暐 빛날
瑋 노리개
緯 씨
慰 위로할
葦 갈대
蝟 고슴도치
幃 휘장
謂 이를
衛 지킬
魏 높을
蔿 애기풀

유

幼 어릴
由 말미암을
有 있을
酉 닭
攸 바
侑 도울
臾 착할
油 기름
幽 깊을
柔 부드러울
俞 성
宥 용서할
柚 유자나무
洧 물 이름
唯 오직
惟 생각할
庾 곳집
喩 비유할
裕 너그러울
猶 오히려
楡 느릅나무
揄 당길
楢 졸참나무
游 헤엄칠

遊 놀	愉 기쁠	釉 잿물	誘 꾈	維 맬
萸 수유나무	儒 선비	諭 비유할	踰 나아갈	逾 갈
孺 사모할	鍮 놋쇠	濡 적실	遺 끼칠	

육	肉 고기	育 기를	堉 기름진 땅	毓 기를

윤	允 진실로	尹 믿을	玧 옥빛	胤 맏
鈗 병기	閏 윤달	奫 물 깊고 넓을	潤 윤택할	贇 아름다울

율	聿 스스로

융	戎 도울	絨 가는베	融 화할	瀜 물 깊을

은	垠 언덕	恩 은혜	殷 나라	銀 은
憖 공손할	隱 숨을			

을	乙 새

음	吟 읊을	音 소리	飮 마실	蔭 덮을

읍	邑 고을	揖 공손할

응	凝 엉길	應 응할	鷹 매

의	衣 옷	依 의지할	倚 의지할	宜 마땅할
椅 가래나무	意 뜻	義 옳을	儀 거동	誼 옳을

毅 굳셀　擬 흉내낼　醫 의원　艤 배 댈　薏 연밥
議 의논　懿 클

| 이 |

二 둘　已 이미　以 써　耳 귀
弛 늦출　伊 저　而 말 이을　易 쉬울　怡 기쁠
珥 귀고리　移 옮길　異 다를　苡 율무　貳 두
貽 끼칠　肄 익힐　爾 너　邇 가까울

| 익 |

益 더할　翊 도울　翌 다음날　謚 웃을
翼 날개　潩 스며 흐를

| 인 |

人 사람　仁 어질　引 이끌　印 도장
因 인할　忍 참을　姻 혼인할　寅 범　絪 기운덩이
茵 사철쑥　靭 질길　靷 가슴걸이　認 인정할

| 일 |

一 한　日 날　佚 아름다울　佾 춤
壹 한　溢 찰　馹 역마　逸 편안할　鎰 근

| 임 |

壬 북방　任 맡길　林 수풀　恁 믿을
稔 곡식 익을　荏 부드러울　臨 임할

| 입 |

入 들　廿 스물

| 잉 |

仍 인할　芿 풀싹　剩 남을

ㅈ

자
子 아들　仔 자세할　自 스스로　字 글자
孜 부지런할　姿 맵시　者 놈　咨 꾀할　茲 이
瓷 사기 그릇　紫 붉을　茨 쌓을　滋 번성할　雌 암컷
資 재물　慈 사랑할　磁 자석　諮 물을　藉 깔

작
作 지을　灼 사를　芍 작약　炸 불 터질
雀 참새　綽 너그러울　爵 벼슬　鵲 까치

잔
棧 사다리　盞 술잔　潺 물 흐르는 소리

잠
岑 산봉우리　暫 잠깐　箴 바늘　潛 잠길
簪 비녀　蠶 누에

잡
雜 섞일

장
仗 의장　匠 장인　庄 농막　杖 짚을
壯 장할　長 길　狀 문서　帳 휘장　章 글
張 베풀　將 장수　莊 씩씩할　掌 손바닥　粧 단장할
場 마당　裝 꾸밀　奬 권면할　臧 착할　樟 녹나무
暲 밝을　獐 노루　墻 담　璋 구슬　蔣 나라 이름
檣 돛대　牆 담　醬 간장　薔 장미　藏 감출

재

才 재주 　再 두 　在 있을 　材 재목
哉 비로소 　財 재물 　栽 심을 　宰 재상 　梓 가래나무
裁 결단할 　渽 맑을 　載 실을 　縡 일 　齋 엄숙할
齎 가질

쟁

爭 다툴 　箏 풍경 　諍 간할 　鉦 징

저

底 밑 　姐 누이 　杵 공이 　苧 모시
紵 모시 　貯 쌓을 　邸 집 　渚 물가 　雎 물수리
楮 닥나무 　這 맞이할 　著 지을 　樗 가죽나무 　箸 젓가락
儲 쌓을 　藷 감자

적

赤 붉을 　的 밝을 　迪 나아갈 　笛 피리
寂 고요할 　跡 자취 　勣 공적 　迹 자취 　嫡 맏아들
翟 왕후의 옷 　滴 물방울 　摘 들추어낼 　積 쌓을 　績 길쌈할
適 마침 　蹟 자취 　鏑 살촉 　籍 호적

전

田 밭 　全 온전할 　甸 경기 　佃 밭 갈
典 법 　佺 신선 이름 　前 앞 　畑 화전 　展 펼
栓 나무 못 　專 오로지 　筌 통발 　奠 정할 　琠 옥 이름
殿 대궐 　塡 메울 　詮 갖출 　傳 전할 　鈿 비녀
銓 헤아릴 　塼 벽돌 　箭 화살 　錢 돈 　顚 꼭대기

절

切 끊을 　折 꺾을 　絶 끊을 　節 마디

점

占 점칠	店 가게	岾 고개	点 불켤
粘 끈끈할	漸 점점	霑 젖을	點 불켤

접

接 나무 이을	蝶 나비	摺 접을

정

丁 고무래	井 우물	正 바를	汀 물가
玎 옥 소리	廷 조정	呈 보일	娗 계집 단정할
定 정할	政 정사	亭 정자	柾 나무 바를	貞 곧을
訂 바로잡을	炡 빛날	庭 뜰	釘 못	挺 뺄
停 머무를	頂 정수리	偵 탐문	旌 표할	情 뜻
淨 맑을	珽 옥홀	淀 얕은 물	晸 해 뜰	程 법
晶 수정	幀 그림 족자	湞 물 이름	靖 편안할	楨 쥐똥나무
鉦 징	鼎 솥	綎 띠 술	睛 눈동자	碇 닻
艇 작은 배	禎 상서	精 세밀할	鋌 쇳덩이	鄭 나라 이름
靜 고요할	整 가지런할	諄 고를	檉 능수버들	瀞 맑을

제

弟 아우	制 법도	帝 임금	悌 공경할
第 차례	祭 제사	梯 사다리	齊 가지런할
製 지을	除 덜	諸 모든	堤 방죽	濟 건널
題 제목	際 즈음	薺 냉이	劑 약 지을	霽 비 갤

조

爪 손톱	早 이를	兆 조짐	助 도울
祚 복	祖 할아비	租 구실	晁 아침	曹 성
鳥 새	彫 새길	組 짤	釣 낚시	曺 무리
條 곁가지	窕 안존할	粗 간략할	眺 바라볼	措 둘

朝 아침　詔 고할　棗 대추나무　照 비칠　稠 빽빽할
造 지을　肇 비로소　趙 나라이름　調 고를　槽 구유
漕 배로 실어 올　潮 밀물　雕 새길　操 잡을　燥 말릴
遭 만날　璪 면류관드림옥　繰 아청빛 비단　藻 바닷말

족
足 발　族 겨레　簇 모일　鏃 살촉

존
存 있을　尊 높을

졸
卒 군사　猝 갑자기

종
宗 마루　倧 신인(神人)　終 마칠　淙 물 소리
悰 즐거울　棕 종려나무　琮 서옥 이름　種 심을　綜 모을
慫 권할　縱 세로　鍾 술잔　鐘 쇠북

좌
左 왼　佐 도울　坐 앉을　座 자리

주
主 주인　舟 배　州 고을　朱 붉을
走 달릴　住 머무를　周 두루　宙 집　柱 기둥
注 물 댈　炷 심지　奏 아뢸　姝 예쁠　株 뿌리
珠 구슬　晝 낮　胄 자손　做 지을　紬 명주
註 주낼　湊 물 모일　綢 빽빽할　週 주일　駐 머무를
廚 부엌　澍 물 쏟을　輳 모일　疇 밭　籌 산가지
鑄 쇠 무어 만들

죽 竹 대 　粥 미음

준 俊 준걸 　准 승인할 　埈 높을 　峻 높을
浚 깊을 　晙 밝을 　焌 불땔 　竣 마칠 　畯 농부
雋 뛰어날 　準 법도 　儁 준걸 　寯 재주 　樽 그칠
濬 깊을 　駿 준마 　遵 좇을

줄 茁 풀 처음 나는 모양

중 中 가운데 　仲 버금 　重 무거울 　衆 무리

즉 卽 곧

즐 櫛 빗

즙 汁 진액 　楫 노

증 烝 찔 　拯 도울 　曾 일찍 　增 더할
繒 비단 　贈 줄 　證 증거

지 止 그칠 　之 갈 　支 지탱할 　只 다만
至 이를 　旨 뜻 　地 땅 　池 못 　志 뜻
沚 물가 　知 알 　枝 가지 　址 터 　枳 탱자나무
芝 지초 　持 가질 　祉 복 　指 손가락 　紙 종이
祗 공경할 　砥 평평할 　芷 구리때 　趾 발꿈치 　智 지혜

誌 기록할　　　摯 지극할　　　漬 물에 담글　　　遲 더딜　　　識 기록할

직
職 직분　　　直 곧을　　　稷 피　　　織 짤　　　稙 일찍 심은 벼

진
晋 진나라　　　辰 별　　　珍 보배　　　津 나루　　　晉 진나라
桭 평고대　　　眞 참　　　秦 진나라　　　畛 두렁길　　　振 떨칠
塵 티끌　　　袗 고운 옷　　　軫 수레　　　診 볼　　　盡 다할
瑨 옥돌　　　搢 떨칠　　　榛 개암나무　　　溱 성할　　　陣 진칠
臻 이를　　　震 진동할　　　進 나아갈　　　陳 베풀　　　縉 분홍빛
　　　縝 맺을　　　璡 옥돌　　　蔯 더워지기　　　鎭 누를

질
　　　侄 굳을　　　秩 차례　　　迭 갈마들　　　質 바탕

집
潗 샘 솟을　　　什 세간　　　執 잡을　　　集 모을　　　緝 이을
　　　輯 모을　　　鏶 쇳조각

징
　　　徵 부를　　　澄 맑을

ㅊ

차	且 또	次 버금	此 이	車 수레
借 빌릴	茶 차	嵯 산 높을	箚 전갈할	磋 갈

찬	粲 선명할	撰 지을	餐 먹을	澯 맑을
纂 모을	璨 옥 광채	贊 찬성할	瓚 옥 그릇	纘 이을
讚 기릴	鑽 뚫을			

찰	札 편지	刹 절	紮 머무를	察 살필

참	站 설	參 참여할	懺 뉘우칠	讖 비결

창	昌 창성할	昶 밝을	倉 곳집	倡 번창할
唱 노래	窓 창	創 비롯할	敞 드러날	菖 창포
滄 서늘할	暢 화창할	彰 밝을	漲 물 많을	蒼 푸를

채	采 캘	砦 울타리	彩 무늬	採 딸
釵 비녀	菜 나물	綵 비단	蔡 거북	

책	册 책	策 꾀

처	處 곳

척	尺 자	拓 열	倜 고상할	隻 새 한 마리
	戚 겨레	脊 등성마루	滌 씻을	陟 오를

천	千 일천	川 내	天 하늘	仟 일천
	玔 옥고리	泉 샘	穿 뚫을	阡 밭둑 길	釧 팔찌
	踐 밟을	遷 옮길	薦 천거할	闡 열

철	凸 널록힐	哲 밝을	喆 밝을	綴 꿰맬
	輟 거둘	撤 걷을	澈 물 맑을	轍 바퀴 자국	鐵 쇠

첨	尖 뾰족할	沾 젖을	甜 달	添 더할
	僉 다	詹 살필	瞻 우러러볼	

첩	捷 이길	貼 붙일	疊 거듭

청	靑 푸를	淸 맑을	晴 갤	菁 우거질
	請 청할	聽 들을	廳 관청	

체	切 온통	諦 살필	締 맺을	遞 갈마들
	體 몸			

초	艸 풀	初 처음	招 부를	肖 닮을
	哨 보초 설	梢 나무 끝	苕 우뚝한 모양	草 풀	超 뛰어넘을
	椒 산초나무	楚 나라	樵 땔나무	蕉 파초	礎 주춧돌

촉	蜀 땅이름	觸 닿을	囑 부탁할	矗 곧을

촌	寸 마디	村 마을	忖 헤아릴	

총	摠 거느릴	總 거느릴	聰 귀밝을	蔥 푸를
	叢 모을	寵 사랑할		

최	崔 높을	最 가장	催 재촉할	

추	抽 뺄	秋 가을	酋 두목	鄒 나라이름
	推 밀	追 따를	楸 가래나무	萩 사철쑥
	諏 꾀할	錐 송곳	樞 지도리	
		錘 저울		

축	丑 소	竺 나라이름	畜 기를	祝 축하할
	軸 굴대	筑 비파	蓄 쌓을	築 쌓을	蹙 찰

춘	春 봄	椿 참죽나무	瑃 옥이름	

출	出 날			

충	充 채울	忠 충성	衷 정성	衝 찌를

취	吹 불	取 가질	炊 불땔	就 나아갈
	翠 비취	聚 모을	趣 뜻	鷲 독수리	驟 달릴

| 측 | 側 곁 | 測 잴 | | |

치	治 다스릴	峙 우뚝 솟을	致 이를	値 만날
梔 치자나무	淄 물이름	雉 꿩	稚 어릴	馳 달릴
置 둘	緇 검을	幟 깃대	緻 빽빽할	熾 불 활활 탈

| 칙 | 則 법칙 | 勅 칙서 | 飭 부지런할 | |

| 친 | 親 친할 | | | |

| 칠 | 七 일곱 | 柒 옻칠할 | 漆 옻칠할 | |

| 침 | 針 바늘 | 浸 젖을 | 琛 보배 | 鍼 침 |

| 칭 | 秤 저울 | 稱 일컬을 | | |

ㅋ

| 쾌 | 夬 결단할 | 快 시원할 | | |

ㅌ

타
拖 당길　他 다를　舵 키　打 칠　楕 길고 둥글　朶 꽃떨기　妥 편안할

탁
倬 클　琸 사람이름　托 받칠　託 부탁할　濯 씻을　卓 높을　啄 쪼을　擢 뽑을　度 헤아릴　晫 환할　鐸 방울　柝 쪼갤　琢 옥 다듬을

탄
坦 평탄할　炭 숯　彈 탄알　灘 여울

탐
耽 즐길　探 찾을

탑
塔 탑　榻 긴 걸상

태
胎 아이 밸　太 클　邰 태나라　台 별이름　態 태도　兌 바꿀　颱 태풍　泰 클

택
宅 집　澤 못　擇 가릴

토
土 흙　兎 토끼　討 칠

통
洞 밝을　桶 통　統 거느릴　通 통할

퇴	堆 언덕	褪 바랠	
투	投 던질	套 덮개	透 통할
특	特 특별할		

ㅍ

파 波 물결 / 巴 땅이름 / 芭 파초 / 坡 고개 / 琶 비파 / 杷 비파나무 / 播 씨 뿌릴 / 把 잡을

판 販 팔 / 坂 고개 / 阪 비탈 / 判 판단할 / 瓣 갖출 / 版 판목 / 板 널

팔 八 여덟

패 貝 조개 / 佩 찰 / 沛 넉넉할 / 霸 으뜸

팽 彭 성 / 澎 물 소리 / 膨 부풀

편 編 엮을 / 片 조각 / 翩 나부낄 / 便 편할 / 遍 두루 / 扁 작을 / 篇 책

평 平 평평할 / 坪 땅 평평할 / 枰 바둑판 / 評 평론할

폐 幣 폐백 / 陛 섬돌

포 砲 대포 / 布 베 / 捕 잡을 / 包 쌀 / 浦 물가 / 佈 펼 / 匏 바가지 / 抱 안을 / 袍 도포

飽 배부를　　葡 포도　　褒 기릴　　鋪 펼　　蒲 창포

폭　　幅 폭　　曝 볕쬘　　瀑 폭포

표　　杓 자루　　表 겉　　豹 표범　　俵 나누어 줄
票 표　　彪 범　　漂 뜰　　標 표할　　驃 날쌜

품　　品 물건　　稟 여쭐

풍　　風 바람　　馮 성　　楓 단풍나무　　諷 욀
豊 성할

필　　匹 짝　　必 반드시　　疋 필　　珌 칼 장식 옥
畢 마칠　　筆 붓　　弼 도울　　祕 향기로울

ㅎ

하
下 아래　河 물　昰 여름　夏 여름
廈 큰집　賀 하례할　荷 연꽃　遐 멀　霞 노을

학
學 배울　壑 골짜기　鶴 학

한
汗 땀　罕 드물　閑 한가할　寒 찰
漢 한나라　翰 날개　韓 나라 이름　瀚 넓고 클

할
轄 다스릴

함
含 머금을　函 함　咸 다　涵 젖을

합
合 합할　蛤 조개　陜 땅이름

항
亢 목　伉 굳셀　行 굳셀　抗 겨룰
沆 큰물　杭 건널　巷 거리　姮 항아　恒 항상
項 목　港 항구　嫦 항아

해
亥 돼지　垓 지경　海 바다　偕 함께
該 그　解 풀　楷 본뜰　諧 화할　瀣 찬이슬

| 핵 | 核 씨 | | | |

| 행 | 行 행할 | 杏 살구 | 幸 다행 | 倖 요행 |

| 향 | 向 향할 | 香 향기 | 享 누릴 | 珦 옥이름 |
| 鄕 시골 | 嚮 누릴 | 響 울릴 | | |

| 허 | 許 처락할 | | | |

| 헌 | 軒 추녀 | 憲 법 | 獻 드릴 | |

| 험 | 險 험할 | 驗 증험할 | | |

| 혁 | 革 가죽 | 赫 붉을 | 爀 빛날 | |

현	玄 검을	弦 활시위	泫 물깊을	炫 밝을
玹 옥돌	峴 고개	絃 악기 줄	晛 햇살	舷 뱃전
現 나타날	睍 고울	絢 무늬	鉉 솥귀	賢 어질
懸 달릴	顯 나타날			

| 협 | 夾 끼일 | 協 도울 | 俠 의기 | 峽 골짜기 |
| 浹 젖을 | 挾 낄 | | | |

| 형 | 兄 맏 | 亨 형통할 | 形 형상 | 邢 나라 이름 |
| 洞 찰 | 炯 빛날 | 型 본보기 | 珩 노리개 | 逈 통달할 |

榮 실개천　熒 반짝일　瑩 밝을　衡 저울대　鎣 꾸밀
瀅 맑을　馨 향기로울　濚 물 이름

혜
彗 별 이름　惠 은혜　慧 슬기　暳 반짝거릴
鞋 가죽신　蹊 지름길　蕙 난초

호
戶 집　互 서로　好 좋을　虎 범
昊 여름 하늘　岵 산　弧 나무활　祜 복　浩 넓을
毫 터럭　晧 해돋을　扈 뒤따를　瓠 표주박　淏 맑을
皓 흴　湖 물　琥 호박　瑚 산호　豪 호걸
滸 물가　滈 넓을　縞 명주　壕 해자　濠 물 이름
鎬 빛날　護 호위　顥 클　護 구할　灝 넓을

혼
婚 혼인할　琿 아름다운 옥

홍
弘 클　泓 물 깊을　虹 무지개　紅 붉을
洪 넓을　烘 횃불　鴻 기러기

화
化 될　火 불　禾 벼　和 화할
花 꽃　貨 재화　畵 그림　話 말할　華 빛날
嬅 고울　樺 자작나무

확
確 확실할　穫 거둘　擴 넓힐

환
丸 둥글　幻 변할　奐 빛날　宦 벼슬

紈 흰 비단	桓 굳셀	晥 환할	喚 부를	渙 흩어질
換 바꿀	煥 빛날	環 고리	還 돌아올	歡 기뻐할

활

活 살	闊 넓을	豁 소통할

황

皇 임금	凰 봉황새	晃 밝을	晄 밝을
黃 누를	煌 빛날	滉 물 깊고 넓을	榥 책상	愰 밝을
篁 대숲	璜 둥근 패옥	潢 은하수	

회

回 돌아올	廻 돌	恢 클	淮 물 이름
會 모일	匯 물 돌	檜 노송나무	繪 그림	懷 품을

획

劃 그을

횡

宏 클 　 橫 가로

효

爻 형상	孝 효도	效 본받을	涍 물가
曉 새벽	嚆 부르짖을	驍 날랠	

후

后 황후	侯 제후	後 뒤	厚 두터울
候 기후	珝 옥 이름	帿 과녁	逅 우연히 만날	煦 베풀

훈

訓 가르칠	君 향내	暈 무리	熏 불길
勳 공	壎 실나팔	燻 연기 낄	薰 향풀

훤	暄 따뜻할	煊 따뜻할	萱 원추리	
훼	卉 풀			
휘	揮 휘두를	暉 햇빛	輝 빛날	彙 무리
	輝 빛날	麾 지휘할	徽 아름다울	
휴	休 쉴	烋 아름다울	畦 밭두둑	携 가질
흑	黑 검을			
흔	欣 기뻐할	昕 해 돋을	炘 이글이글할	
흠	欽 공경할	歆 누릴		
흡	吸 마실	洽 젖을	恰 흡사할	翕 합할
흥	興 일어날			
희	希 바랄	姬 계집	晞 마를	喜 기쁠
	稀 드물	熙 빛날	僖 즐길	嬉 즐거울	熹 성할
	憙 기뻐할	熺 밝을	羲 황제 이름	憘 기뻐할	戲 연극할
	禧 복	熙 화할	曦 햇빛	囍 쌍희

2) 옥편 찾는 길잡이

1획부터 17획까지 획수별로 부수를 정리해 놓았다. 한자를 총획수로, 음으로도 찾을 수 있지만, 한 단계 '업그레이드' 하여 부수로 찾는 습관을 들여보자. 이름짓는 데만이 아니라 일상 생활에서도 한자는 필수석으로 우리 곁에 있기 때문이다.

1획

획수	부수	이름	대표적인 한자(음과 훈)
1획	一	한일	丁(고무래 정) 七(일곱 칠) 丈(어른 장) 丘(언덕 구) 下(아래 하) 上(위 상) 不(아닐 불) 丙(남녘 병) 世(인간 세) 丞(이을 승)
	｜	뚫을곤	中(가운데 중)
	、	점	丸(둥글 환) 丹(붉을 단) 丼(우물 정) 主(주인 주)
	ノ	삐침변	乃(이에 내) 久(오랠 구) 之(갈 지) 乏(가난할 핍) 乘(탈 승)
	乙	새을부	九(아홉 구) 也(어조사 야) 乞(구걸할 걸) 乭(이름 돌) 乳(젖 유) 乾(하늘 건) 亂(어지러울 란)
	亅	갈고리궐	了(마칠 료) 事(일 사)

획수	부수	이름	대표적인 한자(음과 훈)
2획	二	두이부	于(어조사 우) 云(이를 운) 五(다섯 오) 互(서로 호) 井(우물 정) 亞(버금 아)
	亠	돼지해머리	亡(망할 망) 亢(목 항) 亥(돼지 해) 亨(형통할 형) 京(서울 경) 亮(밝을 량) 亭(정자 정) 亶(믿을 단)
	人	사람인변	仁(어질 인) 介(끼일 개) 今(이제 금) 來(올 래) 侖(뭉치 륜) 倉(곳집 창) 以(써 이)
	儿	어진사람인발	元(으뜸 원) 允(진실로 윤) 兄(맏 형) 光(빛 광) 先(먼저 선) 兆(조짐 조) 充(채울 충) 克(이길 극) 兌(바꿀 태) 兒(아이 아) 兜(투구 두) 兢(조심할 긍)
	入	들입부	全(온전할 전) 兩(두 량) 兪(성 유)
	八	여덟팔부	公(공변될 공) 六(여섯 륙) 共(함께 공) 兵(군사 병) 具(갖출 구) 典(법 전) 其(그 기) 冀(바랄 기)

부수	이름	해당 한자
冂	멀경몸	册(책 책) 再(두 재) 冒(무릅쓸 모) 胄(자손 주) 冕(면류관 면)
冖	민갓머리	冠(갓 관) 冥(어두울 명) 冢(클 총)
冫	이수변	冬(겨울 동) 冰(얼음 빙) 冶(쇠 불릴 야) 准(승인할 준) 凍(얼 동) 凉(서늘할 량)
几	안석궤부	凡(무릇 범) 凱(개선할 개) 凰(봉황새 황)
凵	위튼입구몸	凶(흉할 흉) 凹(오목할 요) 凸(볼록할 철) 出(날 출)
刀 (刂)	칼도부	分(나눌 분) 切(끊을 절) 初(처음 초) 列(베풀 렬) 制(법도 제) 剛(굳셀 강)
力	힘력부	功(공 공) 努(힘쓸 노) 勇(날랠 용) 務(힘쓸 무) 勝(이길 승) 勢(기세 세)
勹	쌀포몸	勿(말 물) 包(쌀 포) 匈(오랑캐 흉)
匕	비수비부	化(될 화) 北(북녘 북)
匚	튼입구몸	匡(바룰 광) 匪(문채날 비)
匸	감출혜몸	匹(짝 필) 區(구역 구) 匿(숨을 닉)
十	열십부	千(일천 천) 升(되 승) 午(낮 오) 半(절반 반) 卍(만자 만) 卓(높을 탁) 協(도울 협) 南(남녘 남) 博(넓을 박)
卜	점복부	卞(조급할 변) 占(점칠 점) 卦(점괘 괘) 卨(이름 설)
卩	병부절	卯(토끼 묘) 危(위태할 위) 印(도장 인) 却(물리칠 각) 卵(알 란) 卷(책권 권) 卿(벼슬 경)
厂	민엄호	厄(재앙 액) 厚(두터울 후) 原(근본 원)
厶	마늘모	去(갈 거) 參(석 삼)
又	또우부	友(벗 우) 及(미칠 급) 叔(아재비 숙) 取(가질 취) 受(받을 수) 叛(배반할 반) 叢(모을 총)

획수	부수	이름	대표적인 한자(음과 훈)
3획	口	입구부	可(옳을 가) 古(예 고) 史(역사 사) 召(부를 소) 右(오른 우) 司(맡을 사) 台(별 이름 태) 名(이름 명) 同(한 가지 동) 吏(아전 리) 向(향할 향) 吉(길할 길) 合(합할 합) 吾(나 오) 君(임금 군) 呂(음률 려) 否(아닐 부) 和(화할 화) 命(목숨 명) 周(두루 주) 哀(슬플 애) 咸(다 함) 唐(당나라 당) 哲(밝을 철) 問(물을 문) 商(장사 상) 喜(기쁠 희) 喬(높을 교) 嘉(아름다울 가) 嚴(엄할 엄) 囊(주머니 낭)
	囗	큰입구몸	四(넉 사) 囚(가둘 수) 回(돌아올 회) 因(인할 인) 困(곤할 곤) 固(굳을 고) 囹(감옥 령) 圓(둥글 원) 園(동산 원) 團(둥글 단) 圖(그림 도)
	土	흙토부	地(땅 지) 在(있을 재) 圭(서옥 규) 坐(앉을 좌) 坤(땅 곤) 垌(들 경) 垈(집터 대) 埈(높을 준) 培(북돋을 배) 堂(집 당) 堯(요임금 요) 報(갚을 보) 塵(티끌 진) 塾(글방 숙) 壓(누를 압)
	士	선비사부	壬(북방 임) 壯(씩씩할 장) 壹(한 일) 壽(목숨 수)
	夕	저녁석부	外(바깥 외) 多(많을 다) 夜(밤 야) 夢(꿈 몽)
	夂	뒤져올치	夆(서로 바동거릴 봉) 敊(이문 얻을 고)
	夊	천천히걸을쇠발	夏(여름 하)
	大	큰대부	天(하늘 천) 夭(일찍 죽을 요) 太(클 태) 夫(지아비 부) 失(잃을 실) 央(가운데 앙) 夷(오랑캐 이) 奫(높을 운) 奉(받들 봉) 奇(기이할 기) 奎(별 규) 契(맺을 계) 奏(아뢸 주) 奐(빛날 환) 奭(클 석) 奮(떨칠 분)
	女	계집녀변	好(좋을 호) 如(같을 여) 始(비로소 시) 娜(아름다울 나)
	子	아들자변	孑(외로울 혈) 孔(구멍 공) 存(있을 존) 字(글자 자) 孝(효도

		효) 孟(맏 맹) 季(끝 계) 孤(홀로 고) 孵(알 깔 부) 學(배울 학)
宀	갓머리	宇(집 우) 宅(집 택) 安(편안할 안) 官(벼슬 관) 家(집 가) 富(부자 부) 寧(편안할 녕) 寶(보배 보)
寸	마디촌부	寺(절 사) 封(봉할 봉) 射(쏠 사) 將(장수 장) 專(오로지 전) 對(대답할 대) 導(인도할 도)
小	작을소부	少(젊을 소) 尙(숭상할 상)
尢	절름발이왕부	尤(더욱 우) 尨(클 방)
尸	주검시엄	尹(믿을 윤) 尺(사 적) 局(판 국) 屋(집 옥) 展(펼 전)
屮	왼손좌부	屯(모일 둔)
山	메산부	岸(언덕 안) 岡(산등성이 강) 島(섬 도) 峯(봉우리 봉) 崇(높을 숭) 巖(바위 암)
巛	개미허리부	州(고을 주) 巡(순행할 순) 巢(새집 소)
工	장인공부	巨(클 거) 左(왼 좌) 巧(공교로울 교) 巫(무당 무) 差(어긋날 차)
己	몸기부	巳(뱀 사) 巴(땅 이름 파) 巷(거리 항)
巾	수건건	市(저자 시) 布(베 포) 希(바랄 희) 帝(임금 제) 師(스승 사) 常(항상 상) 帳(장막 장) 幇(도울 방) 幕(장막 막)
干	방패간부	平(평평할 평) 年(해 년) 幸(다행 행) 幹(줄기 간)
幺	작을요부	幻(변할 환) 幼(어릴 유) 幽(깊을 유) 幾(얼마 기)
广	엄호아래	序(차례 서) 店(가게 점) 庚(별 이름 경) 府(마을 부) 庸(떳떳할 용) 康(편안할 강) 廟(사당 묘) 廣(넓을 광)
廴	민책받침	延(끌 연) 廷(조정 정) 廻(돌 회) 建(세울 건)
廾	스물입발	弄(희롱할 롱) 弊(폐단 폐)
弋	주살익부	式(법 식) 弑(죽일 시)
弓	활궁부	引(이끌 인) 弔(조상할 조) 弘(클 홍) 弗(아닐 불) 弛(늦출 이)

247

획수	부수	이름	대표적인 한자(음과 훈)
	∃ (彑)	터진가로왈부	弦(활시위 현) 張(베풀 장) 强(굳셀 강) 彈(탄알 탄) 彗(별 이름 혜) 彙(무리 휘) 彛(떳떳할 이)
	彡	삐친석삼몸	形(형상 형) 彦(선비 언) 彧(빛날 욱) 彩(무늬 채) 彫(새길 조) 彬(빛날 빈) 彰(밝을 창) 影(그림자 영)
	彳	두인변	彷(거닐 방) 往(갈 왕) 待(기다릴 대) 後(뒤 후) 律(법 률) 徑(지름길 경) 徒(무리 도) 得(얻을 득) 御(모실 어) 復(회복할 복) 微(작을 미) 徹(뚫을 철) 徽(아름다울 휘)

획수	부수	이름	대표적인 한자(음과 훈)
4획	心 (忄)	마음심부	必(반드시 필) 忍(참을 인) 志(뜻 지) 忠(충성 충) 快(시원할 쾌) 思(생각할 사) 性(성품 성) 恭(공손할 공) 恥(부끄러울 치) 恩(은혜 은) 息(쉴 식) 悅(기뻐할 열) 情(뜻 정) 惡(악할 악) 惠(은혜 혜) 意(뜻 의) 愛(사랑 애) 愚(어리석을 우) 慈(사랑할 자) 慕(사모할 모) 慶(경사 경) 憲(법 헌) 應(응할 응) 懿(클 의) 戀(사모할 런)
	戈	창과부	戊(별 무) 我(나 아) 成(이룰 성) 戒(경계할 계) 或(혹 혹) 戮(죽일 륙) 戰(싸울 전)
	戶	지게호부	房(방 방) 扇(부채 선) 扈(뒤따를 호)
	手	손수변	才(재주 재) 打(칠 타) 投(던질 투) 技(재주 기) 扶(도울 부) 承(이을 승) 抗(항거할 항) 振(떨칠 진) 揆(헤아릴 규) 撲(두드릴 박) 擊(칠 격)
	攴	지탱할지변	攲(기울어질 기)

攵 (攴)	등글월문부	收(거둘 수) 攻(칠 공) 改(고칠 개) 政(정사 정) 效(본받을 효) 敗(패할 패) 救(구할 구) 敏(재빠를 민) 敎(가르칠 교) 敢(용감할 감) 敬(공경할 경) 數(셀 수)
文	글월문부	斌(빛날 빈) 斑(아롱질 반)
斗	말두부	料(헤아릴 료) 斜(비낄 사)
斤	날근부	斥(물리칠 척) 斧(도끼 부) 新(새 신) 斷(끊을 단)
方	모방변	於(어조사 어) 施(베풀 시) 旅(나그네 려) 旌(표할 정) 族(겨레 족)
无	없을무변	旣(이미 기)
日	날일변	旦(아침 단) 旬(열흘 순) 旭(아침해 욱) 旱(가물 한) 昏(어두울 혼) 昆(맏 곤) 昌(창성할 창) 星(별 성) 晟(밝을 성) 智(지혜 지) 普(넓을 보) 晶(수정 정) 晳(밝을 석) 暢(화창할 창) 曬(빛에 쬘 쇄)
曰	가로왈부	曳(끌 예) 曲(굽을 곡) 更(고칠 경) 書(글 서) 曹(무리 조) 曼(끌 만) 替(대신할 체) 最(가장 최) 曾(일찍 증) 會(모일 회)
月	달월부	有(있을 유) 朋(벗 붕) 服(옷 복) 朕(조짐 짐) 朔(초하루 삭) 望(바랄 망) 朝(아침 조) 期(기약할 기)
木	나무목부	未(아닐 미) 末(끝 말) 本(근본 본) 朱(붉을 주) 朴(성 박) 村(마을 촌) 材(재목 재) 林(수풀 림) 杰(뛰어날 걸) 柱(기둥 주) 柔(부드러울 유) 柳(버들 류) 査(조사할 사) 栽(심을 재) 栗(밤 률) 梨(배 리) 梵(중의 글 범) 樑(들보 량) 棄(버릴 기) 棗(대추 조) 業(업 업) 榮(영화 영) 樂(즐길 락) 樹(나무 수) 權(권세 권)
欠	하품흠방	次(버금 차) 欽(공경할 흠) 歡(기뻐할 환)
止	그칠지부	正(바를 정) 步(걸음 보) 歧(가닥 나뉠 기) 武(군셀 무) 歲(해 세)

		歷(지낼 력) 歸(돌아올 귀)
歹	죽을사변	死(죽을 사) 殘(남을 잔)
殳	갖은등글월문	段(층계 단) 殺(죽일 살) 毀(무너질 훼) 殿(대궐 전) 毅(굳셀 의)
毋	말무부	母(어미 모) 每(매양 매) 毒(독할 독)
比	견줄비부	毘(도울 비) 毖(삼갈 비)
毛	터럭모부	毫(가는 털 호)
氏	각시씨부	民(백성 민) 氐(근본 저)
气	기운기밑	氛(기운 분) 氣(기운 기)
水 (氵)	물수	永(길 영) 氷(얼음 빙) 求(구할 구) 汰(넘칠 태) 汪(넓을 왕, 못 왕) 沈(잠길 침, 성 심) 泰(클 태) 泉(샘 천) 洪(넓을 홍) 淸(맑을 청) 淵(못 연) 淑(맑을 숙) 淏(맑을 호) 湜(물 맑을 식) 源(근원 원) 滿(찰 만) 漢(한나라 한) 演(넓힐 연) 灘(여울 탄)
火 (灬)	불화부	灰(재 회) 炅(빛날 경) 炎(불꽃 염) 烋(아름다울 휴) 烝(찔 증) 烈(매울 렬) 無(없을 무) 然(그럴 연) 熙(빛날 희) 照(비칠 조) 熒(반짝일 형) 熱(더울 열) 熹(성할 희) 營(경영할 영)
爪	손톱조부	爭(다툴 쟁) 爵(벼슬 작)
父	아비부	爺(아비 야)
爻	점괘효부	爽(시원할 상) 爾(너 이)
爿	장수장변	牀(평상 상) 牆(담 장)
片	조각편변	版(판목 판) 牒(편지 첩)
牙	어금니아부	牚(버틸 당)
牛	소우변	牧(기를 목) 特(특별할 특) 犀(무소 서) 牽(끌 견)
犬 (犭)	개견부	犯(범할 범) 猶(오히려 유) 獨(홀로 독) 獸(짐승 수) 獻(드릴 헌)

획수	부수	이름	대표적인 한자(음과 훈)
5획	玉 (王)	구슬옥	王(임금 왕) 玘(패옥 기) 琓(놀 완) 珍(보배 진) 珪(서옥 규) 現(나타날 현) 琶(비파 파) 琴(거문고 금) 瑞(상서로울 서)
	玄	감을현부	率(거느릴 솔)
	瓜	외과부	瓢(표주박 표)
	瓦	기와와부	瓶(병 병) 瓷(사기 그릇 자)
	甘	달감부	甚(심할 심)
	生	날생부	産(낳을 산)
	用	쓸용부	甫(클 보)
	田	밭전부	由(말미암을 유) 甲(갑옷 갑) 申(납 신) 甸(경기 전) 男(사내 남) 界(지경 계) 畏(두려울 외) 畓(논 답) 畜(기를 축) 留(머무를 류) 略(간략할 략) 畢(마칠 필) 異(다를 이) 畵(그림 화) 番(차례 번)
	疋	필필부	疏(소통할 소) 疎(성길 소) 疑(의심할 의)
	疒	병질엄	病(병 들 병) 疾(병 질) 症(병 중세 증) 痘(마마 두)
	癶	필발머리	癸(북방 계) 登(오를 등) 發(펼 발)
	白	흰백부	百(일백 백) 的(밝을 적) 皇(임금 황) 皐(언덕 고) 皓(횔 호)
	皮	가죽피부	皺(쭈그러질 추)
	皿	그릇명받침	盆(동이 분) 盈(찰 영) 益(더할 익) 盛(성할 성) 盟(맹세할 맹) 監(볼 감) 盡(다할 진) 盤(소반 반) 盧(술집 로)
	目	눈목변	盲(어두울 맹) 直(곧을 직) 省(살필 성) 看(볼 간) 眈(노려볼 탐) 眞(참 진) 眼(눈 안) 睦(화목할 목) 督(재촉할 독) 昏(눈 어두울 혼) 睡(졸음 수) 睿(슬기로울 예)
	矛	창모변	矜(자랑할 긍)
	矢	화살시변	矣(어조사 의) 知(알 지) 矯(바로잡을 교)

<table>
<tr><td colspan="4">5획</td></tr>
<tr><td>石</td><td>돌석부</td><td colspan="2">硯(벼루 연) 碩(클 석) 碧(푸를 벽) 確(확실할 확)</td></tr>
<tr><td rowspan="4">示</td><td rowspan="4">보일시변</td><td colspan="2">祀(제사 사) 社(모일 사) 祈(빌 기) 秘(숨길 비) 祠(사당 사) 祖</td></tr>
<tr><td colspan="2">(할아비 조) 神(신령할 신) 祐(도울 우) 祝(축하할 축) 祚(복 조)</td></tr>
<tr><td colspan="2">祭(제사 제) 祥(상서로울 상) 祿(녹 록) 禎(상서 정) 禧(복 희)</td></tr>
<tr><td colspan="2">禪(고요할 선) 禮(예도 례)</td></tr>
<tr><td>内</td><td>짐승발자국유부</td><td colspan="2">禹(하우씨 우) 禽(날짐승 금)</td></tr>
<tr><td rowspan="4">禾</td><td rowspan="4">벼화변</td><td colspan="2">秀(빼어날 수) 禿(대머리 독) 私(사사로이 할 사) 秉(잡을 병)</td></tr>
<tr><td colspan="2">秋(가을 추) 秒(초 초) 科(과정 과) 秦(진나라 진) 租(구실 조)</td></tr>
<tr><td colspan="2">秳(섬 석) 程(법 정) 種(심을 종) 稷(피 직) 穆(화목할 목) 穗(이</td></tr>
<tr><td colspan="2">삭 수) 穡(거둘 색)</td></tr>
<tr><td>穴</td><td>구멍혈머리</td><td colspan="2">究(궁구할 구) 空(빌 공) 穿(통할 천)</td></tr>
<tr><td>立</td><td>설립부</td><td colspan="2">章(글 장) 童(아이 동) 竣(마칠 준) 競(다툴 경)</td></tr>
</table>

획수	부수	이름	대표적인 한자(음과 훈)
6획	竹	대죽부	竺(나라 이름 축) 笑(웃음 소) 笞(볼기 칠 태) 符(병부 부) 第(차례 제) 笛(피리 적) 笠(삿갓 립) 筒(대통 통) 筍(죽순 순) 筆(붓 필) 策(꾀 책) 管(주관할 관)
	米	쌀미변	粥(미음 죽) 粟(조 속) 粲(선명할 찬) 粹(순수할 수) 精(가릴 정)
	糸	실사변	系(이을 계) 糾(살필 규) 紅(붉을 홍) 紀(규율 기) 約(맺을 약) 紂(말고삐 주) 紙(종이 지) 素(흴 소) 紓(더딜 서) 純(순수할 순) 統(거느릴 통) 經(날 경) 維(맬 유) 緊(긴요할 긴) 綱(벼리 강) 網(그물 망) 綠(초록빛 록) 緯(씨 위) 緒(실마리 서) 繁(성할 번) 織(짤 직)

부수	이름	한자
缶	장군부부	缸(항아리 항) 缺(깨어질 결) 甕(독 옹)
网	그물망머리	罕(드물 한) 罔(없을 망) 羅(벌릴 라)
羊	양양부	美(아름다울 미) 義(옳을 의) 羲(황제 이름 희)
羽	깃우부	翊(도울 익) 翬(날개 칠 휘) 翰(날개 한) 翼(날개 익) 耀(빛날 요)
老	늙을로머리	考(상고할 고) 耆(늙을 기) 耇(명 길 구) 者(놈 자)
而	말이을이부	耐(견딜 내)
耒	쟁기뢰변	耕(밭 갈 경)
耳	귀이부	耿(빛날 경) 聰(귀 밝을 총) 聲(소리 성)
聿	오직율부	肅(엄숙할 숙) 肆(방자할 사)
肉 (月)	고기육부	肋(갈빗대 륵) 肛(똥구멍 항) 肖(닮을 초) 肝(간 간) 肥(살찔 비) 肴(안주 효) 肪(기름 방) 肯(즐길 긍) 育(기를 육) 胃(위장 위) 胡(어찌 호) 胎(아이 밸 태) 胤(맏 윤) 胄(자손 주) 脂(기름 지) 能(능할 능) 腑(육부 부) 腎(콩팥 신) 腋(겨드랑이 액)
臣	신하신부	臥(누울 와) 臧(착할 장) 臨(임할 림)
自	스스로자부	臭(냄새 취)
至	이를지부	致(이룰 치)
臼	절구구부	臾(착할 유) 與(더불어 여) 興(일어날 흥) 舊(예 구)
舌	혀설변	舍(집 사) 舒(펼 서)
舛	어그러질천부	舜(순임금 순) 舞(춤출 무)
舟	배주변	船(배 선) 艙(선창 창)
艮	그칠간부	良(어질 량) 艱(어려울 간)
色	빛색부	艶(탐스러울 염)
艸	초두머리	芝(지초 지) 芳(꽃다울 방) 花(꽃 화) 芬(향기 분) 苗(싹 묘)

6획

	부수	이름	대표적인 한자(음과 훈)
	(艸)		若(같을 약) 英(꽃부리 영) 茂(무성할 무) 草(풀 초) 茶(차 다) 荒(거칠 황) 莊(씩씩할 장) 菌(버섯 균) 華(빛날 화) 菓(과자 과) 菊(국화 국) 菽(콩 숙) 葡(포도 포) 落(떨어질 락) 葉(잎 엽) 蓮(연꽃 련) 蕭(쑥 소) 薰(향풀 훈) 藝(재주 예) 蘭(난초 란)
	虍	범호엄	虎(범 호) 虐(사나울 학) 虔(정성 건) 處(곳 처) 號(이름 호)
	虫	벌레충변	蜂(벌 봉) 蜈(지네 오) 蜀(땅 이름 촉) 蟄(숨을 칩) 蟲(벌레 충) 蟬(매미 선) 蠻(오랑캐 만)
	血	피혈부	衆(무리 중)
	行	다닐행부	衍(넓을 연) 術(재주 술) 衙(마을 아) 衝(찌를 충) 衡(저울 형) 衞(지킬 위)
	衣 (衤)	옷의변	表(겉 표) 衰(쇠약할 쇠) 衷(정성 충) 裁(결단할 재) 補(기울 보) 裕(너그러울 유) 裏(속 리) 複(겹칠 복)
	襾	덮을아밑	西(서녘 서) 要(구할 요) 覃(미칠 담) 覆(돌이킬 복)

획수	부수	이름	대표적인 한자(음과 훈)
7획	見	볼견부	規(법 규) 覓(구할 멱) 視(볼 시) 親(친할 친) 覺(깨달을 각)
	角	뿔각변	解(풀 해) 觸(닿을 촉)
	言	말씀언변	計(셈할 계) 訂(바로잡을 정) 訃(부고 부) 記(기록할 기) 訓(가르칠 훈) 許(허락할 허) 訛(거짓말 와) 訣(이별할 결) 訥(말 더듬을 눌) 詩(글 시) 詳(자세할 상) 誇(자랑할 과) 詰(힐난할 힐) 詭(꾸짖을 궤) 說(말씀 설) 語(말씀 어) 誥(가르칠 고) 誤(그르칠 오) 誣(속일 무) 誌(기록할 지) 誓(맹세할 서) 誦(욀 송) 誘(꾈 유) 誡(경계할 계) 誠(정성 성) 論(논의할 론) 誹(헐뜯을 비) 誼(옳을 의)

		請(청할 청) 諂(아첨할 첨) 誹(비방할 비) 調(고를 조) 謀(꾀 모) 謙(겸손할 겸) 謨(꾀 모) 讀(읽을 독) 讚(기릴 찬)
谷	궁할곡부	豁(소통할 활) 谿(시내 계) 豰(뒤틀 혜)
豆	콩두부	豈(어찌 기) 豊(풍성할 풍) 豓(탐스러울 염)
豕	돼지시부	豚(돼지 돈) 象(코끼리 상) 豪(호걸 호) 豫(먼저 예)
豸	발없는벌레치	豹(표범 표)
貝	조개패부	貞(곧을 정) 負(짐 질 부) 責(꾸짖을 책) 貨(재화 화) 貫(꿸 관) 貪(탐낼 남) 貧(가난할 빈) 貳(두 이) 貶(깎아내릴 폄) 貿(무역할 무) 貴(귀할 귀) 買(살 매) 貯(쌓을 저) 費(비용 비) 貰(빌 세) 貸(빌릴 대) 賀(하례할 하) 資(재물 자) 賊(도둑 적) 賂(선물 뢰) 賃(품팔이 임) 賑(풍부할 진) 賓(공경할 빈) 賜(줄 사) 賣(팔 매) 賤(천할 천) 賢(어질 현) 賬(거둘 장) 贊(찬성할 찬)
赤	붉을적변	赫(붉을 혁)
走	달릴주변	起(일어날 기) 超(뛰어넘을 초) 越(건널 월) 趙(나라 이름 조)
足	발족변	趾(발꿈치 지) 路(길 로)
身	몸신변	躬(몸소 궁) 軀(몸 구)
車	수레거변	軋(수레 삐걱거릴 알) 軍(군사 군) 軌(굴대 궤) 載(실을 재) 輔(도울 보) 輕(가벼울 경) 輝(빛날 휘)
辛	매울신부	辣(몹시 매울 랄) 辨(분별할 변) 辭(말 사) 辯(말 잘할 변)
辰	별진부	辱(욕될 욕) 農(농사 농)
辵 (辶)	책받침	迅(빠를 신) 迂(멀 우) 返(돌아올 반) 迎(맞을 영) 述(지을 술) 送(보낼 송) 通(통할 통) 途(길 도) 逢(만날 봉) 連(이을 련) 速(빠를 속) 逐(쫓을 축) 透(통할 투) 逕(길 경) 進(나아갈 진) 週(주일 주) 逸(편안할 일) 道(길 도) 違(어길 위) 遁(피할 둔)

획수	부수	이름	대표적인 한자(음과 훈)
7획			
	辵 (辶)		遇(만날 우) 過(지날 과) 運(운전할 운) 達(통달할 달) 遊(놀 유) 遠(멀 원) 遮(가릴 차) 遭(만날 조) 選(가릴 선) 遼(멀 료) 遺(끼칠 유) 遵(좇을 준) 避(피할 피) 還(돌아올 환) 邊(가 변)
	邑 (阝)	고을읍부	邦(나라 방) 邪(간사할 사) 邱(언덕 구) 郊(들 교) 郁(문채날 욱) 郎(사내 랑) 都(도읍 도) 鄕(시골 향) 鄰(이웃 린)
	酉	닭유변	酋(두목 추) 配(짝 배) 酷(혹독할 혹) 醉(술 취할 취)
	采	분별할변부	采(캘 채) 釋(풀 석)
	里	마을리부	重(무거울 중) 野(들 야) 量(헤아릴 량)

획수	부수	이름	대표적인 한자(음과 훈)
8획	金	쇠금변	針(바늘 침) 釘(못 정) 釜(가마 부) 鈍(둔할 둔) 鉛(납 연) 鈺(금 옥) 鈴(방울 령) 銅(구리 동) 銃(총 총) 銀(은 은) 銖(저울눈 수) 錫(주석 석) 錮(땜질할 고) 錦(비단 금) 錄(기록할 록) 鍊(단련할 련) 鍵(열쇠 건) 鍈(방울 소리 영) 鎬(빛날 호) 鎰(근 일) 鎔(녹일 용) 鎭(누를 진) 鏞(큰 쇠북 용) 鏡(거울 경) 鍾(술잔 종) 鐵(쇠 철) 鐸(방울 탁) 鑽(뚫을 찬)
	長	긴장변	镺(길 오)
	門	문문부	閃(번쩍거릴 섬) 閉(닫을 폐) 閑(한가할 한) 閏(윤달 윤) 開(열 개) 關(빗장 관)
	阜 (阝)	언덕부변	阪(비탈 판) 防(막을 방) 阬(구덩이 갱) 陣(진칠 진) 除(덜 제) 院(집 원) 陵(언덕 릉) 陽(볕 양) 隆(높을 륭) 隣(이웃 린)
	隶	미칠이부	隷(종 례)
	隹	새추부	隻(새 한 마리 척) 雀(참새 작) 集(모일 집) 雅(맑을 아) 雄(수컷

			웅) 雌(암컷 자) 雍(화할 옹) 雙(쌍 쌍) 離(떠날 리) 難(어려울 난)
雨	비우부		雪(눈 설) 雲(구름 운) 需(구할 수) 震(진동할 진)
靑	푸를청부		靖(편안할 정) 靜(고요할 정)
非	아닐비부		靡(쓰러질 미)

획수	부수	이름	대표적인 한자(음과 훈)
9획	面	낯면부	靦(부끄러울 전)
	革	가죽혁변	靴(신 화) 鞭(채찍 편)
	韋	가죽위변	韓(나라 이름 한)
	音	소리음부	韶(아름다울 소) 響(울릴 향) 護(구할 호)
	韭	부추구부	韰(좁을 해)
	頁	머리혈부	頃(잠깐 경) 項(목 항) 順(순할 순) 須(수염 수) 預(미리 예) 頑(완고할 완) 頌(칭송할 송) 領(거느릴 령) 頭(머리 두) 顥(클 호) 顯(나타날 현)
	風	바람풍부	颱(거센 바람 태)
	飛	날비부	飜(뒤집을 번)
	食	밥식변	飯(밥 반) 養(기를 양) 餘(남을 여) 飽(배부를 포) 餐(먹을 찬) 館(객사 관)
	首	머리수부	馘(귀 벨 괵)
	香	향기향부	馥(향기 복) 馨(향기로울 형)

획수	부수	이름	대표적인 한자(음과 훈)
10획	馬	말마변	馴(길들 순) 馹(역마 일) 駿(준마 준) 騎(말 탈 기) 騰(오를 등)
	骨	뼈골변	骸(뼈 해) 體(몸 체) 髓(골수 수)
	高	높을고부	高(높을 고)
	髟	긴털드리울표	髮(터럭 발)
	鬥	싸울투부	鬪(싸울 투)
	鬯	술창부	鬱(답답할 울)
	鬲	솥력부	鬺(삶을 상) 鬻(미음 죽)
	鬼	귀신귀부	魂(넋 혼) 魁(으뜸 괴) 魄(넋 백) 魔(마귀 마)

획수	부수	이름	대표적인 한자(음과 훈)
11획	魚	고기어변	魯(노나라 로) 鮮(빛날 선) 鯨(고래 경)
	鳥	새조부	鳴(울 명) 鴦(원앙 앙) 鵬(붕새 붕) 鷹(매 응)
	鹵	짠땅로부	鹺(짤 차) 鹽(소금 염)
	鹿	사슴록부	麒(기린 기) 麗(고울 려) 麟(기린 린)
	麥	보리맥변	麴(누룩 국) 麵(국수 면) 麰(보리 모)
	麻	삼마부	麾(지휘할 휘)

획수	부수	이름	대표적인 한자(음과 훈)
12획	黃	누를황부	黃(누를 황)
	黍	기장서부	黎(검을 려) 黏(찰질 점)
	黑	검을흑부	默(말없을 묵) 點(불 켤 점)

12획

	黹	바느질치변	黼(보불 보)

획수	부수	이름	대표적인 한자(음과 훈)
13획	黽	맹꽁이맹부	鼀(두꺼비 축) 鼈(자라 별)
13획	鼎	솥정부	鼏(솥뚜껑 멱)
13획	鼓	북고부	鼓(북 고)
13획	鼠	쥐서변	鼯(박쥐 오)

획수	부수	이름	대표적인 한자(음과 훈)
14획	鼻	코비부	齈(콧물 농)
14획	齊	가지런할제부	齋(재계할 재)
15획	齒	이치부	齟(어긋날 저) 齵(이 고르지 못할 아) 齡(나이 령)
16획	龍	용룡부	龑(높고 밝을 엄) 龐(높은 집 방)
17획	龜	거북귀부	龜(터질 균)
17획	龠	피리약부	龤(풍류 조화될 해)